数 量 经 济 学 系 列 丛 书

Econometric Analysis
and Its Application in Python

计量经济分析
及其Python应用

朱顺泉　编著

U0365783

清华大学出版社
北 京

内 容 简 介

本书结合实例对最新的 Python 版本进行科学、准确和全面的介绍,并侧重于应用 Python 进行计量经济与量化投资分析,使读者深刻理解 Python 的精髓和灵活、高效的使用技巧。内容包括计量经济分析及其 Python 环境、描述性统计、参数估计、假设检验、相关分析与一元回归分析、多元回归分析、多重共线性、异方差、自相关、财经大数据时间序列分析 ARMA 模型、财经大数据广义自回归条件异方差模型(GARCH)、面板数据计量分析、广义矩估计(GMM)与最大似然估计(MLE)、线性回归的内生性与 Hausman 检验、财经大数据量化投资统计套利、人工智能机器学习及其 Python 应用。

本书内容新颖、全面,实用性强,融理论、方法、应用于一体,并提供相关实例的数据文件可供经济管理、金融投资等相关专业的本科高年级学生与研究生使用,也可供从业人士使用。

图书在版编目(CIP)数据

计量经济分析及其 Python 应用/朱顺泉编著.—北京:清华大学出版社,2020.11(2025.1重印)
(数量经济学系列丛书)
ISBN 978-7-302-56802-5

Ⅰ. ①计… Ⅱ. ①朱… Ⅲ. ①计量经济学—应用软件 Ⅳ. ①F224.0-39

中国版本图书馆 CIP 数据核字(2020)第 217405 号

责任编辑:高晓蔚
封面设计:常雪影
责任校对:宋玉莲
责任印制:杨 艳

出版发行:清华大学出版社
  网 址:https://www.tup.com.cn,https://www.wqxuetang.com
  地 址:北京清华大学学研大厦 A 座   邮 编:100084
  社 总 机:010-83470000   邮 购:010-62786544
  投稿与读者服务:010-62776969,c-service@tup.tsinghua.edu.cn
  质量反馈:010-62772015,zhiliang@tup.tsinghua.edu.cn
印 刷 者:天津鑫丰华印务有限公司
经 销:全国新华书店
开 本:185mm×260mm 印 张:18.5   字 数:446 千字
版 次:2020 年 12 月第 1 版   印 次:2025 年 1 月第 4 次印刷
定 价:55.00 元

产品编号:086166-01

前言 FOREWORD

在大数据与人工智能时代，数据成为人们商务决策最为重要的参考之一，计量经济分析已迈入了一个新的阶段。Python 是一款非常优秀的计量经济分析、图形展示和人工智能机器学习软件，《计量经济分析及其 Python 应用》侧重于使用 Python 进行计量经济与量化投资分析，同时结合大量精选的实例问题对最新的 Python 版本进行科学、准确和全面的介绍，以便使读者能深刻理解 Python 的精髓和灵活、高效的使用技巧。通过本书，读者不仅能使用 Python 及相关的库来解决实际计量经济分析问题，而且能学会从实际经济问题分析入手，利用 Python 进行计量经济分析。

Python 是计量经济与金融分析、经济预测、人工智能机器学习、网络 Web 服务等领域应用非常广泛的语言之一，它具有简单易学、免费开源、可移植、可扩展，统计与作图功能强，财经数据接口、机器学习库、网络服务等工具丰富，更新和发展速度快等特点，因而受到广大用户的欢迎和喜爱。本书通过丰富的经济金融实例，详细介绍了 Python3.7(2019 年 3 月发布)在经济、金融领域中的应用，书中所有运算结果都在 Python3.7 版本上调试通过。

本书理论与应用相结合，实例丰富且通俗易懂，重点讨论了 Python 在计量经济与量化投资中的应用，详细介绍了各种方法在 Python 中的应用。本书适合作为经济学、金融学、统计学、会计学、财政学、投资学、国际经济及贸易等相关专业的本科生或研究生学习统计学、计量经济学、量化投资等课程的教学或实验参考用书，同时对从事经济计量分析行业的实际工作者也大有裨益。通过本书，读者不仅能掌握 Python 及其库本身的应用，而且能学会从实际问题分析入手，利用 Python 进行计量经济分析，并对结果进行解释。

本书实例与内容丰富，有很强的针对性，书中各章详细地介绍了实例的 Python 具体操作过程，读者只需按照书中介绍的步骤一步一步地实际操作，就能掌握全书的内容。为了帮助读者更加直观地学习本书，我们将书中实例的全部数据文件配套提供给读者。读者下载后，在本地建立一个 F:/2glkx/data1 目录(其他目录名也可以)，将所有数据文件复制到此目录下，即可进行操作。

本书的内容是这样安排的：第 1 章介绍计量经济分析及其 Python 环境；第 2 章介绍描述性统计及其 Python 应用；第 3 章介绍参数估计及其 Python 应用；第 4 章介绍假设检验及其 Python 应用；第 5 章介绍相关分析与一元回归分析及其 Python 应用；第 6 章介绍多元回归分析及其 Python 应用；第 7 章介绍多重共线性及其 Python 应用；第 8 章介绍异方差及其 Python 应用；第 9 章介绍自相关及其 Python 应用；第 10 章介绍财经大数据时间序列分析 ARMA 模型及其 Python 应用；第 11 章介绍财经大数据广义自回归条件异方差模型(GARCH)及其 Python 应用；第 12 章介绍面板数据计量分析及其

Python 应用；第 13 章介绍广义矩估计 GMM 与最大似然估计 MLE 及其 Python 应用；第 14 章介绍线性回归的内生性与 Hausman 检验及其 Python 应用；第 15 章介绍财经大数据量化投资统计套利及其 Python 应用；第 16 章介绍人工智能机器学习及其 Python 应用。

本书是 2019 广东省高等教育教学研究和改革项目"大数据时代经济与金融计量分析课程教学改革"阶段性成果之一。谭隆辉参与了本书第 10 章和第 15 章的数据处理分析与整理工作。

本书的出版，得到了清华大学出版社编辑的支持、帮助，应该感谢他们为读者提供了一本好的工具书！由于时间和水平的限制，书中难免出现一些纰漏，恳请读者谅解并提出宝贵意见。

作　者

2020 年 9 月于广州

目录

CONTENTS

计量经济分析及其 Python 环境

本章简要介绍计量经济分析的一般应用步骤与软件,着重介绍经济数据的类型和特点,简要评述主要的计量经济和统计软件包。本章旨在使学生理解计量经济分析思想,了解经济数据的特点与来源,了解几种常用的计量经济分析软件。

1.1 计量经济分析的含义

计量经济学是将经济理论实用化、数量化的实证经济学,可称为"经济中的测量"。它是利用经济理论、数学、统计推断等工具对经济现象进行分析的经济学科的分支,具体包括模型设计和建立、参数估计和检验以及利用模型进行预测等过程。

自 1926 年挪威经济学家费里希首次提出计量经济学的概念以来(他仿照生物计量学一词提出计量经济学概念,并将其定义为统计学、经济学和数学的结合),计量经济学的建立到现在还不到 100 年,但是这门学科已经得到广泛发展。截至 2008 年所产生的 61 位诺贝尔经济学奖得主中,30 多位在获奖成果中应用了计量经济学。尤其是 20 世纪 90 年代以来,赫克曼、麦克法登、格兰杰、恩格尔等教授都是因为在计量经济学方面的突出贡献,而获得诺贝尔奖的。

本书包括计量经济分析和金融计量分析两部分:计量经济分析具体包括计量经济中的经典回归模型及其应用、非经典回归模型及其应用(多重共线性、自相关、异方差);金融计量分析包括时间序列分析及其应用、条件异方差模型及其应用、量化投资分析中的统计套利等。

1.2 计量经济分析建模的步骤

基于对计量经济范畴的理解,我们对计量经济分析建模的步骤描述如下。

步骤 1:关于研究问题的概述。该步骤通常涉及经济理论的形成,或者来自某种理论的认识——两个或多个变量之间的特定方式的联系。这一步需要将经济理论或相关变量之间的关系模型用数学的方式表达出来。

步骤 2:样本数据收集。这一步骤是计量经济分析工作的基础工作,也是直接影响到检验结果的一项工作。通常应根据研究对象,进行样本数据的收集和整理,并在此基础上取舍变量,并分析经济数据的类型、特点和来源等。

步骤3：选择合适的计量经济方法来估计模型。在计量经济分析过程中,有必要根据研究目的以及数据本身的特点、需求而选择相应的估计方法和计量模型。如根据数据是连续数据还是离散数据选择一元回归模型、多元回归模型或者离散模型；数据是一元或多元时间序列数据要选择相应的计算模型；研究金融市场的波动率、利率期限结构则对应相应的计量模型等。

步骤4：对模型进行实证检验。在估计参数后,一个初步的模型就构建起来,但是所建立的模型是否合适,能否反映变量之间的关系,还需要对模型进行进一步检验。模型检验通常包含统计检验、经济金融计量检验以及经济金融意义检验三方面的内容。统计检验的目的在于检验模型参数估计值的可靠性,这包括模型的拟合度检验、变量的显著性检验等；经济金融计量检验是因计量经济金融理论的要求而进行的,包括序列相关性检验、异方差性检验和多重共线性检验等；经济金融意义检验是将计量检验的结果与相应的经济金融理论比较是否相符。若所构建的模型估计结果不能提供上述某方面的检验,我们有必要考虑前面几个步骤中是否存在问题并重新建立模型；若能够提供模型的检验,则可进入经济金融计量模型的应用阶段。

步骤5：模型应用。若模型能够通过检验,则说明所构建的计量模型具有适用性,这样就可以将模型应用于特定的研究。通常,所构建的模型主要有以下三个方面的应用：(1)结构分析,即研究一个变量或几个变量变化时对其他变量的影响,以揭示不同经济变量之间的内在联系；(2)经济预测,即根据经济模型对未来经济变量的变化进行预测分析；(3)政策评价,即研究不同的政策对经济目标所产生影响的差异,从计量经济分析中寻求优化政策目标的路径。

计量经济分析建模的基本步骤如图 1-1 所示。

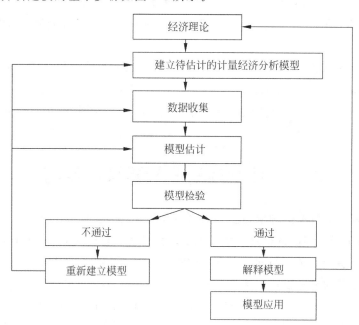

图 1-1　计量经济分析建模的基本步骤

1.3　经济数据类型

从构建计量经济分析模型的步骤来看,数据分析是重要的环节。下面着重分析经济数据的类型和来源。

计量经济分析中需要处理的数据类型主要有三类:横截面数据、时间序列数据和面板数据。

(1) 横截面数据

横截面数据是指同一时间(时期或时点)某一指标在不同空间的观测数据。如某一时点中国 A 股市场的平均收益率、2019 年所有 A 股上市公司的净资产收益率。在利用横截面数据分析时,由于单个或多个解释变量观测值起伏变化会对被解释变量产生不同的影响,因而导致异方差问题。因此在数据整理时必须消除异方差。

(2) 时间序列数据

时间序列数据即按时间序列排列的数据,也称为动态序列数据。时间序列数据是按照一定时间间隔对某一变量或不同时间的取值进行观测所得到的一组数据,例如每一季度的 GDP 数据、每一天的股票交易数据或债券收益率数据等。在金融计量分析中,时间序列数据是常见的一类数据类型。

(3) 面板数据

面板数据即时间序列数据和横截面数据相结合的数据。

金融领域以时间序列数据与面板数据为主。

1.4　经济数据来源

1.4.1　专业性网站

专业性数据库网站如国家统计局网站、中国人民银行网站、中国证监会网站、世界银行网站、国际货币基金组织网站等。

1.4.2　专业数据公司和信息公司

国外数据库主要有芝加哥大学商学院的证券价格研究中心(CRSP)、路透(Reuter)终端、彭博(Bloomberg)数据库等。国内的经济金融数据库主要有:CCER 中国经济金融数据库、国泰安(GTA)数据库、万德(Wind)数据库、锐思经济数据库、天相经济数据库等。见表 1-1 所示。

表 1-1　经济数据库

数据库名称	网　址	数据库名称	网　址
CRSP	www.chicagobooth.edu	国泰安(GTA)数据库	www.gtadata.com
Reuter	www.Reuters.com	万德(Wind)数据库	www.wind.com.cn
Bloomberg	www.Bloomberg.com	锐思经济数据库	www.resset.cn
CCER 中国经济金融数据库	www.ccer.edu.cn	天相经济数据库	www.txsec.com/zqsc/datacenter.asp

1.4.3　抽样调查

抽样调查是针对某些专门的研究开展的一类获取数据的方式。比如,要对中国的投资者信心进行建模,就必须通过设计调查问卷,对不同的投资群体进行数据采集。

1.5　计量经济分析工具简介

1.5.1　Python 简介

Python 是一种面向对象的解释型计算机程序设计语言,由 Guido van Rossum 于 1989 年底发明,第 1 版公开发行于 1991 年,Python 源代码同样遵循 GPL(GNU General Public License)协议 。Python 语法简洁而清晰,具有丰富和强大的类库。它常被昵称为胶水语言,能够把用其他语言制作的各种模块(尤其是 C/C++)很轻松地连接在一起。常见的一种应用情形是,使用 Python 快速生成程序的原型(有时甚至是程序的最终界面),然后对其中有特别要求的部分,用更合适的语言改写,比如 3D 游戏中的图形渲染模块,性能要求特别高,就可以用 C/C++ 重写,而后封装为 Python 可以调用的扩展类库。需要注意的是在使用扩展类库时可能需要考虑平台问题,某些类库可能不提供跨平台的实现。

Python 需要安装 NumPy、Pandas、SciPy、Cython、Statsmodels、Matplotlib 等一系列的程序包,还需要安装 IPython 交互环境,单独用 Python 直接做计量分析,其统计函数是没有函数支持的。

Python 目前最新版为 3-7.3(2019 年 3 月发布)。

详细内容请登录 https://www.python.org/查询。

1.5.2　R 简介

R 是统计领域广泛使用的 S 语言的一个分支。可以认为 R 是 S 语言的一种实现。S 语言是由 AT&T 贝尔实验室开发的一种用来进行数据探索、统计分析和作图的解释型语言。最初 S 语言的实现版本主要是 S-PLUS。S-PLUS 是一个商业软件,它基于 S 语言,并由 MathSoft 公司的统计科学部进一步完善。后来 Auckland 大学的 Robert Gentleman 和 Ross Ihaka 及其他志愿人员开发了一个 R 系统,由"R 开发核心团队"负责开发。R 是基于 S 语言的一个 GNU 项目,所以也可以当作 S 语言的一种实现,通常用 S 语言编写的代码都可以不做修改地在 R 环境下运行。R 的语法是来自 Scheme。R 的使用与 S-PLUS 有很多类似之处,这两种语言有一定的兼容性。S-PLUS 的使用手册,只要稍加修改就可作为 R 的使用手册。所以有人说:R 是 S-PLUS 的一个"克隆"。

R 的目前最新版为 R-3.6.1(2019 年 7 月发布)。

详细内容请登录 http://cran.r-project.org 查询。

1.5.3　Stata 简介

Stata 由美国计算机资源中心(Computer Resource Center)1985 年研制。其特点是采用命令行/程序操作方式,程序短小精悍,功能强大。Stata 是一套提供其使用者数据分析、数据管理以及绘制专业图表的完整及整合性统计软件。它提供许多功能,包含线性混合模型、均衡重复反复及多项式普罗比模式。新版本的 Stata 采用最具亲和力的窗口接口,使用者自行建立程序时,软件能提供具有直接命令式的语法。Stata 提供完整的使用手册,包含统计样本建立、解释、模型与语法、文献等出版品。

除此之外,Stata 软件可以通过网络实时更新每天的最新功能,更可以得知世界各地的使用者对于 Stata 公司提出的问题与解决之道。使用者也可以通过 Stata Journal 获得许许多多的相关信息以及书籍介绍等。另外一个获取庞大资源的渠道就是 Statalist,它是一个独立的服务器列表,每月交替提供使用者 1000 多条信息以及 50 个程序。

Stata 目前最新版为第 16.0 版(2019 年 6 月发布)。

详细内容请登录 http://www.stata.com 查询。

1.5.4　EViews 简介

EViews 是美国 GMS 公司 1981 年发行的 Micro TSP 的 Windows 版本,通常称为计量经济学软件包。EViews 是 Econometrics Views 的缩写,它的本意是对社会经济关系与经济活动的数量规律,采用计量经济学方法与技术进行观察。计量经济学研究的核心是设计模型、收集资料、估计模型、检验模型、运用模型进行预测、求解模型和应用模型。EViews 是完成上述任务得力的必不可少的工具。正是由于 EViews 等计量经济学软件包的出现,计量经济学取得了长足的进步,发展为实用与严谨的经济学科。使用 EViews 软件包可以对时间序列和非时间序列的数据进行分析,建立序列(变量)间的统计关系式,并用该关系式进行预测、模拟等。虽然 EViews 是由经济学家开发的,并且大多数被用于经济学领域,但并非意味着该软件包只用于处理经济方面的时间序列。EViews 处理非时间序列数据照样得心应手。实际上,相当大型的非时间序列(截面数据)的项目也能在 EViews 中进行处理。

EViews 目前最新版为第 10 版。

详细内容请登录 http://www.eviews.com/查询。

1.5.5　SAS 软件简介

SAS 是美国 SAS 软件研究所研制的一套大型集成应用软件系统,具有完备的数据存取、数据管理、数据分析和数据展现功能。尤其是产品统计分析系统部分,由于其具有强大的数据分析能力,一直为业界著名软件,在数据处理和统计分析领域,被誉为国际上的标准软件和最权威的优秀统计软件包,广泛应用于政府行政管理、科研、教育、生产和金融等不同领域,发挥着重要的作用。SAS 系统中提供的主要分析功能包括统计分析、计量经济分析、时间序列分析、决策分析、财务分析和全面质量管理工具等。

SAS 目前最新版为 9.4 版。

详细内容请登录 http://www.sas.com 查询。

1.5.6　Matlab 软件简介

Matlab 软件是由美国 Mathworks 公司推出的用于数值计算和图形处理的科学计算系统,在 Matlab 环境下,用户可以集成地进行程序设计、数值计算、图形绘制、输入输出、文件管理等各项操作。它提供的是一个人机交互的数学系统环境,与利用 C 语言做数值计算的程序设计相比,利用 Matlab 可以节省大量的编程时间,且程序设计自由度大。Matlab 给用户带来的是最直观、最简洁的程序开发环境,语言简洁紧凑,使用方便灵活,库函数与运算符极其丰富,另外具有强大的图形功能。

在国际学术界,Matlab 已经被确认为准确、可靠的科学计算标准软件,许多国际一流学术期刊上,都可以看到 Matlab 的应用。

Matlab 目前最新版为 R2019a 版(2019 年 3 月发布)。

详细内容请登录 http://www.mathworks.com 查询。

1.5.7　SPSS 软件简介

SPSS(Statistical Package for the Social Science)——社会科学统计软件包,是世界著名的统计分析软件之一。20 世纪 60 年代末,美国斯坦福大学的三位研究生研制开发了最早的统计分析软件 SPSS,同时成立了 SPSS 公司,并于 1975 年在芝加哥组建了 SPSS 总部。20 世纪 80 年代以前,SPSS 统计软件主要应用于企事业单位。1984 年 SPSS 总部首先推出了世界第一个统计分析软件微机版本 SPSS/PC+,开创了 SPSS 微机系列产品的开发方向,从而确立了个人用户市场第一的地位。2009 年 IBM 收购 SPSS 公司后,现在在中国国内市场上推出的最新产品,是 IBM SPSS Statistics 21.0 多国语言版。SPSS/PC+的推出,极大地扩充了它的应用范围,使其能很快地应用于自然科学、技术科学、社会科学的各个领域,世界上许多有影响的报纸杂志纷纷就 SPSS 的自动统计绘图、数据深入分析、使用方便、功能齐全等方面给予了高度的评价与称赞。目前 SPSS 已经在国内逐渐流行起来。它使用 Windows 的窗口方式展示各种管理和分析数据的功能,使用对话框展示出各种功能选择项,只要掌握一定的 Windows 操作技能,粗通统计分析原理,就可以使用该软件为特定的科研工作服务。

SPSS 目前最新版为 SPSS 24.0 版。

详细内容请登录 http://www.spss.com 查询。

还有一些统计和计量经济学软件,如 Statistica、S-PLUS 等,但相对来说没有以上 7 种软件流行。各软件网站列表如表 1-2 所示。

表 1-2　计量经济分析软件网站

软 件 名 称	网　　址	软 件 名 称	网　　址
Python	www.python.org	Matlab	www.mathworks.com
R	www.cran.r-project.org	SPSS	www.spss.com
Stata	www.stata.com	S-PLUS	www.mathsoft.com
EViews	www.eviews.com	Statistica	www.statsoft.com
SAS	www.sas.com		

从表 1-2 中所列各软件网址中,我们发现:Python 是一款在统计分析、计量经济分析、经济预测、人工智能(机器学习)、网络 Web 服务等领域应用非常广泛使用的语言,它具有简单易学、免费开源、可移植、可扩展,统计与作图功能强,财经数据接口、机器学习库、网络服务等工具丰富,更新和发展速度快等特点,因而在目前的大数据和人工智能时代,受到广大用户的欢迎和喜爱。因此,本书我们将通过丰富的经济数据实例,详细介绍 Python 工具在经济、金融领域中的应用。

1.6　Python 工具的下载与安装

1.6.1　下载安装 Python 执行文件

在网址 www.python.org.downloads 下载 Python。目前,最新版是 Python3.7,在上述网址找到这个版本,即可下载相应的 Python 执行文件,双击执行文件,按照相应提示操作即可安装 Python。

Python 自身环境内置很多函数和模块,不过这些函数和模块功能有限,Python 的强大功能更多的是通过第三方库或者其他模块来实现。如果函数库或者模块没有内置于 Python 环境中,则需要先下载安装该函数库或模块,然后才能使用。一般通过 pip 指令来安装包,安装指令为:pip install name(如安装 NumPy)。

1.6.2　下载 Anaconda

Python 执行文件,需要安装许多库,安装起来比较复杂。如果专注于科学计算功能,可直接安装 Anaconda。Anaconda 是 Python 的科学计算环境,内置 Python 安装程序,其主要功能如下:

(1) 安装简单,下载 Anaconda 的.exe 执行文件,双击执行文件,即可安装。

(2) 配置众多科学计算包,Anaconda 集合了 400 个以上的科学计算与数据分析功能的包,如 NumPy、Pandas、SciPy、Matplotlib 和 IPython,安装 Anaconda,这些包都被成功安装。支持多种操作系统,兼容 Python 多种版本 2.X 和 3.X 版本(可相互切换)。

前几年做量化金融投资,主要使用的工具是 Matlab,现在主要使用的工具是 Python,几乎所有的量化投资平台都使用 Python 工具做平台。

我们在如下网址可下载 Anaconda:https://www.anaconda.com/download/,或者 https://mirrors.tuna.tsinghua.edu.cn/help/anaconda/。它是一个用于科学计算 Python 发行版的套装软件,支持 Unix、Linux、Mac、Windows 等操作系统,包含了众多流行的科学计算、数据分析的 Python 包。其中包括 Pandas、NumPy、SciPy、Statsmodels、Matplotlib 等一系列的程序包以及 IPython 交互环境。界面如图 1-2 所示。

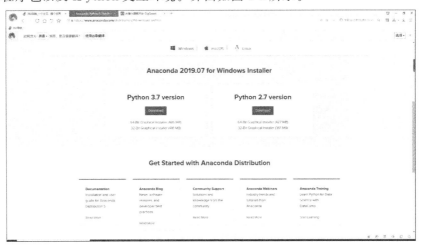

图 1-2　Anaconda 安装包界面

点击图 1-2 中 Python 3.7 Version 的下载界面,出现图 1-3 所示的界面。

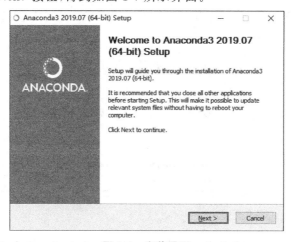

图 1-3　Anaconda 安装包下载界面

在图 1-3 所示界面中点击下载 Anaconda3-2019.07-Windows-x86_64.exe,即可得到用 Python 做量化金融投资的套装软件工具。

Anaconda3-2019.07-Windows-x86_64.exe 工具中提供了 Python 做量化金融投资的丰富资源:包括 Pandas、NumPy、SciPy、Statsmodels、Matplotlib 等一系列的程序包以及 Python 用户开发工作环境。要了解 Python 的其他程序包,可到 https://anaconda.org 网站上去搜索所需要的程序包进行安装。

1.6.3　Python 的安装

Python 在 Windows 环境中安装有很多版本。如:(1)Anaconda2-2.4.1-Windows-x86.exe (32 位)版本;(2)最新的 Anaconda3-2019.07-Windows-x86_64.exe。本书使用的是 Anaconda3-2019.07-Windows-x86_64.exe 版本。

双击已下载的 Anaconda3-2019.07-Windows-x86_64.exe 应用程序,即可得到如图 1-4 所示界面。

在图 1-4 中点击"Next"按钮,得到如图 1-5 所示的界面。

在图 1-5 中点击"I Agree"按钮,得到如图 1-6 所示界面。

点击图 1-6 中"Next"按钮,得到如图 1-7 所示界面。

图 1-4　安装界面

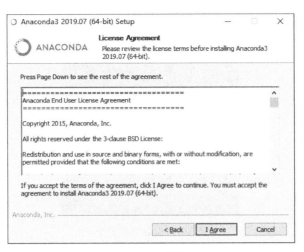

图 1-5　安装界面

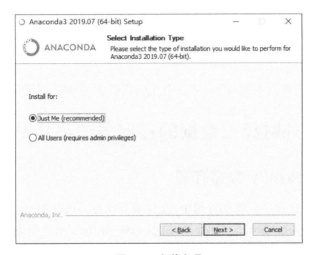

图 1-6　安装向导

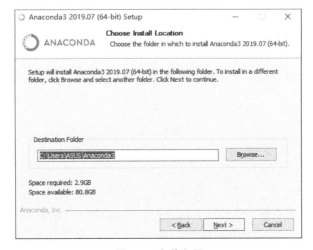

图 1-7　安装向导

点击图 1-7 中"Next"按钮,即可完成 Python 套装软件的安装,得到如图 1-8 所示的界面。

图 1-8　安装完后界面

1.6.4　Python 的启动和退出

(1) Python 工具的启动

点击图 1-8 中 Spyder 图标,即可启动 Python 的用户界面。

(2) Python 的退出

在 Python 的用户界面中的"File"下点击"Quit"菜单,即可退出 Python。

1.7　国内外财经大数据的存取方法及其 Python 应用

1.7.1　Python-NumPy 数据存取

在科学计算与量化金融分析的过程中,往往需要保存一些数据,也经常需要把保存的这些数据加载到程序中,在 Matlab 中我们可以用 save 和 lood 函数很方便地实现。类似地,在 Python 中,我们可以用 numpy. save()和 numpy. load()函数达到类似的效果,并且还可以用 scipy. io. savemat()将数据保存为. mat 格式,用 scipy. io. loadmat()读取. mat 格式的数据,达到可以和 Matlab 进行数据互动的效果。

以下对上述函数作分别介绍。

(1) Python-NumPy 数据保存 numpy. save()

numpy. save(arg_1,arg_2) 需要两个参数,arg_1 是文件名,arg_2 是要保存的数组。例如:

```
import numpy as np
a = np.mat('1,2,3;4,5,6')
b = np.array([[1,2,3],[4,5,6]])
np.save('a.npy',a)
np.save('b.npy',b)
```

这个时候 Python 的当前工作路径下就会多出 a. npy 和 b. npy 两个文件,当然我们也可以给出具体的路径,例如:np. save('F:/2glkx/data/a. npy',a),就把数据保存在 F:/2glkx/data 的目录中。

（2）Python-NumPy 数据读取 numpy. load()

下面把保存的这两个数据文件导入 Python：

```
data_a = np.load('a.npy')
data_b = np.load('b.npy')
print ('data_a \n',data_a,'\n the type is',type(data_a))
print ('data_b \n',data_a,'\n the type is',type(data_b))
data_a
[[1 2 3]
 [4 5 6]]
 the type is < type 'numpy.ndarray'>
data_b
[[1 2 3]
 [4 5 6]]
 the type is < type 'numpy.ndarray'>
```

我们可以看到这一过程把原本为矩阵的 a 变为数组型了。

如果想同时保存 a、b 到同一个文件，我们可以用 np. savez() 函数，具体用法如下：

```
np.savez('ab.npz',k_a = a,k_b = b)
c = np.load('ab.npz')
print c['k_a']
print c['k_b']
```

得到如下的输出结果：

```
[[1 2 3]
 [4 5 6]]
[[1 2 3]
 [4 5 6]]
```

这时的 c 是一个字典，需要通过关键字取出我们需要的数据。

1.7.2　Python-SciPy 数据存取

Python-SciPy 数据存取的方法如下：

scipy. io. savemat() 和 scipy. io. loadmat()。

首先我们用 scipy. io. savemat() 创建. mat 文件，该函数有两个参数，一个文件名和一个包含变量名和取值的字典。

```
import numpy as np
from scipy import io
a = np.mat('1,2,3;4,5,6')
b = np.array([[1,1,1],[2,2,2]])
io.savemat('a.mat', {'matrix': a})
io.savemat('b.mat', {'array': b})
```

至此 Python 的当前工作路径下就多了 a. mat 和 b. mat 这两个文件。

1.7.3　Python-Pandas 的 csv 格式数据文件存取

Python-Pandas 的 csv 格式数据文件的存取，可以通过如下的 p. to_csv() 和 pd. read_ csv()函数来解决，实例如下：

```
import pandas as pd
import numpy as np
a = ['apple','pear','watch','money']
b = [[1,2,3,4,5],[5,7,8,9,0],[1,3,5,7,9],[2,4,6,8,0]]
d = dict(zip(a,b))
d
p = pd.DataFrame(d)
p
p.to_csv('F:\\2glkx\\data\\IBM.csv')
```

在 Excel 中打开 IBM.csv 数据文件，得到如图 1-9 所示的数据。

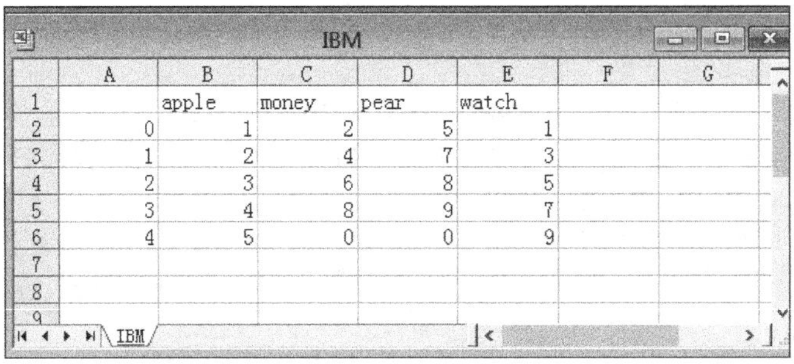
IBM

	A	B	C	D	E	F	G
1		apple	money	pear	watch		
2	0	1	2	5	1		
3	1	2	4	7	3		
4	2	3	6	8	5		
5	3	4	8	9	7		
6	4	5	0	0	9		
7							
8							
9							

IBM

图 1-9　IBM.csv 中的数据

```
pd.read_csv('F:\\2glkx\\data\\IBM.csv')
```

得到如下数据：

```
Out[14]:
   Unnamed: 0  apple  money  pear  watch
0           0      1      2     5      1
1           1      2      4     7      3
2           2      3      6     8      5
3           3      4      8     9      7
4           4      5      0     0      9
```

1.7.4　Python-Pandas 的 Excel 格式数据文件存取

Python-Pandas 的 Excel 格式数据文件的存取，可以通过如下的 pd.read_excel()和 pd.read_csv()函数来解决。实例如下：

先在 F 盘的\\2glkx\\data\\目录下建立一个名为 al1-1.xls 的 Excel 文件。如图 1-10 所示。

然后通过如下 read_excel()命令来读取 Excel 文件中的数据。

```
import pandas as pd
import numpy as np
df = pd.read_excel('F:\\2glkx\\data\\al1 - 1.xls')
df.head()
```

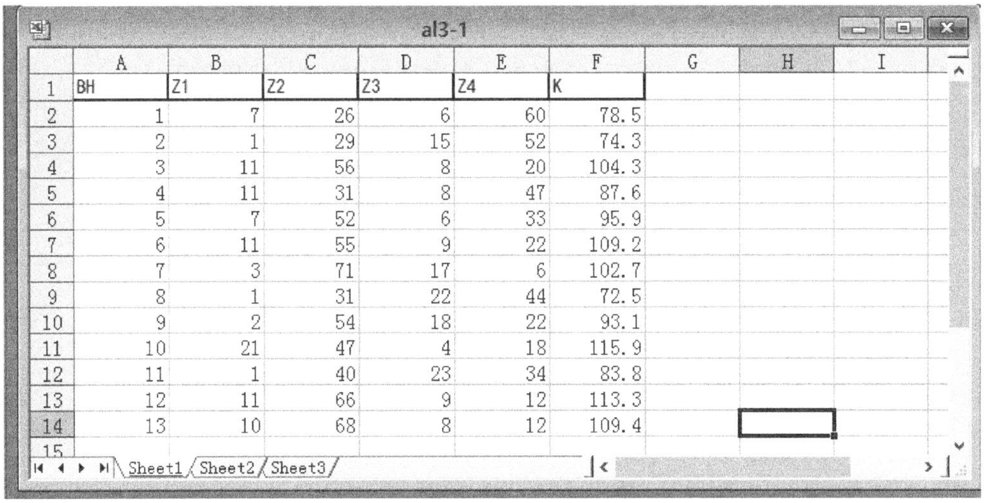

	A	B	C	D	E	F
1	BH	Z1	Z2	Z3	Z4	K
2	1	7	26	6	60	78.5
3	2	1	29	15	52	74.3
4	3	11	56	8	20	104.3
5	4	11	31	8	47	87.6
6	5	7	52	6	33	95.9
7	6	11	55	9	22	109.2
8	7	3	71	17	6	102.7
9	8	1	31	22	44	72.5
10	9	2	54	18	22	93.1
11	10	21	47	4	18	115.9
12	11	1	40	23	34	83.8
13	12	11	66	9	12	113.3
14	13	10	68	8	12	109.4

图 1-10 Excel 文件

得到如下数据：

```
Out[23]:
   BH  Z1  Z2  Z3  Z4      K
0   1   7  26   6  60   78.5
1   2   1  29  15  52   74.3
2   3  11  56   8  20  104.3
3   4  11  31   8  47   87.6
4   5   7  52   6  33   95.9
```

1.7.5 读取并查看数据表列

准备工作完成后，开始读取数据，这里我们使用了一组 Z1 和 Z2 的数据。将这组数据读取到 Python 中并取名为 data。通过 head 函数查看数据表中前 5 行的内容。以下是数据读取和查看的代码和结果。

```
import pandas as pd
import numpy as np
#读取数据并创建数据表，名称为 data.
data = pd.DataFrame(pd.read_excel('F:\\2glkx\\data\\al1 - 1.xls'))
#查看数据表前 5 行的内容
data.head()
```

在 data 数据表中，我们将 Z1 设置为自变量 X，将 Z2 设置为因变量 Y。并通过 shape 函数查看了两个变量的行数，每个变量 13 行，这是我们完整数据表的行数。

```
#将 Z1 设为自变量 X
X = np.array(data[['Z1']])
#将 Z2 设为因变量 Y
Y = np.array(data[['Z2']])
#查看自变量和因变量的行数
X.shape,Y.shape
```

1.7.6 读取挖地兔财经网站数据

我们可以使用 Python 的 Pandas 读取挖地兔财经网站数据,代码如下:

```python
import tushare as ts
# 需先安装 tushare 程序包
# 此程序包的安装命令: pip install tushare
import pandas as pd
import numpy as np
# 把相对应股票的收盘价按照时间的顺序存入 DataFrame 对象中
df = ts.get_k_data('600000','2016 - 01 - 01','2016 - 10 - 1')
# # 上证综合指数
df.to_csv('F:\\2glkx\\600000.csv')
df = pd.read_csv('F:\\2glkx\\600000.csv', header = 0, index_col = 'date') [['close']]

df1 = ts.get_k_data('000980','2016 - 01 - 01','2016 - 10 - 1')
df1.to_csv('F:\\2glkx\\000980.csv')
df1 = pd.read_csv('F:\\2glkx\\000980.csv', header = 0, index_col = 'date') [['close']]
df2 = ts.get_k_data('000981','2016 - 01 - 01','2016 - 10 - 1')
df2.to_csv('F:\\2glkx\\000981.csv')
df2 = pd.read_csv('F:\\2glkx\\000981.csv', header = 0, index_col = 'date') [['close']]
# %%
df = df.reset_index()
df1 = df1.reset_index()
df2 = df2.reset_index()
# %%
a = pd.merge(left = df, right = df1, left_on = 'date', right_on = 'date')
b = pd.merge(left = a, right = df2, left_on = 'date', right_on = 'date')
c = b.set_index('date')
c.columns = ['600000', '000980', '000981']
print(c.head())    # c 是合并好数据
                600000   000980   000981
date
2016 - 04 - 12   11.696    6.800    8.504
2016 - 04 - 13   11.776    7.478    8.550
2016 - 04 - 14   11.816    8.226    8.892
2016 - 04 - 15   11.876    9.054    8.828
2016 - 04 - 18   11.823    9.961    8.596
# 显示最后 5 条
c.tail()
                600000   000980   000981
date
2016 - 09 - 05   12.394   10.089    9.401
2016 - 09 - 06   12.334   10.369    9.410
2016 - 09 - 07   12.386   10.209    9.419
2016 - 09 - 08   12.477   10.289    9.493
2016 - 09 - 09   12.447   10.528    9.447
# 取列数据
data = c[['600000', '000981']]
data.head()
```

```
                600000    000981
date
2016 − 04 − 12   11.696    8.504
2016 − 04 − 13   11.776    8.550
2016 − 04 − 14   11.816    8.892
2016 − 04 − 15   11.876    8.828
2016 − 04 − 18   11.823    8.596
♯取 2 行到 4 行的数据
data.ix[1:4]
                600000    000981
Date
2016 − 04 − 13   11.776    8.550
2016 − 04 − 14   11.816    8.892
2016 − 04 − 15   11.876    8.828
♯取第 1 行到第 2 行及第 1 列到第 3 列的数据
data.iloc[:2, :3]
                600000    000981
date
2016 − 04 − 12   11.696    8.504
2016 − 04 − 13   11.776    8.550
```

1.7.7　挖地兔 Tushare 财经网站数据保存与读取

Tushare 提供的数据储存模块主要是引导用户将数据保存在本地磁盘或数据库服务器上,便于后期的量化分析和回测使用,再以文件格式保存在电脑磁盘的方式上,调用的是Pandas 本身自带的方法,此处会罗列常用的参数和说明,另外,也会通过实例,展示操作的方法。

(1) 保存为 csv 格式;

(2) 保存为 Excel 格式。

1. 保存为 CSV 数据文件

Pandas 的 DataFrame 和 Series 对象提供了直接保存 csv 文件格式的方法,通过参数设定,轻松将数据内容保存在本地磁盘。

常用参数说明:

* path_or_buf：csv 文件存放路径或者 StringIO 对象

* sep：文件内容分隔符,默认为,逗号

* na_rep：在遇到 NaN 值时保存为某字符,默认为' '空字符

* float_format：float 类型的格式

* columns：需要保存的列,默认为 None

* header：是否保存 columns 名,默认为 True

* index：是否保存 index,默认为 True

* mode：创建新文件还是追加到现有文件,默认为新建

* encoding：文件编码格式

* date_format：日期格式

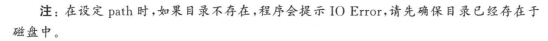

注：在设定 path 时，如果目录不存在，程序会提示 IO Error，请先确保目录已经存在于磁盘中。

调用方法：

```
import tushare as ts
df = ts.get_hist_data('000875')  ♯从网上取数据
♯直接保存
df.to_csv('F:/2glkx/data/000875.csv')
♯选择数据保存
df.to_csv('F:/2glkx/data/000875.csv',columns = ['open','high','low','close'])
```

2. 读取 CSV 数据文件

```
import pandas as pd
import numpy as np
df = pd.read_csv('F:/2glkx/data/000875.csv')
df.head()
   Unnamed: 0  open  high  low  close
0           0  6.24  6.30  6.19   6.28
1           1  6.27  6.32  6.21   6.22
2           2  6.20  6.27  6.19   6.27
3           3  6.26  6.30  6.25   6.30
4           4  6.31  6.39  6.29   6.33
```
追加数据的方式：

某些时候，可能需要将一些同类数据保存在一个大文件中，这时候就需要将数据追加在同一个文件里，简单举例如下：

```
import tushare as ts
import os
filename = 'F:/2glkx/data/bigfile.csv'
for code in ['000875', '600848', '000981']:
    df = ts.get_k_data(code)
    if os.path.exists(filename):
        df.to_csv(filename, mode = 'a', header = None)
    else:
        df.to_csv(filename)
```

注：如果是不考虑 header，直接 df.to_csv(filename，mode＝'a')即可，否则，每次循环都会把 columns 名称也 append 进去。

3. 保存为 Excel 文件

Pandas 将数据保存为 MicroSoft Excel 文件格式。
常用参数说明：
* excel_writer：文件路径或者 ExcelWriter 对象
* sheet_name：sheet 名称，默认为 Sheet1
* sep：文件内容分隔符，默认为，逗号
* na_rep：在遇到 NaN 值时保存为某字符，默认为' '空字符

* float_format：float 类型的格式
* columns：需要保存的列，默认为 None
* header：是否保存 columns 名，默认为 True
* index：是否保存 index，默认为 True
* encoding：文件编码格式
* startrow：在数据的头部留出 startrow 行空行
* startcol：在数据的左边留出 startcol 列空列

调用方法：

```
import tushare as ts
df = ts.get_k_data('000875')  #直接保存
df.to_excel('F:/2glkx/data/000875.xls')

#设定数据位置(从第 3 行,第 6 列开始插入数据)
df.to_excel('F:/2glkx/data/000875.xls', startrow = 2, startcol = 5)
```

4. 读取 Excel 数据文件

```
import pandas as pd
import numpy as np
import tushare as ts
df = ts.get_hist_data('000875')  #从网上取数据
#直接保存
df.to_excel('F:/2glkx/data/000875.xls')
df = pd.read_excel('F:/2glkx/data/000875.xls')
df.head()
```

输出结果：

```
          date  open  high  close  low   volume   price_change  p_change  \
0  2019 - 09 - 25  2.98  3.05   3.01  2.98  241913.41       0.01       0.33
1  2019 - 09 - 24  3.00  3.02   3.00  2.99  120600.59       0.00       0.00
2  2019 - 09 - 23  2.94  3.02   3.00  2.93  221678.05       0.05       1.70
3  2019 - 09 - 20  2.96  2.97   2.95  2.93  113277.64      - 0.02      - 0.67
4  2019 - 09 - 19  2.95  2.97   2.97  2.93   80252.00       0.02       0.68


     ma5    ma10   ma20      v_ma5      v_ma10     v_ma20
0  2.986  2.987  2.937  155544.34  177918.03  153872.04
1  2.974  2.979  2.932  127646.13  166601.26  155957.17
2  2.966  2.973  2.924  142354.41  167841.74  153427.29
3  2.970  2.964  2.918  137264.87  157847.24  146724.96
4  2.984  2.959  2.916  147741.34  167453.19  146864.16
```

1.7.8　使用 Opendatatools 工具获取数据

Opendatatools 工具提供了股票、期货、汇率、基金、理财、股权质押、美股、港股等丰富的财经数据接口，支持对上交所、深交所等财经数据的获取。例如，证券代码为 600000.SH（浦发银行）、000002.SZ（万科 A）的实时行情数据。

```
#先导入 stock 接口
from opendatatools import stock    #需要先安装 opendatatools 工具
#获取实时行情
df, msg = stock.get_quote('600000.SH,000002.SZ')
df, msg
```

即可得到如下实时行情数据：

```
(       amount    change    float_market_capital    high    is_trading    last     low  \
0    984737112.0   - 0.11          2.527887e + 11     26.24        False    26.02   25.94
1    356897100.0     0.06          3.319055e + 11     11.95        False    11.81   11.69

     market_capital    percent       symbol                    time    turnover_rate  \
0     2.940818e + 11    - 0.42    000002.SZ 2019 - 09 - 25 15:04:03            0.39
1     3.466481e + 11      0.51    600000.SH 2019 - 09 - 25 15:00:00            0.11
         volume
0     37722610
1     30136356    , '')
```

```
#获取日线数据
df, msg = stock.get_daily('600000.SH', start_date = '2017 - 06 - 06', end_date = '2018 - 06 - 26')
df, msg
```

即可得到如下实时行情数据：

```
(     change      high      last       low      open    percent      symbol             time  \
......
50    0.0765    9.9229    9.8846    9.7790    9.8078       0.78    600000.SH 2018 - 06 - 15
51  - 0.3647    9.8270    9.5199    9.4143    9.8174     - 3.69    600000.SH 2018 - 06 - 19
52  - 0.0286    9.5775    9.4911    9.4719    9.5199     - 0.30    600000.SH 2018 - 06 - 20
53  - 0.0579    9.5775    9.4335    9.3567    9.4815     - 0.61    600000.SH 2018 - 06 - 21
54  - 0.0670    9.4335    9.3663    9.2800    9.4335     - 0.71    600000.SH 2018 - 06 - 22
55  - 0.1920    9.4239    9.1744    9.1648    9.3759     - 2.05    600000.SH 2018 - 06 - 25
56  - 0.0771    9.2128    9.0976    8.9729    9.2128     - 0.84    600000.SH 2018 - 06 - 26

      turnover_rate      volume
......
50            0.07    19914990
51            0.15    42988471
52            0.07    18915740
53            0.08    23636961
54            0.09    25040001
55            0.09    24244380
56            0.09    24424095
[260    rows × 10 columns], '')
```

1.7.9 Python-Quandl 财经数据接口

1. Python-Quandl 包的安装

可以从 PyPI 或 GitHub 下载 Quandl 包。按照下面的安装说明进行安装。

注意：Quandln 包的安装因系统而异。

在大多数系统中，下面的命令将启动安装的命令如下：

```
pip install quandl
import quandl
```

在某些系统上，可能需要以下命令：

```
pip3 install quandl
import quandl
```

此外，还可以在 Python3.x 和 Python2.7x 网站上找到 Python 模块的详细安装说明。Quandl 模块是免费的，但是必须拥有 Quandl API 密钥才能下载数据。要获得自己的 API 密钥，需要创建一个免费的 Quandl 账户并设置 API 密钥。

导入 Quandl 模块后，可以使用以下命令设置 API 密钥：

```
quandl.ApiConfig.api_key = "YOURAPIKEY"
```

2. Python-Quandl 使用

Quandl 上的大多数数据集都可以在 Python 中直接使用 Quandl 模块。

使用 Quandl 模块获取财经数据是非常容易的。例如，要想从 FRED 得到美国 GDP，只需如下命令：

```
import quandl
mydata = quandl.get("FRED/GDP")
mydata.tail()
```

得到如下结果：

```
                 Value
Date
2018 - 04 - 01   20510.177
2018 - 07 - 01   20749.752
2018 - 10 - 01   20897.804
2019 - 01 - 01   21098.827
2019 - 04 - 01   21339.121
```

Python-Quandl 包可以免费使用，并授予对所有免费数据集的访问权限。用户只需为访问 Quandl 的优质数据产品付费。

1.7.10　下载 Yahoo 财经网站数据

在 Yahoo 财经网站 https://finance.yahoo.com/quote/000001.SS/history? ltr＝1 搜索需要的代码，如 000001.ss，网站提供了 csv 格式数据下载服务，在图 1-11 的 Download data 处点击下载到目录 F:/2glkx/data/处，文件名默认为 000001.SS.csv。然后再使用命令 sh＝pd.read_csv('F:/2glkx/data/000001.SS.csv')读取下载在目录 F:/2glkx/data 目录中 000001.SS.csv 文件的数据。

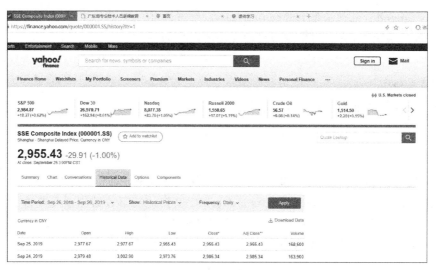

图 1-11　Yahoo 财经数据下载界面

1.7.11　存取 Yahoo 财经网站数据

Python 下 pandas_datareader 包可从不同的数据源获取各种金融数据①。

pandas_datareader. data 和 pandas_datareader. wb 函数能从不同的数据源获取数据,下面列出部分具体的数据源:

Yahoo! Finance 雅虎金融
Google Finance 谷歌金融
Enigma 英格玛
Quandl
St. Louis FED (FRED)圣路易斯联邦储蓄银行
Kenneth French's data library
World Bank 世界银行
OECD 经合组织
Eurostat 欧盟统计局
Thrift Savings Plan
Nasdaq Trader symbol definitions

例如我们可以使用 Python 的 pandas_datareader. data 读取 Yahoo 财经网站的数据,代码如下:

```
import pandas_datareader. data as web
import datetime
start = datetime. datetime(2017, 1, 1)
end = datetime. datetime(2019, 9, 26)
#从 Yahoo 财经网站读取 Facebook 股票 2017/1/1 到 2019/9/26 期间的数据
df = web. DataReader("F", 'yahoo', start, end)
#显示前 5 条记录
df. head()
```

---

①　原文来自:https://pandas-datareader. readthedocs. io/en/latest/remote_data. html.

```
             High    Low    Open   Close      Volume    Adj Close
Date
2017 - 01 - 03   12.60  12.13  12.20  12.59   40510800.0   10.578667
2017 - 01 - 04   13.27  12.74  12.77  13.17   77638100.0   11.066008
2017 - 01 - 05   13.22  12.63  13.21  12.77   75628400.0   10.729910
2017 - 01 - 06   12.84  12.64  12.80  12.76   40315900.0   10.721508
2017 - 01 - 09   12.86  12.63  12.79  12.63   39438400.0   10.612275
♯ 显示最后 5 条记录
df.tail()
             High    Low    Open    Close     Volume    Adj Close
Date
2019 - 09 - 19   9.33   9.10   9.31   9.10   28780700.0      9.10
2019 - 09 - 20   9.30   9.11   9.13   9.17   37491300.0      9.17
2019 - 09 - 23   9.23   9.08   9.13   9.16   22051100.0      9.16
2019 - 09 - 24   9.23   9.05   9.19   9.11   33092500.0      9.11
2019 - 09 - 25   9.23   9.09   9.10   9.20   20510300.0      9.20
```

pandas_datareader.data 可以获取雅虎财经股票数据并以 csv 格式存放,命令如下:

```
import numpy as np
import pandas as pd
import pandas_datareader.data as web
import datetime as dt
♯ 获取上港集团数据
df = web.DataReader("600018.SS","yahoo",dt.datetime(2019,1,1),dt.date.today())
♯♯ 上港集团
print (df)
df.to_csv(r'F:\2glkx\data\600018.csv',columns = df.columns,index = True)
df.tail()
             High    Low    Open    Close     Volume    Adj Close
Date
2019 - 09 - 19   6.12   6.06   6.11   6.11   19848826.0      6.11
2019 - 09 - 20   6.18   6.09   6.12   6.17   37446788.0      6.17
2019 - 09 - 23   6.13   5.92   6.11   5.99   46463817.0      5.99
2019 - 09 - 24   6.02   5.94   5.95   5.96   21417818.0      5.96
2019 - 09 - 25   5.95   5.82   5.95   5.82   30565346.0      5.82
```

练　习　题

1. 简述经济金融计量分析建模的步骤。

2. 简述经济金融计量分析的常用软件。

3. 按照本章的实例,应用 Python-NumPy 的方法存取数据。

4. 按照本章的实例,应用 Python-SciPy 的方法存取数据。

5. 按照本章的实例,应用 Python-Pandas 的方法存取 csv,Excel 格式数据。

6. 按照本章的实例,获取 Tushare 财经数据。

7. 按照本章的实例,获取 Opendatatools 财经数据。

8. 按照本章的实例,获取 Quandl 财经数据。

9. 按照本章的实例,获取 Yahoo 财经数据。

描述性统计及其 Python 应用

统计就是搜集数据,让我们知道总体状况怎么样。它更重要的意义在于数据分析,即作出判断和预测。

描述性统计是对数据的性质进行描述,例如:均值描述了数据的中心趋势,方差描述了数据的离散程度。

推断性统计是用来作判断和预测的。例如假设检验,就是用来作判断的,回归分析和时间序列分析,是用来作预测的。

注:本章部分代码在 Bigquant 量化投资平台上运行。

2.1 描述性统计的 Python 工具

Python 中的 Pandas 常用的统计方法如表 2-1 所示。

表 2-1 Pandas 常用的统计方法

函 数 名 称	作 用	函 数 名 称	作 用
count	非 NA 值的数量	var	方差(二阶矩)
describe	针对 Series 或 DF 的列计算汇总统计	std	标准差
		skew	样本值的偏度(三阶矩)
min,max	最小值和最大值	kurt	样本值的峰度(四阶矩)
argmin,argmax	最小值和最大值的索引位置(整数)	cumsum	样本值的累计和
idxmin,idxmax	最小值和最大值的索引值	cummin,cummax	样本值的累计最大值和累计最小值
quantile	样本分位数(0 到 1)	cumprod	样本值的累计积
sum	求和	diff	计算一阶差分(对时间序列很有用)
mean	均值(一阶矩)		
median	中位数	pct_change	计算百分数变化
mad	根据均值计算平均绝对离差		

Python 中 NumPy 和 SciPy 常用的统计方法如表 2-2 所示。

表 2-2　NumPy 和 SciPy 常用的统计方法

程　序　包	方　　法	说　　明
numpy	array	创造一组数
numpy.random	normal	创造一组服从正态分布的定量数
numpy.random	randint	创造一组服从均匀分布的定性数
numpy	mean	计算均值
numpy	median	计算中位数
scipy.stats	mode	计算众数
numpy	ptp	计算极差
numpy	var	计算方差
numpy	std	计算标准差
numpy	cov	计算协方差
numpy	corrcoef	计算相关系数

2.2　数据集中趋势度量及其 Python 应用

2.2.1　算术平均值

算术平均值非常频繁地用于描述一组数据,即"平均值"。它被定义为观测的总和除以观测个数:

$$\mu = \frac{\sum_{i=1}^{n} x_i}{n}$$

这里 $x_1, \cdots, x_n$ 是我们的观测值。

```
# 两个常用的统计包
import scipy.stats as stats
import numpy as np
# 我们拿两个数据集来举例
x1 = [1, 2, 2, 3, 4, 5, 5, 7]
x2 = x1 + [100]
print('x1 的平均值:', sum(x1), '/', len(x1), '=', np.mean(x1))
print('x2 的平均值:', sum(x2), '/', len(x2), '=', np.mean(x2))
```

输出结果为:

```
x1 的平均值: 29 / 8 = 3.625
x2 的平均值: 129 / 9 = 14.333333333333334
```

2.2.2　加权算术平均值

我们还可以定义一个加权算术平均值。加权算术平均值计算定义为:

$$\sum_{i=1}^{n} w_i x_i$$

这里 $\sum_{i=1}^{n} w_i = 1$。在通常的算术平均值计算中，对所有的 i 都有 $w_i = 1/n$，$\sum_{i=1}^{n} w_i = 1$。

2.2.3　中位数

顾名思义，一组数据的中位数是当以递增或递减顺序排列时出现在数据中间位置的数字。当我们有奇数 n 个数据点时，中位数就是位置 $(n+1)/2$ 的值。当我们有偶数的数据点时，数据分成两半，中间位置没有任何数据点；所以我们将中位数定义为位置 $n/2$ 和 $(n+2)/2$ 中的两个数值的平均值。

数据中位数不容易受极端数值的影响。它告诉我们处于中间位置的数据。

```
print('x1 的中位数:', np.median(x1))
print('x2 的中位数:', np.median(x2))
```

输出结果为：

```
x1 的中位数: 3.5
x2 的中位数: 4.0
```

2.2.4　众数

众数是数据集里出现次数最多的数据点。它可以应用于非数值数据，与平均值和中位数不同。

♯ SciPy 具有内置的求众数功能，但它只返回一个值，即使两个值出现相同的次数，也是只返回一个值。

```
print('One mode of x1:', stats.mode(x1)[0][0])
```

输出结果为：

```
One mode of x1: 2
```

```
♯ 因此我们自定义一个求众数的函数
def mode(l):
    ♯ 统计列表中每个元素出现的次数
    counts = {}
    for e in l:
        if e in counts:
            counts[e] += 1
        else:
            counts[e] = 1

    ♯ 返回出现次数最多的元素
    maxcount = 0
    modes = {}
    for (key, value) in counts.items():
        if value > maxcount:
```

```
            maxcount = value
            modes = {key}
        elif value == maxcount:
            modes.add(key)

    if maxcount > 1 or len(l) == 1:
        return list(modes)
    return 'No mode'
print('All of the modes of x1:', mode(x1))
```

输出结果为：

```
All of the modes of x1: [2, 5]
```

可以看出，我们自定义的 mode 函数更加合理。

对于可能呈现不同数值的数据，比如收益率数据，也许收益率数据没有哪个数据点会出现超过一次。在这种情形下，我们可以使用 bin 值，正如我们构建直方图一样，这个时候我们统计哪个 bin 里数据点出现次数最多。

```
import scipy.stats as stats
# import tushare as ts
# import pandas as pd
# import numpy as np
# 获取收益率数据并计算出 mode
start = '2014 - 01 - 01'
end = '2015 - 01 - 01'
pricing = D.history_data('000002.SZA', fields = ['close'], start_date = start, end_date = end)
['close']
returns = pricing.pct_change()[1:]

# df = ts.get_k_data('600000','2014 - 01 - 01','2015 - 10 - 1')
# # 上证综合指数
# df.to_csv('F:\\2glkx\\600000.csv')
# df = pd.read_csv('F:\\2glkx\\600000.csv', header = 0, index_col = 'date') [['close']]
# returns = (df['close'] - df['close'].shift(1)) / df['close'].shift(1)
# ret = np.array(returns)
print('收益率众数:', stats.mode(returns))
# 由于所有的收益率都是不同的，所以我们使用频率分布来变相计算 mode
hist, bins = np.histogram(returns, 20)                    # 将数据分成 20 个 bin
maxfreq = max(hist)
# 找出哪个 bin 里面出现的数据点次数最大，这个 bin 就当作计算出来的 mode
print('Mode of bins:', [(bins[i], bins[i + 1]) for i, j in enumerate(hist) if j == maxfreq])
```

输出结果为：

```
收益率众数: ModeResult(mode = array([0.], dtype = float32), count = array([7]))
Mode of bins: [( - 0.003053379058837888, 0.005508029460906991)]
```

确实如此，在收益率数据中，很多数据点都不一样，因此计算众数的方式就显得有失偏颇。我们此时转化了思路，不是计算众数，而是将数据分成很多个组（bin），然后找出数据点最多的组（bin）来代替收益率数据的众数（mode）。

2.2.5　几何平均值

算术平均值使用加法,但几何平均值使用乘法:

$$G = \sqrt[n]{x_1 \cdots x_n}$$

该式等价于

$$\ln G = \frac{1}{n} \sum_{i=1}^{n} \ln x_i$$

几何平均值总是小于或等于算术平均值(当使用非负观测值时),当所有观测值都相同时,两者相等。

```
# 使用 SciPy 包中的 gmean 函数来计算几何平均值
print('x1 几何平均值:', stats.gmean(x1))
print('x2 几何平均值:', stats.gmean(x2))
```

输出结果为:

```
x1 几何平均值: 3.0941040249774403
x2 几何平均值: 4.552534587620071
```

如果在计算几何平均值的时候遇到负数的观测值,怎么办呢? 在资产收益率这个例子中其实很好解决,因为收益率最低为-1,因此我们可以+1 将其转化为正数。因此我们可以这样来计算几何收益率:

$$R_G = \sqrt[T]{(1+R_1) \cdots (1+R_T)} - 1$$

```
# 在每个元素上增加 1 来计算几何平均值
import scipy.stats as stats
import numpy as np
ratios = returns + np.ones(len(returns))
R_G = stats.gmean(ratios) - 1
print('收益率的几何平均值:', R_G)
```

输出结果为:

```
收益率的几何平均值: 0.00249162454468
```

几何平均收益率是将各个单个期间的收益率乘积,然后开 n 次方,因此几何平均收益率使用了复利的思想,从而克服了算术平均收益率有时会出现的上偏倾向。我们来看下面的例子。

```
T = len(returns)
init_price = pricing[0]
final_price = pricing[T]
print('最初价格:', init_price)
print('最终价格:', final_price)
print('通过几何平均收益率计算的最终价格:', init_price * (1 + R_G) ** T)
```

输出结果为:

```
最初价格: 933.813
```

最终价格: 1713.82

通过几何平均收益率计算的最终价格: 1713.81465868

从上例可以看出, 几何收益率的优势在于体现了复利的思想, 我们知道初始资金和几何收益率, 很容易计算出最终资金。

2.2.6　调和平均值

调和平均值 (harmonic mean) 又称倒数平均数, 是总体各统计变量倒数的算术平均数的倒数。调和平均值是平均值的一种。

$$H = \frac{n}{\sum\limits_{i=1}^{n} 1/x_i}$$

调和平均值恒小于等于算术平均值, 当所有观测值相等的时候, 两者相等。

应用: 调和平均值可以用在相同距离但速度不同时平均速度的计算。如一段路程, 前半段时速 60 公里, 后半段时速 30 公里〔两段距离相等〕, 则其平均速度为两者的调和平均值时速 40 公里。在现实中很多例子, 需要使用调和平均值。

```
# 我们可以使用现成的函数来计算调和平均值
print('x1 的调和平均值:', stats.hmean(x1))
print('x2 的调和平均值:', stats.hmean(x2))
```

输出结果为:

```
x1 的调和平均值: 2.55902513328
x2 的调和平均值: 2.86972365624
```

2.2.7　点估计的欺骗性

平均值的计算隐藏了大量的信息, 因为它们将整个数据分布整合成一个数字。因此, 常常使用"点估计"或使用一个数字的指标, 往往具有欺骗性。我们应该小心地确保不会通过平均值来丢失数据分布的关键信息, 在使用平均值的时候也应该保持警惕。

2.3　数据离散状况度量及其 Python 应用

本节我们将讨论如何使用离散度来描述一组数据。

离散度能够更好地测量一个数据分布。这在金融方面尤其重要, 因为风险的主要测量方法之一是看历史上收益率的数据分布特征。如果收益率紧挨着平均值, 那么我们就不用特别担心风险。如果收益率很多数据点远离平均值, 那风险就不小。具有低离散度的数据围绕平均值聚集, 而高离散度的数据表明有许多非常大且非常小的数据点。

让我们生成一个随机整数先来看看。

```
import numpy as np
np.random.seed(121)
# 生成 20 个小于 100 的随机整数
X = np.random.randint(100, size = 20)
```

```
# Sort them
X = np.sort(X)
print('X: % s' % (X))
mu = np.mean(X)
print('X 的平均值:', mu)
```

输出结果为：

```
X: [ 3   8 34 39 46 52 52 52 54 57 60 65 66 75 83 85 88 94 95 96]
X 的平均值: 60.2
```

2.3.1　Range(范围)

Range(范围)是数据集中最大值和最小值之间的差异。毫不奇怪,它对异常值非常敏感。我们使用 NumPy 的 ptp 的函数来计算 Range。

```
print('Range of X: % s' % (np.ptp(X)))
```

输出结果为：

```
Range of X: 93
```

2.3.2　MAD(平均绝对偏差)

平均绝对偏差是数据点距离算术平均值的偏差。我们使用偏差的绝对值,这使得比平均值大 5 的数据点和比平均值小 5 的数据点对 MAD 均贡献 5,否则偏差总和为 0。

$$\mathrm{MAD} = \frac{\sum_{i=1}^{n} |X_i - \mu|}{n}$$

这里 n 是数据点的个数, μ 是其平均值。

```
abs_dispersion = [np.abs(mu - x) for x in X]
MAD = np.sum(abs_dispersion)/len(abs_dispersion)
print('X 的平均绝对偏差:', MAD)
```

输出结果为：

```
X 的平均绝对偏差: 20.52
```

2.3.3　方差和标准差

数据离散程度的度量最常用的指标就是方差和标准差。在金融市场更是如此,诺贝尔经济学奖得主马科维茨创造性地将投资的风险定义为收益率的方差,因此为现代金融工程的大厦做了坚实奠基。量化投资更是更是如此,对于风险的度量大多时候是通过方差、标准差来完成。

方差 σ^2 的定义如下: $\sigma^2 = \dfrac{\sum_{i=1}^{n} (X_i - \mu)^2}{n}$

标准差的定义为方差的平方根：σ。标准差的运用更为广泛，因为它和观测值在同一个数据维度，可以进行加减运算。

```python
print('X 的方差：', np.var(X))
print('X 的标准差：', np.std(X))
```

输出结果为：

```
X 的方差： 670.16
X 的标准差： 25.887448696231154
```

解释标准差的一种方式是切比雪夫不等式。它告诉我们，对于任意的值 $kk(k>1k>1)$，平均值的 kk 个标准差（即，在 k 倍标准偏差的距离内）的样本比例至少为 $1-1/k^2$。我们来检查一下这个定理是否正确。

```python
k = 1.25          # 随便举的一个 k 值
dist = k * np.std(X)
l = [x for x in X if abs(x - mu) <= dist]
print('k 值', k, '在 k 倍标准差距离内的样本为：', l)
print('验证', float(len(l))/len(X), '>', 1 - 1/k ** 2)
```

输出结果为：

```
k 值 1.25 在 k 倍标准差距离内的样本为：[34, 39, 46, 52, 52, 52, 54, 57, 60, 65, 66, 75, 83, 85, 88]
验证 0.75 > 0.36
```

2.3.4　下偏方差和下偏标准差

虽然方差和标准差告诉我们收益率是如何波动的，但它们并不区分向上的偏差和向下的偏差。通常情况下，在金融市场投资中，我们更加担心向下的偏差。因此下偏方差更多是在金融市场上的应用。

下偏方差是目标导向，认为只有负的收益才是投资真正的风险。下偏方差的定义与方差类似，唯一的区别在于下偏方差仅试用低于均值的收益率样本。

下偏方差的定义如下：

$$\frac{\sum_{X_i<\mu}(X_i-\mu)^2}{n_{less}}$$

这里 n_{less} 中的 less 表示小于均值的数据样本的数量。

下偏标准差就是下偏方差的平方根。

```python
# 没有现成的计算下偏方差的函数，因此我们手动计算：
lows = [e for e in X if e <= mu]
semivar = np.sum( (lows - mu) ** 2 ) / len(lows)
print('X 的下偏方差：', semivar)
print('X 的下偏标准差：', np.sqrt(semivar))
```

得到如下结果：

X 的下偏方差：689.5127272727273
X 的下偏标准差：26.258574357202395

2.3.5　目标下偏方差

另外一个相关的是目标下偏方差，是仅关注低于某一目标的样本，定义如下：

$$\frac{\sum_{X_i < B} (X_i - B)^2}{n_B}$$

```
# 目标下偏方差和目标下偏标准差的 Python 代码
B = 19                    # 目标为 19
lows_B = [e for e in X if e <= B]
semivar_B = sum(map(lambda x: (x - B) ** 2, lows_B))/len(lows_B)
print('X 的目标下偏方差:', semivar_B)
print('X 的目标下偏标准差:', np.sqrt(semivar_B))
```

得到如下结果：

X 的目标下偏方差：188.5
X 的目标下偏标准差：13.729530217745982

最后，要提醒读者注意的是：所有这些计算将给出样本统计，即数据的标准差。这是否反映了目前真正的标准差呢？其实还需要做出更多的努力来确定这一点，比如绘制出数据样本直方图、概率密度图，这样更能全面地了解数据分布状况。在金融方面尤其如此，因为所有金融数据都是时间序列数据，平均值和方差可能随时间而变化。因此，处理金融数据的方差、标准差有许多技巧和微妙之处。

2.4　峰度、偏度与正态性检验及其 Python 应用

本节介绍峰度和偏度，以及如何运用这两个统计指标进行数据的正态性检验。

峰度和偏度这两个统计指标，在统计学上是非常重要的指标。在金融市场上，我们并不需要对其有深入了解，本节只是科普一些相关知识，重点是让大家明白峰度、偏度是什么以及通过这两个指标如何做到数据的正态性检验。

之所以金融市场上正态性检验如此重要，这是因为很多模型假设就是数据服从正态分布，因此我们在使用模型前应该对数据进行正态性检验，否则前面假设都没有满足，模型预测结果没有意义。

先做好如下的准备工作。

```
import matplotlib.pyplot as plt
import numpy as np
import scipy.stats as stats
```

有时候，平均值和方差不足以描述数据分布。当我们计算方差时，我们对平均值的偏差进行了平方。在偏差很大的情况下，我们不知道它们是积极还是消极的。这里涉及分布的偏斜度和对称性。如果一个分布中，均值的一侧是另一侧的镜像，则分布是对称的。例如，

正态分布是对称的。

平均值 μ 和标准差 σ 的正态分布定义为：

$$f(x) = \frac{1}{\sigma\sqrt{2\pi}} e^{-\frac{(x-\mu)^2}{2\sigma^2}}$$

我们可以绘制它的图形来确认它是对称的：

```
xs = np.linspace(-6,6, 300)
normal = stats.norm.pdf(xs)
plt.plot(xs, normal);
```

得到如图 2-1 所示的图形：

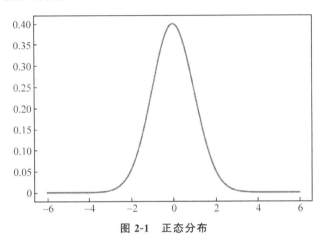

图 2-1　正态分布

2.4.1　偏度

偏度(Skewness)是描述数据分布形态的一个常用统计量,其描述的是某总体取值分布的对称性。这个统计量同样需要与正态分布相比较,偏度为 0 表示其数据分布形态与正态分布的偏斜程度相同;偏度大于 0 表示其数据分布形态与正态分布相比为正偏或右偏,即有一条长尾巴拖在右边,数据右端有较多的极端值;偏度小于 0 表示其数据分布形态与正态分布相比为负偏或左偏,即有一条长尾拖在左边,数据左端有较多的极端值。偏度的绝对值数值越大,表示其分布形态的偏斜程度越大。

例如,某分布具有许多小的正数和数个大的负值,这种情况是偏度为负,但仍然具有 0 的平均值,反之亦然(正偏度)。对称分布的偏度为 0。正偏度分布中,平均值＞中位数＞众数。负偏度刚好相反,平均值＜中位数＜众数。在一个完全对称的分布中,即偏度为 0,此时平均值＝中位数＝众数。

偏度的计算公式为：

$$S_K = \frac{n}{(n-1)(n-2)} \frac{\sum_{i=1}^{n}(X_i - \mu)^3}{\sigma^3}$$

这里,S_K 为偏度,n 是所有观测值的个数,μ 是平均值,σ 是标准差。

偏度的正负符号描述了数据分布的偏斜方向。

我们可以绘制一个正偏度和负偏度的分布，看看其形状。

对于单峰分布，负偏度通常表示尾部在左侧较大（长尾巴拖在左边），而正偏度表示尾部在右侧较大（长尾巴拖在右边）。

```
# 产生数据
xs2 = np.linspace(stats.lognorm.ppf(0.01, .7, loc = - .1), stats.lognorm.ppf(0.99, .7,
loc = - .1), 150)

# 偏度> 0
lognormal = stats.lognorm.pdf(xs2, .7)
plt.plot(xs2, lognormal, label = 'Skew > 0')

# 偏度< 0
plt.plot(xs2, lognormal[::-1], label = 'Skew < 0')
plt.legend();
```

得到如图 2-2 所示的图形。

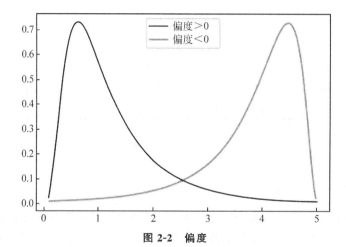

扫码看彩图

图 2-2　偏度

虽然在绘制离散数据集时，偏度不太明显，但我们仍然可以计算它。例如，下面是 2016—2018 年沪深 300 收益率的偏度、平均值和中位数。

```
start = '2016 - 01 - 01'
end = '2018 - 01 - 01'
pricing = D.history_data('000300.SHA', start_date = start, end_date = end)['close']
returns = pricing.pct_change()[1:]

print('Skew:', stats.skew(returns))
print('Mean:', np.mean(returns))
print('Median:', np.median(returns))
plt.hist(returns, 30);
```

得到如下结果：

```
Skew: - 1.4877266883850098
Mean: 0.0003629975544754416
Median: 0.000798583
```

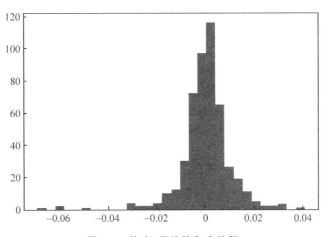

图 2-3　偏度，平均值和中位数

从图形上可以看出，沪深 300 日收益率数据尾巴是拖在了左侧(但不是很明显)，因此有点左偏，这和计算的偏度值 Skew＝－1.49 为负刚好一致。

2.4.2　峰度

峰度(Peakness，Kurtosis)是描述总体中所有取值分布形态陡缓程度的统计量。这个统计量需要与正态分布相比较，峰度为 3 表示该总体数据分布与正态分布的陡缓程度相同；峰度大于 3 表示该总体数据分布与正态分布相比较为陡峭，为尖顶峰；峰度小于 3 表示该总体数据分布与正态分布相比较为平坦，为平顶峰。峰度的绝对值数值越大表示其分布形态的陡缓程度与正态分布的差异程度越大。

峰度的具体计算公式为：

$$K = \frac{n(n+1)}{(n-1)(n-2)(n-3)} \frac{\sum_{i=1}^{n}(X_i - \mu)^4}{\sigma^4}$$

在 SciPy 中，使用峰度与正态分布峰度的差值来定义分布形态的陡缓程度——超额峰度，用 KE 表示：

$$K_E = \frac{n(n+1)}{(n-1)(n-2)(n-3)} \frac{\sum_{i=1}^{n}(X_i - \mu)^4}{\sigma^4} - \frac{3(n-1)^2}{(n-2)(n-3)}$$

如果数据量很大，那么

$$K_E \approx \frac{1}{n} \frac{\sum_{i=1}^{n}(X_i - \mu)^4}{\sigma^4} - 3$$

```
plt.plot(xs,stats.laplace.pdf(xs), label = 'Leptokurtic')
print('尖峰的超额峰度:', (stats.laplace.stats(moments = 'k')))
plt.plot(xs, normal, label = 'Mesokurtic (normal)')
print('正态分布超额峰度:', (stats.norm.stats(moments = 'k')))
plt.plot(xs,stats.cosine.pdf(xs), label = 'Platykurtic')
```

```
print('平峰超额峰度:', (stats.cosine.stats(moments = 'k')))
plt.legend();
```

得到如下结果：

尖峰的超额峰度: 3.0
正态分布超额峰度: 0.0
平峰超额峰度: - 0.5937628755982794

扫码看彩图

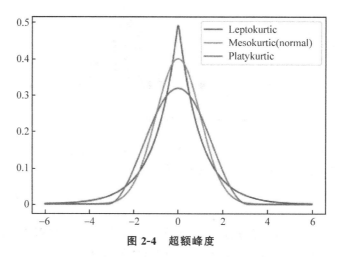

图 2-4　超额峰度

下面以沪深 300 为例，我们可以使用 SciPy 包来计算沪深 300 日收益率的超额峰度。

```
print("沪深 300 的超额峰度: ", stats.kurtosis(returns))
```

得到如下结果：

沪深 300 的超额峰度: 10.313874715180733

2.4.3　使用 Jarque-Bera 的正态检验

Jarque-Bera 检验是一个通用的统计检验，可以比较样本数据是否具有与正态分布一样的偏度和峰度。Jarque Bera 检验的零假设是数据服从正态分布。默认时 p 值为 0.05。

接着上面沪深 300 的例子我们来检验沪深 300 收益率数据是否服从正态分布。

```
from statsmodels.stats.stattools import jarque_bera
_, pvalue, _, _ = jarque_bera(returns)

if pvalue > 0.05:
    print('沪深 300 收益率数据服从正态分布.')
else:
    print('沪深 300 收益率数据并不服从正态分布.')
```

输出结果为：

沪深 300 收益率数据并不服从正态分布。

2.5　异常数据处理

异常值问题在数据分析中经常遇到,本节介绍了多种处理数据异常值的方法。

在金融数据分析中,常常会遇到一些值过大或者过小的情况,当用这些值来构造其他特征的时候,可能使得其他的特征也是异常点,这将严重影响对金融数据的分析,或者是影响模型的训练。下面我们学习一些关于异常点处理的常用方法。

2.5.1　固定比例法

这种方法非常容易理解,我们把上下 2% 的值重新设置,若大于 99% 分位数的数值,则将其设置为 99% 分位数值,若低于 1% 分位数的数值,则将其重新设置为 1% 分位数值。

2.5.2　均值标准差法

这种想法的思路来自正态分布,假设 $X \sim N(\mu, \sigma^2)$,那么:

$$P(|X - \mu| > k * \sigma) = \begin{cases} 0.317, & k = 1 \\ 0.046, & k = 2 \\ 0.003, & k = 3 \end{cases}$$

通常把 3 倍标准差之外的值都视为异常值,不过要注意的是样本均值和样本标准差都不是稳健统计量,其计算本身受极值的影响就非常大,所以可能会出现一种情况,那就是我们从数据分布图上能非常明显地看到异常点,但按照上面的计算方法,这个异常点可能仍在均值 3 倍标准差的范围内。因此按照这种方法剔除掉异常值后,需要重新观察数据的分布情况,看是否仍然存在显著异常点,若存在则继续重复上述步骤寻找异常点。

2.5.3　MAD 法

MAD 法是针对均值标准差方法的改进,把均值和标准差替换成稳健统计量,样本均值用样本中位数代替,样本标准差用样本 MAD(median absolute deviation)代替:

$$md = median(x_i, i = 1, 2, \cdots, n)$$
$$MAD = median(|x_i - md|, i = 1, 2, \cdots, n)$$

一般将偏离中位数 3 倍以上的数据作为异常值,和均值标准差法相比,其中位数和 MAD 不受异常值的影响。

2.5.4　BOXPLOT 法

我们知道箱线图上也会注明异常值,假设 Q_1 和 Q_3 分别为数据从小到大排列的 25% 和 75% 分位数,记 $IQR = Q_1 - Q_3$,把

$$(-\infty, Q_1 - 3 \times IQR) \bigcup (Q_3 + 3 \times IQR, +\infty)$$

区间里的数据标识为异常点。分位数也是稳健统计量,因此 Boxplot 方法对极值不敏感,但如果样本数据正偏严重,且右尾分布明显偏厚时,Boxplot 方法会把过多的数据划分为异常数据,因此 Hubert 和 Vandervieren(2007)对原有 Boxplot 方法进行了偏度调整。首先样本偏度定义采用了 Brys(2004)提出的 MedCouple 方法

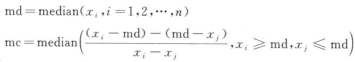

$$\mathrm{md} = \mathrm{median}(x_i, i=1,2,\cdots,n)$$

$$\mathrm{mc} = \mathrm{median}\left(\frac{(x_i - \mathrm{md}) - (\mathrm{md} - x_j)}{x_i - x_j}, x_i \geqslant \mathrm{md}, x_j \leqslant \mathrm{md}\right)$$

然后给出了经偏度调整 Boxplot 方法上下限：

$$L = \begin{cases} Q_1 - 1.5 \times \exp(-3.5 \times \mathrm{mc}) \times \mathrm{IQR}, & \mathrm{mc} \geqslant 0 \\ Q_1 - 1.5 \times \exp(-4 \times \mathrm{mc}) \times \mathrm{IQR}, & \mathrm{mc} < 0 \end{cases}$$

$$U = \begin{cases} Q_3 + 1.5 \times \exp(4 \times \mathrm{mc}) \times \mathrm{IQR}, & \mathrm{mc} \geqslant 0 \\ Q_3 + 1.5 \times \exp(3.5 \times \mathrm{mc}) \times \mathrm{IQR}, & \mathrm{mc} < 0 \end{cases}$$

2.5.5 异常数据的影响和识别举例

我们以 2017 年 4 月 21 日的 A 股所有股票的净资产收益率数据为例介绍异常数据的影响和识别。这是一个横截面数据。

```
fields = ['fs_roe_0']
start_date = '2017 - 04 - 21'
end_date = '2017 - 04 - 21'
instruments = D.instruments(start_date, end_date)
roe = D.features(instruments, start_date, end_date, fields = fields)['fs_roe_0']
```

（1）描述性统计

```
print('均值: ',roe.mean())
print('标准差: ',roe.std())
roe.describe()
```

得到如下结果：

```
均值: 6.318794955342129
标准差: 21.524061060590586
count      2782.000000
mean          6.318795
std          21.524061
min        - 190.077896
25 %          1.918450
50 %          5.625300
75 %         10.413725
max         949.800476
Name: fs_roe_0, dtype: float64
```

可以看出，接近 2800 家公司的股权收益率的平均值为 6.32，标准差为 21.52，最大值为 949.8，最小值为−190.08。

（2）绘制直方图

```
roe.hist(bins = 100)
```

得到如图 2-5 所示的图形。

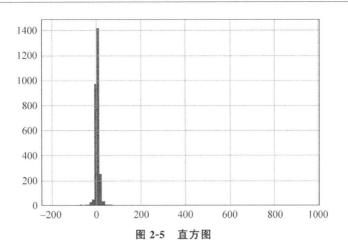

图 2-5　直方图

（3）关于异常值处理的方法

① 固定比例法

```
roe = D.features(instruments, start_date, end_date, fields = fields)['fs_roe_0']
roe[roe >= roe.quantile(0.99)] = roe.quantile(0.99)
roe[roe <= roe.quantile(0.01)] = roe.quantile(0.01)
print('均值：',roe.mean())
print('标准差：',roe.std())
roe.hist(bins = 100)
```

输出结果为：

均值：6.284804923675365
标准差：8.226735672980485

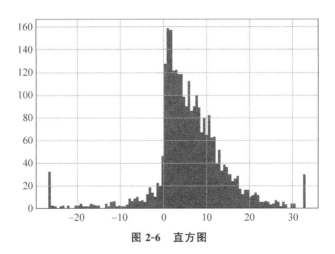

图 2-6　直方图

② 均值标准差方法

通常把 3 倍标准差之外的值都视为异常值，然后将这些异常值重新赋值。

```
roe = D.features(instruments, start_date, end_date, fields = fields)['fs_roe_0']

roe[roe >= roe.mean() + 3 * roe.std()] = roe.mean() + 3 * roe.std()
```

```
roe[roe <= roe.mean() - 3 * roe.std()] = roe.mean() - 3 * roe.std()
print('均值: ',roe.mean())
print('标准差: ',roe.std())
roe.hist(bins = 100)
```

输出结果为:

均值: 6.377399763114386
标准差: 8.908700726872697

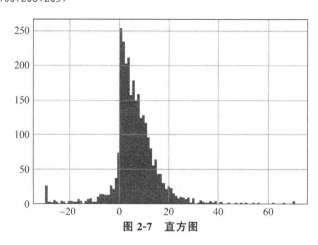

图 2-7　直方图

③ MAD 方法

```
roe = D.features(instruments, start_date, end_date, fields = fields)['fs_roe_0']
roe = roe.dropna()
median = np.median(list(roe))
MAD = np.mean(abs(roe) - median)
roe = roe[abs(roe - median)/MAD <= 6]   ♯剔除偏离中位数 6 倍以上的数据
print('均值: ',roe.mean())
print('标准差: ',roe.std())
roe.hist(bins = 100)
```

输出结果为:

均值: 6.377008957729898
标准差: 5.919701879745745

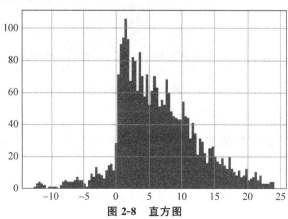

图 2-8　直方图

④ BOXPLOT 法

```
from statsmodels.stats.stattools import medcouple
roe = D.features(instruments, start_date, end_date, fields = fields)['fs_roe_0']
roe = roe.dropna()
def boxplot(data):
    #mc 可以使用 Statsmodels 包中的 medcouple 函数直接进行计算
    mc = medcouple(data)
    data.sort()
    q1 = data[int(0.25 * len(data))]
    q3 = data[int(0.75 * len(data))]
    iqr = q3 - q1
    if mc >= 0:
        l = q1 - 1.5 * np.exp(-3.5 * mc) * iqr
        u = q3 + 1.5 * np.exp(4 * mc) * iqr
    else:
        l = q1 - 1.5 * np.exp(-4 * mc) * iqr
        u = q3 + 1.5 * np.exp(3.5 * mc) * iqr
    data = pd.Series(data)
    data[data < l] = l
    data[data > u] = u
    return data

print('均值',boxplot(list(roe)).mean())
print('标准差',boxplot(list(roe)).std())
boxplot(list(roe)).hist(bins = 100)
```

输出结果为：

```
均值 6.730327574702665
标准差 7.026104852061193
```

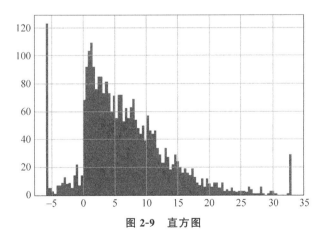

图 2-9　直方图

练　习　题

1. 对本章例题的数据，使用 Python 重新操作一遍。

参数估计及其 Python 应用

3.1 参数估计与置信区间的含义

根据样本推断总体的分布和分布的数字特征称为统计推断。本章我们来讨论统计推断的一个基本问题——参数估计。参数估计有两类，一类是点估计，就是以某个统计量的样本观察值作为未知参数的估计值；另一类是区间估计，就是用两个统计量所构成的区间来估计未知参数。我们在估计总体均值的时候，用样本均值作为总体均值的估计，就是点估计。在做置信区间估计之前，必须先规定一个置信度，例如 95％。置信度以概率 $1-\alpha$ 表示，这里的 α 就是假设检验里的显著性水平。因此 95％的置信度就相对于 5％的显著性水平。

置信区间估计的一般公式为：点估计±关键值×样本均值的标准误

$$\bar{x} \pm z_{\alpha/2} \times s/\sqrt{n}$$

这里的关键值就是以显著性水平 α 做双尾检验的关键值。关键值是 z 关键值或 t 关键值。究竟是 z 关键值还是 t 关键值，如表 3-1 所示。

表 3-1　z 关键值与 t 关键值选择

	正态总体 $n<30$	$n>=30$
已知总体方差	z	z
未知总体方差	t	t 或 z

假设一位投资分析师从股权基金中选取了一个随机样本，并计算出了平均的夏普比率。样本的容量为 100，并且平均的夏普比率为 0.45。该样本具有的标准差为 0.30。利用一个基于标准正态分布的临界值，计算并解释所有股权基金总体均值的 90％置信区间。这个90％的置信区间的临界值为 $z_{0.05}=1.65$，故置信区间为 $\bar{x} \pm z_{0.05} \dfrac{s}{\sqrt{n}} = 0.45 \pm 1.65 \dfrac{0.30}{\sqrt{100}}$ 即 $0.4005 \sim 0.4495$，分析师可以说有 90％的信心认为这个区间包含了总体均值。

3.2 点估计矩分析法的 Python 应用

由大数定律可知，如果总体 X 的 k 阶矩存在，则样本的 k 阶矩以概率收敛到总体的 k 阶矩，样本矩的连续函数收敛到总体矩的连续函数。这就启发我们可以用样本矩作为总体矩的估计量,这种用相应的样本矩去估计总体矩的估计方法称为矩估计法。

设 $X_1, \cdots, X_n$ 为来自某总体的一个样本,样本的 k 阶原点矩为

$$A_k = \frac{1}{n} \sum_{i=1}^{n} X_i^k, \quad k = 1, 2, \cdots$$

如果总体 X 的 k 阶原点矩 $\mu_k = E(X^k)$ 存在,则按矩法估计的思想,用 A_k 去估计 μ_k: $\hat{\mu}_k = A_k$。

设总体 X 的分布函数含有 k 个未知参数 $\theta = (\theta_1, \cdots, \theta_k)$, $j = 1, 2, \cdots, k$, 且分布的前 k 阶矩存在,它们都是 $\theta_1, \cdots, \theta_k$ 的函数,此时求 $\theta_j (j = 1, 2, \cdots, k)$ 的矩估计的步骤如下。

(1) 求出 $E(X^j) = \mu_j$, $j = 1, 2, \cdots, k$, 并假定

$$\mu_j = g_j(\theta_1, \cdots, \theta_k), \quad j = 1, 2, \cdots, k \tag{1}$$

(2) 解方程组(1)得到

$$\theta_i = h_i(\mu_1, \cdots, \mu_k), \quad i = 1, 2, \cdots, k \tag{2}$$

(3) 在上式中用 A_j 代替 μ_j, $j = 1, 2, \cdots, k$ 即得 $\theta = (\theta_1, \cdots, \theta_k)$ 的矩估计:

$$\hat{\theta}_i = h_i(A_1, \cdots, A_k), \quad i = 1, 2, \cdots, k \tag{3}$$

若有样本观察值 $x_1, \cdots, x_n$ 代入上式即可得到 $\theta = (\theta_1, \cdots, \theta_k)$ 的估计值。

由于函数 g_j 的表达式不同,求解上述方程或方程组会相当困难,这时需要应用迭代算法进行数值求解,这需要具体问题具体分析,我们不可能有固定的 R 语言程序来直接估计 θ,只能利用 R 的计算功能根据具体问题编写相应的 R 程序,下面看一个例子。

[例 3-1] 设 $X_1, \cdots, X_n$ 为来自 $b(1, \theta)$ 的一个样本,θ 表示某事件的成功的概率,通常事件的成败机会比 $g(\theta) = \theta/(1-\theta)$ 是人们感兴趣的参数,可以利用矩估计轻松给出 $g(\theta)$ 一个很不错的估计。因为 θ 是总体均值,由矩法,记 $\overline{X} = \frac{1}{n} \sum_{i=1}^{n} X_i$,则 $h(\overline{X}) = \dfrac{\overline{X}}{1 - \overline{X}}$ 是 $g(\theta)$ 的一个矩估计。

[例 3-2] 对某个篮球运动员记录其在某一次比赛中投篮命中与否,观测数据如下:

$$1\ 1\ 0\ 1\ 0\ 0\ 1\ 0\ 1\ 1\ 1\ 0\ 1\ 1\ 0\ 1$$
$$0\ 0\ 1\ 0\ 1\ 0\ 1\ 0\ 0\ 1\ 1\ 0\ 1\ 1\ 0\ 1$$

编写 Python 程序,估计这个篮球运动员投篮的成败比。

```
import numpy as np
x = [1,1,0,1,0,0,1,0,1,1,1,0,1,1,0,1,0,0,1,0,1,0,1,0,0,1,1,0,1,1,0,1]
theta = np.mean(x)
h = theta/(1 - theta)
print('h = ',h)
```

得到如下结果:

```
h = 1.2857142857142858
```

我们得到 $g(\theta)$ 的矩估计为 $h = 1.2857142857142858$。

3.3 单正态总体均值区间估计的 Python 应用

上一节讨论了点估计,由于点估计值只是估计量的一个近似值,因而点估计本身既没有反映出这种近似值的精度即指出用估计值去估计的误差范围有多大,也没有指出这个误差范围以多大的概率包括未知参数,这正是区间估计要解决的问题。本节讨论单正态总体均值的区间估计问题。

3.3.1 方差 $\sigma_0 = \sigma$ 已知时 μ 的置信区间

设来自正态总体 $N(\mu, \sigma^2)$ 的随机样本和样本值记为 $X_1, X_2, \cdots, X_n$,样本均值 $\overline{X}$ 是总体均值 μ 的一个很好的估计量,利用 $\overline{X}$ 的分布,可以得出总体均值 μ 的置信度为 $1-\alpha$ 的置信区间(通常取 $\alpha = 0.05$)。

由于 $\overline{X} \sim N(\mu, \sigma^2)$,因此有 $Z = \dfrac{\overline{X} - \mu}{\sigma / \sqrt{n}} \sim N(0, 1)$,

由 $P(-z_{1-\alpha/2} < Z < z_{1-\alpha/2}) = 1 - \alpha$ 即得

$$P\left(\overline{X} - \frac{\sigma}{\sqrt{n}} z_{1-\alpha/2} < \mu < \overline{X} + \frac{\sigma}{\sqrt{n}} z_{1-\alpha/2}\right) = 1 - \alpha$$

所以对于单个正态总体 $N(\mu, \sigma^2)$,当 $\sigma_0 = \sigma$ 已知时,μ 的置信度为 $1-\alpha$ 的置信区间为 $\left(\overline{X} - \dfrac{\sigma}{\sqrt{n}} z_{1-\alpha/2}, \overline{X} + \dfrac{\sigma}{\sqrt{n}} z_{1-\alpha/2}\right)$。

同理可求得 μ 的置信度为 $1-\alpha$ 的置信度为 $\overline{X} + \dfrac{\sigma}{\sqrt{n}} z_{1-\alpha}$,$\mu$ 的置信度为 $1-\alpha$ 的置信下限为 $\overline{X} - \dfrac{\sigma}{\sqrt{n}} z_{1-\alpha}$。

[例 3-3] 某车间生产的滚珠直径 X 服从正态分布 $N(\sigma, 0.6)$。现从某天的产品中抽取 6 个,测得直径如下(单位:mm):14.6,15.1,14.9,14.8,15.2,15.1。试求平均直径置信度为 95% 的置信区间。

解:置信度 $1-\alpha = 0.95$,$\alpha = 0.05$。$\alpha/2 = 0.025$,查表可得 $Z_{0.025} = 1.96$,又由样本值得 $\overline{x} = 14.95$,$n = 6$,$\sigma = \sqrt{0.6}$。由上式有:

置信下限 $\overline{x} - Z_{1-\alpha/2} \dfrac{\sigma_0}{\sqrt{n}} = 14.95 - 1.96 \times \sqrt{\dfrac{0.6}{6}} = 14.3302$,

置信上限 $\overline{x} + Z_{1-\alpha/2} \dfrac{\sigma_0}{\sqrt{n}} = 14.95 + 1.96 \times \sqrt{\dfrac{0.6}{6}} = 15.5698$。

所以均值的置信区间为 $(14.3302, 15.5698)$。

为此,我们编写的 Pyhton 程序如下:

```
import numpy as np
import scipy.stats as ss
n = 6; p = 0.025; sigma = np.sqrt(0.6)
```

```
x = [14.6, 15.1, 14.9, 14.8, 15.2, 15.1]
xbar = np.mean(x)
low = xbar - ss.norm.ppf(q = 1 - p) * (sigma / np.sqrt(n))
up = xbar + ss.norm.ppf(q = 1 - p) * (sigma / np.sqrt(n))
print ('low = ', low)
print ('up = ', up)
```

得到如下结果：

```
low = 14.330204967695439
up = 15.569795032304564
```

3.3.2　方差 σ^2 未知时 μ 的置信区间

由于 $Z = \dfrac{\overline{X} - \mu}{\sigma / \sqrt{n}} \sim N(0,1)$，$\dfrac{(n-1)S^2}{\sigma^2} \sim \chi^2(n-1)$，且二者独立，所以有

$$T = \frac{\overline{X} - \mu}{S / \sqrt{n}} \sim t(n-1)$$

同样由 $P(-t_{1-\alpha/2}(n-1) < T < t_{1-\alpha/2}(n-1)) = 1 - \alpha$ 得到

$$P\left(\overline{X} - \frac{S}{\sqrt{n}} t_{1-\alpha/2}(n-1) < \mu < \overline{X} + \frac{S}{\sqrt{n}} t_{1-\alpha/2}(n-1)\right) = 1 - \alpha$$

所以方差 σ^2 未知时 μ 的置信度为 $1 - \alpha$ 的置信区间为

$$\left(\overline{X} - \frac{S}{\sqrt{n}} t_{1-\alpha/2}(n-1), \overline{X} + \frac{S}{\sqrt{n}} t_{1-\alpha/2}(n-1)\right)$$

其中 $t_p(n)$ 为自由度为 n 的 t 分布的下侧 p 分位数。

同理可求得 μ 的置信度为 $1 - \alpha$ 的置信上限为 $\overline{X} + \dfrac{S}{\sqrt{n}} t_{1-\alpha}(n-1)$，$\mu$ 的置信度为 $1 - \alpha$

的置信下限为 $\overline{X} - \dfrac{S}{\sqrt{n}} t_{1-\alpha}(n-1)$。

$$S = \sqrt{\frac{1}{n-1} \sum_{i=1}^{n} (X_i - \overline{X})^2}$$

[**例 3-4**]　某糖厂自动包装机装糖，设备包重量服从正态分布 $N(\mu, \sigma^2)$。某日开工后测得 9 包重量为（单位：kg）：99.3, 98.7, 100.5, 101.2, 98.3, 99.7, 99.5, 102.1, 100.5。试求 μ 的置信度为 95% 的置信区间。

解：置信度 $1 - \mu = 0.95$，查表得 $t_{1-\alpha/2}(n-1) = t_{0.025}(8) = 2.306$。由样本值求得 $\overline{x} = 99.978$，$s^2 = 1.47$，故

置信下限　　$\overline{x} - t_{1-\alpha/2}(n-1) \dfrac{s}{\sqrt{n}} = 99.978 - 2.306 \times \sqrt{\dfrac{1.47}{9}} = 99.046$

置信上限　　$\overline{x} + t_{1-\alpha/2}(n-1) \dfrac{s}{\sqrt{n}} = 99.978 + 2.306 \times \sqrt{\dfrac{1.47}{9}} = 100.91$

所以 μ 的置信度为 95% 的置信区间为 (99.046, 100.91)。

为此，我们编制 Python 程序如下：

```
import numpy as np
import scipy.stats as ss
from scipy.stats import t
n = 9; p = 0.025; s = np.sqrt(1.47)
x = [99.3,98.7,100.5,101.2,98.3,99.7,99.5,102.1,100.5]
xbar = np.mean(x)
low = xbar - ss.t.ppf(1-p,n-1) * (s / np.sqrt(n))
up = xbar + ss.t.ppf(1-p,n-1) * (s / np.sqrt(n))
print ('low = ',low)
print ('up = ',up)
```

得到如下结果:

```
low = 99.04581730209804
up = 100.9097382534575
```

3.4　单正态总体方差区间估计的 Python 应用

此时虽然也可以就均值是否已知分两种情况讨论方差的区间估计,但在实际中 μ 已知的情形是极为罕见的,所以只讨论在 μ 未知的条件下讨论方差 σ^2 的置信区间。

由于 $\chi^2 = (n-1)S^2/\sigma^2 \sim \chi^2(n-1)$,所以由 $P((\chi_{\alpha/2}^2)(n-1) < \dfrac{(n-1)S^2}{\sigma^2} < \chi_{1-\alpha/2}^2(n-1)) = 1-\alpha$

就可以得出 σ^2 的置信水平为 $1-\alpha$ 的置信区间:

$$\left(\frac{(n-1)S^2}{\chi_{\alpha/2}^2(n-1)}, \frac{(n-1)S^2}{\chi_{1-\alpha/2}^2(n-1)} \right)$$

[例 3-5]　从某车间加工的同类零件中抽取了 16 件,测得零件的平均长度为 12.8 厘米,方差为 0.0023。假设零件的长度服从正态分布,试求总体方差及标准差的置信区间(置信度为 95%)。

解:已知:$n = 16, S^2 = 0.0023, 1-\alpha = 0.95$,查表得

$$\chi_{1-\alpha/2}^2(n-1) = \chi_{0.975}^2(15) = 6.262$$
$$\chi_{\alpha/2}^2(n-1) = \chi_{0.025}^2(15) = 27.488$$

代入数据,可算得所求的总体方差的置信区间为 $(0.0013, 0.0055)$,
总体标准差的置信区间为 $(0.0354, 0.0742)$。

为此,我们编制 Python 程序如下:

```
from scipy.stats import chi2
n = 16; sq = 0.0023; p = 0.025
low = ((n-1) * sq) / chi2.ppf(1-p, n-1)
up = ((n-1) * sq) / chi2.ppf(p, n-1)
print ('low = ',low)
print ('up = ',up)
```

得到如下结果:

```
low = 0.0012550751937877682
up = 0.005509300678006194
```

由运行显示可知总体方差的区间估计为

$(0.0012550751937877682, 0.005509300678006194)$。

3.5　双正态总体均值差区间估计的 Python 应用

本节讨论两个正态总体均值差的区间估计问题。

3.5.1　两方差已知时两均值差的置信区间

假设 σ_1^2, σ_2^2 都已知，要求 $\mu_1 - \mu_2$ 置信水平为 $1-\alpha$ 的置信区间。

由于 $\overline{X} \sim N(\mu_1, \sigma_1^2), \overline{Y} \sim N(\mu_2, \sigma_2^2)$，且两者独立，得到

$$(\overline{X} - \overline{Y}) \sim N(\mu_1 - \mu_2, \sigma_1^2/n_1 + \sigma_2^2/n_2)$$

因此有

$$Z = \frac{(\overline{X} - \overline{Y}) - (\mu_1 - \mu_2)}{\sqrt{\sigma_1^2/n_1 + \sigma_2^2/n_2}} \sim N(0,1)$$

由 $P(-z_{1-\alpha/2} < Z < z_{1-\alpha/2}) = 1-\alpha$ 即得

$$P(\overline{X} - \overline{Y} - z_{1-\alpha/2}\sqrt{\sigma_1^2/n_1 + \sigma_2^2/n_2} < \mu_1 - \mu_2 < \overline{X} - \overline{Y} + z_{1-\alpha/2}\sqrt{\sigma_1^2/n_1 + \sigma_2^2/n_2}) = 1-\alpha$$

所以两均值差的置信区间为

$$(\overline{X} - \overline{Y} - z_{1-\alpha/2}\sqrt{\sigma_1^2/n_1 + \sigma_2^2/n_2}, \overline{X} - \overline{Y} + z_{1-\alpha/2}\sqrt{\sigma_1^2/n_1 + \sigma_2^2/n_2})$$

同理可求得两均值差的置信度为 $1-\alpha$ 的置信上限为 $\overline{X} - \overline{Y} + z_{1-\alpha}\sqrt{\sigma_1^2/n_1 + \sigma_2^2/n_2}$，两均值差的置信度为 $1-\alpha$ 的置信下限为 $\overline{X} - \overline{Y} - z_{1-\alpha}\sqrt{\sigma_1^2/n_1 + \sigma_2^2/n_2}$。

下面看一个例子。

[例 3-6]　为比较两种农产品的产量，选择 18 块条件相似的试验田，采用相同的耕作方法做实验，结果播种甲品种的 8 块试验田的单位面积产量和播种乙品种的 10 块试验田的单位面积产量分别如表 3-2 所示。

表 3-2　两种农产品的产量　　　　　　　　　　　　　　　　斤

甲品种	628 583 510 554 612 523 530 615
乙品种	535 433 398 470 567 480 498 560 503 426

假定每个品种的单位面积产量均服从正态分布，甲品种产量的方差为 2140，乙品种产量的方差为 3250，试求这两个品种平均面积产量差的置信区间（取 $\alpha = 0.05$）。

为此，我们编制 Python 程序如下：

```python
import numpy as np
import scipy.stats as ss
x = [628,583,510,554,612,523,530,615]
y = [535,433,398,470,567,480,498,560,503,426]
n1 = len(x);n2 = len(y)
```

```
xbar = np.mean(x);ybar = np.mean(y)
sigmaq1 = 2140;sigmaq2 = 3250;p = 0.025
low = xbar − ybar − ss.norm.ppf(q = 1 − p) * np.sqrt(sigmaq1/n1 + sigmaq2/n2)
up = xbar − ybar + ss.norm.ppf(q = 1 − p) * np.sqrt(sigmaq1/n1 + sigmaq2/n2)
print ('low = ',low)
print ('up = ',up)
```

得到如下结果：

```
low = 34.66688380095825
up = 130.08311619904174
```

3.5.2　两方差都未知时两均值的置信区间

设两方差均未知，但 $\sigma_1^2 = \sigma_2^2 = \sigma^2$，此时由于

$$Z = \frac{\overline{X} - \overline{Y} - (\mu_1 - \mu_2)}{\sqrt{\sigma_1^2/n_1 + \sigma_2^2/n_2}} \sim N(0,1)$$

$$\frac{(n_1 - 1)S_1^2}{\sigma^2} \sim \chi^2(n_1 - 1), \quad \frac{(n_2 - 1)S_2^2}{\sigma^2} \sim \chi^2(n_2 - 1)$$

所以　　　　　$$\frac{(n_1 - 1)S_1^2}{\sigma^2} + \frac{(n_2 - 1)S_2^2}{\sigma^2} \sim \chi^2(n_1 + n_2 - 2)$$

由此可得

$$T = \frac{\overline{X} - \overline{Y} - (\mu_1 - \mu_2)}{\sqrt{(1/n_1 + 1/n_2)S^2}} \sim N(n_1 - n_2 - 2)$$

其中，$S^2 = \dfrac{(n_1 - 1)S_1^2 + (n_2 - 1)S_2^2}{(n_1 - 1) + (n_2 - 1)}$。

同样由 $P[-t_{1-\alpha/2}(n_1 + n_2 - 2) < T < t_{1-\alpha/2}(n_1 + n_2 - 2)] = 1 - \alpha$，
解不等式即得两均值差的置信水平为 $1 - \alpha$ 的置信区间：

$$(\overline{X} - \overline{Y} \pm t_{1-\alpha/2}(n_1 + n_2 - 2)\sqrt{(1/n_1 + 1/n_2)S^2})$$

同理可求得两均值差的置信度为 $1 - \alpha$ 的置信上限为

$$(\overline{X} - \overline{Y} + t_{1-\alpha/2}(n_1 + n_2 - 2)\sqrt{(1/n_1 + 1/n_2)S^2})$$

两均值差的置信度为 $1 - \alpha$ 的置信下限为

$$(\overline{X} - \overline{Y} - t_{1-\alpha/2}(n_1 + n_2 - 2)\sqrt{(1/n_1 + 1/n_2)S^2})$$

[例 3-7]　在上一例题中，如果不知道两种品种产量的方差，但已知两者相同求置信区间。

为此，我们编制 Python 程序如下：

```
import numpy as np
import scipy.stats as ss
x = [628,583,510,554,612,523,530,615]
y = [535,433,398,470,567,480,498,560,503,426]
n1 = 1.0 * len(x);n2 = 1.0 * len(y)    #转为小数
s1 = np.var(x);s2 = np.var(y)
xbar = np.mean(x);ybar = np.mean(y)
```

```
p = 0.025
sq = ((n1 - 1) * s1 + (n2 - 1) * s2)/(n1 - 1 + n2 - 1)
low = xbar - ybar - ss.t.ppf(1 - p, n1 + n2 - 2) * np.sqrt(sq * (1/n1 + 1/n2))
up = xbar - ybar + ss.t.ppf(1 - p, n1 + n2 - 2) * np.sqrt(sq * (1/n1 + 1/n2))
print ('low = ', low)
print ('up = ', up)
```

得到如下结果：

```
low = 32.42092781838556
up = 132.32907218161444
```

可见，这两个品种的单位面积产量之差的置信水平为 0.95 的置信区间为

(32.42092781838556,132.32907218161444)。

3.6 双正态总体方差比区间估计的 Python 应用

此时虽然也可以就均值是否已知而分两种情况讨论方差的区间估计，但在实际中 μ 已知的情形是极为罕见的，所以只讨论在 μ 未知的条件下讨论方差 σ^2 的置信区间。

由于 $(n_1-1)S_1^2/\sigma^2 \sim \chi^2(n_1-1)$，$(n_2-1)S_2^2/\sigma^2 \sim \chi^2(n_2-1)$

且 S_1^2 与 S_2^2 相互独立，故

$$F = (S_1^2/\sigma_1^2)/(S_2^2/\sigma_2^2) \sim F(n_1-1, n_2-1)$$

所以对于给定的置信水平 $1-\alpha$，由

$$P(F_{a/2})(n_1-1, n_2-1) < (S_1^2/\sigma_1^2)/(S_2^2/\sigma_2^2) < F_{1-a/2}(n_1-1, n_2-1)) = 1-\alpha$$

就可以得出两方差比的置信水平为 $1-\alpha$ 的置信区间

$$\left(\frac{S_1^2}{S_2^2} \frac{1}{F_{1-a/2}(n_1-1, n_2-1)}, \frac{S_1^2}{S_2^2} \frac{1}{F_{a/2}(n_1-1, n_2-1)} \right)$$

其中，$F_p(m,n)$ 为自由度为 (m,n) 的 F 分布的下侧 p 分位数。

[例 3-8] 甲、乙两台机床分别加工某种轴承，轴承的直径分别服从正态分布 $N(\mu_1, \sigma_1^2)$，$N(\mu_2, \sigma_2^2)$，从各自加工的轴承中分别抽取若干个轴承测其直径，结果如表 3-3 所示。

表 3-3 机床轴承直径   毫米

总体	样本容量	直径
X（机床甲）	8	20.5,19.8,19.7,20.4,20.1,20.0,19.0,19.9
Y（机床乙）	7	20.7,19.8,19.5,20.8,20.4,19.6,20.2

试求两台机床加工的轴承直径的方差比的 0.95 的置信区间。

为此，我们编制 Python 程序如下：

```
import numpy as np
from scipy.stats import f
x = [20.5,19.8,19.7,20.4,20.1,20.0,19.0,19.9]
y = [20.7,19.8,19.5,20.8,20.4,19.6,20.2]
sq1 = np.var(x);sq2 = np.var(y)
```

```
n1 = 8; n2 = 7; p = 0.025
f.ppf(0.025, n1 - 1, n2 - 1)
low = sq1/sq2 * 1/f.ppf(1 - p, n1 - 1, n2 - 1)
up = sq1/sq2 * 1/f.ppf(p, n1 - 1, n2 - 1)
print ('low = ', low)
print ('up = ', up)
low = 0.1421688673708112
up = 4.144622814076891
```

由上面的运行显示可见，两台机床的加工轴承的直径的方差比的 0.95 置信区间 $(0.1421688673708112, 4.144622814076891)$。

练　习　题

对本章例题，使用 Python 重新操作一遍。

参数假设检验及其 Python 应用

参数假设检验是指对参数的平均值、方差、比率等特征进行的统计检验。参数假设检验一般假设统计总体的具体分布是已知的,但是其中的一些参数或者取值范围不确定,分析的主要目的是估计这些未知参数的取值,或者对这些参数进行假设检验。参数假设检验不仅能够对总体的特征参数进行推断,还能够对两个或多个总体的参数进行比较。常用的参数假设检验包括单一样本 t 检验、两个总体均值差异的假设检验、总体方差的假设检验、总体比率的假设检验等。本章先介绍假设检验的基本理论,然后通过实例来说明 Rython 在参数假设检验中的具体应用。

4.1 参数假设检验的基本理论

4.1.1 假设检验的概念

为了推断总体的某些性质,我们会提出总体性质的各种假设。假设检验就是根据样本提供的信息对所提出的假设作出判断的过程。

原假设是我们有怀疑,想要拒绝的假设,记为 H_0。备择假设是我们拒绝了原假设后得到的结论,记为 H_a。

假设都是关于总体参数的,例如,我们想知道总体均值是否等于某个常数 μ_0,那么原假设是: $H_0: \mu = \mu_0$,则备择假设是: $H_a: \mu \neq \mu_0$。

上面这种假设,我们称为双尾检验,因为备择假设是双边的。

下面两种假设检验称为单尾检验:

$$H_0: \mu \geqslant \mu_0 \quad H_a: \mu < \mu_0$$
$$H_0: \mu \leqslant \mu_0 \quad H_a: \mu > \mu_0$$

注意:无论是单尾还是双尾检验,等号永远都在原假设一边,这是用来判断原来假设的唯一标准。

4.1.2 第一类错误和第二类错误

我们在做假设检验的时候会犯两种错误:第一,原来假设是正确的而你判断它为错误的;第二,原来假设是错误的而你判断它为正确的;我们分别称为第一类错误和第二类错误。

第一类错误:原来假设是正确的,却拒绝了原来假设;

第二类错误：原来假设是错误的，却没有拒绝原来假设。

这类似于法官判案时，如果被告是好人，却判他为坏人，这是第一类错误（错杀好人或以**真**为假）。

如果被告是坏人，却判他为好人，这是第二类错误（放走坏人或以假为**真**）。

在其他条件不变的情况下，如果要求犯第一类错误概率越小，那么犯第二类错误的概率就会越大，通俗理解即：当我们要求错杀好人的概率降低，那么往往就会放走坏人。

同样的，在其他情况不变的情况下，如果要求犯第二类错误概率越小，那么犯第一类错误的概率就越大。通俗理解即：当我们要求放走坏人的概率降低，那么往往就会错杀好人。

其他条件不变主要指的是样本量 n 不变。换言之，要想少犯第一类错误的概率和第二类错误的概率，就要增大样本量 n。

在假设检验的时候，我们会规定一个允许犯第一类错误的概率，比如 5%，这称为显著性水平，记为 α。我们通常只规定犯第一类错误的概率，而不规定犯第二类错误的概率。

检验的势定义为在原假设是错误的情况下正确拒绝原假设的概率。检验的势等于 1 减去犯第二类错误的概率。

我们用表 4-1 来表示显著性水平和检验的势。

表 4-1　显著性水平和检验的势

	原假设正确	原假设不正确
拒绝原假设	第一类错误 显著性水平 α	判断正确 检验的势 $=1-P$（第二类错误）
没有拒绝原假设	判断正确	第二类错误

要做假设检验，我们先要计算两样东西：检验统计量和关键值。

检验统计量是从样本数据中计算得来的。检验统计量的一般形式为：

检验统计量 =（样本统计量 - 在 H_0 中假设的总体参数值）/ 样本统计量的标准误

关键值是查表得到的。关键值的计算需要知道以下三点：

（1）检验统计量是什么分布。这决定我们要去查哪张表。

（2）显著性水平。

（3）是双尾还是单尾检验。

4.1.3　决策规则

（1）基于检验统计量和关键值的决策准则

计算检验统计量和关键值之后，怎样判断是拒绝原假设还是不拒绝原假设呢？

首先，我们要搞清楚我们做的是双尾检验还是单尾检验。如果是双尾检验，那么拒绝域在两边。以双尾 Z 检验为例，首先画出 Z 分布（标准正态分布），在两边画出黑色的拒绝区域。如图 4-1 所示。

拒绝区域的面积应等于显著性水平。以 $\alpha_t = 0.05$ 为例，左右两块拒绝区域的面积之和

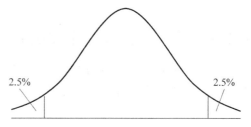

图 4-1　双边拒绝域的正态分布图

应等于 0.05,可知交界处的数值为 ±1.96。±1.96 即为关键值,如图 4-1 所示。

如果从样本数据中计算得出的检验统计量落在拒绝区域(小于 −1.96 或大于 1.96),就拒绝原假设;如果检验统计量没有落在拒绝区域(在 −1.96 和 1.96 之间),就不能拒绝原假设。

如果是单尾检验,那么拒绝区域在一边。拒绝区域在哪一边,要看备择假设在哪一边。以单尾的 Z 检验为例,假设原假设设为 $H_0: \mu \leqslant \mu$,备择假设为 $H_a: \mu > \mu_0$,那么拒绝区域在右边,因为备择假设在右边。首先画出 Z 分布(标准正态分布),在右边画出黑色的拒绝区域,如图 4-2 所示。

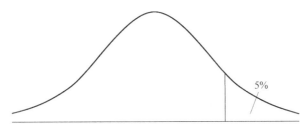

图 4-2　右边拒绝域的正态分布图

拒绝区域的面积还是等于显著性水平。以 $\alpha = 0.05$ 为例,因为只有一块拒绝区域,因此其面积为 0.05,可知交界处的数值为 1.65。1.65 即为关键值。

如果从样本数据中计算得出的检验统计量落在拒绝区域(大于 1.65),就拒绝原假设;如果检验统计量没有落在拒绝区域(小于 1.65),就不能拒绝原假设。

(2) 基于 p 值和显著性水平的决策规则

在实际中,如统计软件经常给出是 p 值,可以将 p 值与显著性水平做比较,以决定拒绝还是不拒绝原假设,这是基于 p 值和显著性水平的决策规则。

首先来看看 p 值到底是什么。对于双尾检验,有两个检验统计量,两个统计量两边的面积之和就是 p 值。因此,每一边的面积是 $p/2$,如图 4-3 所示。

对于单尾检验,只有一个检验统计量,检验统计量边上的面积就是 p 值,如图 4-4 所示。

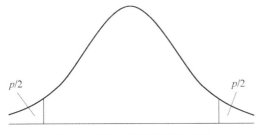

图 4-3　双边 p 值的正态分布图

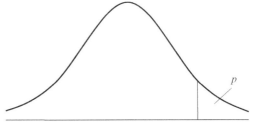

图 4-4　单边 p 值的正态分布图

计算 p 值的目的是与显著性水平做比较。如果 p 值小于显著性水平,说明检验统计量落在拒绝区域,因此拒绝原假设。如果 p 值大于显著性水平,说明检验统计量没有落在拒绝区域,因此不能拒绝原假设。

p 值的定义为:可以拒绝原假设的最小显著性水平。

（3）结论的陈述

如果不能拒绝原假设，我们不能说接受原假设，只能说"不能拒绝原假设"。

在作出判断之后，我们还要陈述结论。如果拒绝原假设，那么我们说总体均值显著地不相等。

4.1.4　单个总体均值的假设检验

我们想知道一个总体均值是否等于（或大于等于、小于等于）某个常数 μ_0，可以使用 Z 检验或 t 检验。双尾和单尾检验的原假设和备择假设如下。

$$H_0: \mu = \mu_0, \quad H_a: \mu \neq \mu_0$$

$$H_0: \mu \geqslant \mu_0, \quad H_a: \mu < \mu_0$$

$$H_0: \mu \leqslant \mu_0, \quad H_a: \mu > \mu_0$$

表 4-2 告诉我们什么时候使用 Z 检验，什么时候使用 t 检验。

表 4-2　Z 检验与 t 检验比较

	正态总体，$n < 30$	$n >= 30$
已知总体方差	Z 检验	Z 检验
未知总体方差	t 检验	t 检验或 Z 检验

下面，我们要计算 Z 统计量和 t 统计量。

如果已知总体方差，那么 Z 统计量的公式为

$$Z = \frac{\bar{x} - \mu_0}{\sigma \sqrt{n}}$$

其中，$\bar{x}$ 为样本均值，σ 为总体标准差，n 为样本容量。

如果未知总体方差，那么 Z 统计量的公式为

$$Z = \frac{\bar{x} - \mu_0}{s \sqrt{n}}$$

其中，$\bar{x}$ 为样本均值，s 为样本标准差

$$\left(n > 30, s^2 = \frac{1}{n} \sum_{i=1}^{n} (x_i - \bar{x})^2, n < 30, s^2 = \frac{1}{n-1} \sum_{i=1}^{n} (x_i - \bar{x})^2 \right), n$$ 为样本容量。

t 统计量的公式为

$$t_{n-1} = \frac{\bar{x} - \mu_0}{s \sqrt{n}}$$

其中，$\bar{x}$ 为样本均值，s 为样本标准差，n 为样本容量。

下标 $n-1$ 是 t 分布的自由度，我们在查表找关键值时要用到自由度。

[**例 4-1**]　一个股票型共同基金的风险收益特征。这是一家已经在市场中生存了 24 个月的中等市值成长型基金。在这个区间中，该基金实现了 1.50% 的月度平均收益率，而且该月度收益率的样本标准差为 3.6%。给定该基金所面临的系统性风险（市场风险）水平，并根据一个定价模型，我们预期该共同基金在这个区间中应该获得 1.10% 的月度平均收益率。假定收益率服从正态分布，那么实际结果是否和 1.1% 这个理论上的月度平均收益率或者总体月度平均收益率相一致？

（1）给出与该研究项目的语言描述相一致的原假设和备择假设。

（2）找出对于第（1）问中的假设进行检验的检验统计量。

（3）求出 0.10 显著性水平下第（1）问中所检验的假设的拒绝点。

（4）确定是否应该在 0.10 显著性水平下拒绝原假设。

解：（1）我们有一个"不等"的备择假设，其中 μ 是该股票基金的对应的平均收益率 $H_0: \mu = 1.1$ 对应于 $H_a: \mu \neq 1.1$。

（2）因为总体方差是未知的，我们利用 $24 - 1 = 23$ 自由度的 t 检验。

（3）因为这是一个双边建议您，我们的拒绝点 $t_{n-1} = t_{0.05,23}$，在 t 分布表中，自由度为 23 的行和 0.05 的列，找到 1.714。双边检验的两个拒绝点是 1.714 和 -1.714。如果我们发现 $t > 1.714$ 或 $t < 1.714$，我们将拒绝原假设。

（4）$t_{23} = \dfrac{\bar{x} - \mu_0}{s \sqrt{n}} = \dfrac{1.50 - 1.10}{3.6\% / \sqrt{24}} = 0.54433$ 或 0.544。

4.1.5 两个独立总体均值的假设检验

我们想知道两个相互独立的正态分布总体的均值是否相等，可以使用 t 检验来完成。双尾和单尾检验的原假设和备择假设如下。

$$H_0: \mu_1 = \mu_2, \qquad H_a: \mu_1 \neq \mu_2$$
$$H_0: \mu_1 \geqslant \mu_2, \qquad H_a: \mu_1 < \mu_2$$
$$H_0: \mu_1 \leqslant \mu_2, \qquad H_a: \mu_1 > \mu_2$$

下标 1 和 2 分别表示取自第一个总体的样本和取自第二个总体的样本，这两个样本是相互独立的。

在开始做假设检验之前，我们先要区分两种情况：第一种，两总体方差未知但假定相等；第二种，两总体方差未知且假定不等。

对于第一种情况，我们用 t 检验，其自由度为 $n_1 + n_2 - 2$。t 统计量的计算公式如下：

$$t_{n_1+n_2-2} = \frac{(\bar{x}_1 - \bar{x}_2) - (\mu_1 - \mu_2)}{\sqrt{\dfrac{s_p^2}{n_1} + \dfrac{s_p^2}{n_2}}}$$

其中，$s_p^2 = \dfrac{(n_1 - 1)s_1^2 + (n_2 - 1)s_2^2}{n_1 + n_2 - 2}$。

s_1^2 为第一个样本的样本方差，s_2^2 为第二个样本的样本方差，n_1 为第一个样本的样本量，n_2 为第二个样本的样本量。

[**例 4-2**] 20 世纪 80 年代的标准普尔 500 指数已实现的月度平均收益率似乎与 20 世纪 70 年代的月度平均收益率有着巨大的不同，那么这个不同是否在统计上是显著的呢？表 4-3 所给的数据表明，我们没有充足的理由拒绝这两个 10 年的收益率的总体方差是相同的。

表 4-3 两个 10 年的标准普尔 500 指数的月度平均收益率及其标准差

10 年区间	月份数 n	月度平均收益率	标准差
20 世纪 70 年代	120	0.580	4.598
20 世纪 80 年代	120	1.470	4.738

（1）给出与双边假设检验相一致的原假设和备择假设。

（2）找出检验第（1）问中假设的检验统计量。

（3）求出第（1）问中所检验的假设分别在 0.10、0.05、0.01 显著性水平下的拒绝点。

（4）确定分别在 0.10、0.05 和 0.01 显著性水平下是否应拒绝原假设。

解：（1）令 μ_1 表示 20 世纪 70 年代的总体平均收益率，令 μ_2 表示 20 世纪 80 年代的总体平均收益率，于是我们给出如下的假设：

$$H_0: \mu_1 = \mu_2, \quad H_a: \mu_1 \neq \mu_2$$

（2）因为两个样本分别取自不同的 10 年区间，所以它们是独立样本。总体方差是未知的，但是是可以被假设为相等。给定所有这些条件，在 t 统计量的计算公式中所给出的 t 检验具有 $120+120-2=238$ 的自由度。

（3）在 t 分布表中，最接近 238 的自由度为 200。对于一个双边检验，df = 200 的 0.10、0.05、0.01 显著性水平下的拒绝点分别为 ± 1.653、± 1.972、± 2.601。即在 0.10 显著性水平下，如果 $t < -1.653$ 或者 $t > 1.653$，我们将拒绝原假设；在 0.05 显著性水平下，如果 $t < -1.972$ 或者 $t > 1.972$，我们将拒绝原假设；在 0.01 显著性水平下，如果 $t < -2.601$ 或者 $t > 2.601$，我们将拒绝原假设。

（4）计算检验统计量时，首先计算合并方差的估计值：

$$s_p^2 = \frac{(n_1-1)s_1^2 + (n_2-1)s_2^2}{n_1+n_2-2} = \frac{(120-1)(4.598^2)+(120-1)(4.738^2)}{120+120-2} = 21.795124$$

$$t_{n_1+n_2-2} = \frac{(\bar{x}_1 - \bar{x}_2)-(\mu_1-\mu_2)}{\sqrt{\dfrac{s_p^2}{n_1}+\dfrac{s_p^2}{n_2}}} = \frac{(0.580-1.470)-0}{\left(\dfrac{21.795124}{120}+\dfrac{21.795124}{120}\right)^{1/2}} = \frac{-0.89}{0.602704} = -1.477$$

t 值等于 -1.477 在 0.10 显著性水平下不显著，同样在 0.05 和 0.01 显著性水平下也不显著。因此，我们无法在任一个显著性水平下拒绝原假设。

当我们能假设两个总体服从正态分布，但是不知道总体方差，而且不能假设方差是相等的时候，基于独立随机样本的近似。检验给出如下：

$$t = \frac{(\bar{x}_1 - \bar{x}_2)-(\mu_1-\mu_2)}{\sqrt{\dfrac{s_1^2}{n_1}+\dfrac{s_2^2}{n_2}}}$$

其中，s_1^2 为第一个样本的样本方差，s_2^2 为第二个样本的样本方差，n_1 为第一个样本的样本量，n_2 为第二个样本的样本量。

其中，我们使用"修正的"自由度，其计算公式为

$$\mathrm{df} = \frac{(s_1^2/n_1 + s_2^2/n_2)^2}{(s_1^2/n_1)^2/n_1 + (s_2^2/n_2)^2/n_2}$$

的数值表。

[**例 4-3**] 违约债券的回收率：一个假设检验。具有风险的公司债券的要求收益率是如何决定的？两个重要的考虑因素为预期违约概率和在违约发生的情况下预期能够回收的金额（即回收率）。奥特曼（Altman）和基肖尔（Kishore）（1996）首次记录了按行业和信用等级进行分层的违约债券的平均回收率。基于研究区间 1971—1995 年数据，奥特曼

(Altman)和基肖尔(Kishore)发现公共事业公司、化工类公司、石油公司以及塑胶制造公司的违约债券的回收率明显要高于其他行业。这一差别是否能够通过在高回收率行业中的高信用债券比较来解释? 他们通过检验以信用等级分层的回收率来进行研究。这里,我们仅讨论对于高信用担保债券的结果。其中 μ_1 表示公共事业公司的高信用担保债券的总体平均回收率,而 μ_2 表示其他行业(非公共事业)公司的高信用担保债券的总体平均回收率,假设 $H_0: \mu_1 = \mu_2, H_a: \mu_1 \neq \mu_2$。

表 4-4 摘自他们的部分结果。

表 4-4　高信用债券的回收率　　　　　　　　　　　　　　　　　　美元

行业类/高信用	非公共事业样本			非公共事业样本		
	观测数	违约时的平均价格	标准差	观测数	违约时的平均价格	标准差
公共事业高信用担保	21	64.42	14.03	64	55.75	25.17

根据他们的研究假设,总体服从正态分布,并且样本是独立的。根据表 4-4 中的数据,回答下列问题:

(1) 讨论为什么奥特曼(Altman)和基肖尔(Kishore)会选择 $t = \dfrac{(\bar{x}_1 - \bar{x}_2) - (\mu_1 - \mu_2)}{\sqrt{\dfrac{s_1^2}{n_1} + \dfrac{s_2^2}{n_2}}}$,

而不是 $t_{n_1 + n_2 - 2} = \dfrac{(\bar{x}_1 - \bar{x}_2) - (\mu_1 - \mu_2)}{\sqrt{\dfrac{s_p^2}{n_1} + \dfrac{s_p^2}{n_2}}}$ 的检验方法。

(2) 计算检验上述给出的原假设的检验统计量。

(3) 该检验的修正自由度的数值为多少?

(4) 确定在 0.10 显著性水平下是否应该拒绝原假设。

解:(1) 高信用担保的公共事业公司回收率的样本标准差 14.03 要比与之相比的非公共事业公司回收率的样本标准差 25.17 更小。故不假设它们的均值相等的选择是恰当的,所以奥特曼和基肖尔采用 $t = \dfrac{(\bar{x}_1 - \bar{x}_2) - (\mu_1 - \mu_2)}{\sqrt{\dfrac{s_1^2}{n_1} + \dfrac{s_2^2}{n_2}}}$ 检验。

(2) 检验统计量为 $t = \dfrac{(\bar{x}_1 - \bar{x}_2) - (\mu_1 - \mu_2)}{\sqrt{\dfrac{s_1^2}{n_1} + \dfrac{s_2^2}{n_2}}}$。

式中,$\bar{x}_1$ 表示公共事业公司的样本平均回收率 $= 64.42$,$\bar{x}_2$ 表示非公共事业公司的样本平均回收率 $= 55.75$,$s_1^2 = 14.03^2 = 196.8409$,$s_2^2 = 25.17^2 = 633.5289$,$n_1 = 21, n_2 = 64$。

因此 $t = \dfrac{(\bar{x}_1 - \bar{x}_2) - (\mu_1 - \mu_2)}{\sqrt{\dfrac{s_1^2}{n_1} + \dfrac{s_2^2}{n_2}}} = \dfrac{64.42 - 5575}{[196.8409/21 + 633.5289/64]^{1/2}} = 1.975$。

$$(3) \; \mathrm{df} = \frac{(s_1^2/n_1 + s_2^2/n_2)^2}{(s_1^2/n_1)^2/n_1 + (s_2^2/n_2)^2/n_2}$$

$$= \frac{(196.8409/21 + 633.5289/64^2)}{(196.8409/21)^2/21 + (633.5289/64)^2/64} = 64.99,$$

即 65 个自由度。

(4) 在 t 分布表的数值表中最接近 $\mathrm{df} = 65$ 的一栏是 $\mathrm{df} = 60$。对于 $\alpha = 0.10$,我们找到 $t_{\alpha/2} = 1.671$。因此,如果 $t < -1.671$ 或 $t > 1.671$,我们就会拒绝原假设。基于所计算的值 $t = 1.975$,我们在 0.10 显著性水平下拒绝原假设。存在一些公共事业公司和非公共事业公司回收率不同的证据。为什么是这样的? 奥特曼(Altman)和基肖尔(Kishore)认为公司资产的不同性质以及不同行业的竞争水平造成了不同的回收率情况。

4.1.6   成对比较检验

上面我们讲的是两个相互独立的正态分布总体的均值检验,两个样本是相互独立的。如果两个样本相互不独立,我们做均值检验时要使用成对比较检验。成对比较检验也使用 t 检验来完成,双尾和单尾检验的原假设和备择假设如下:

$$H_0: \mu_d = \mu_0, \quad H_\alpha: \mu_d \neq \mu_0$$
$$H_0: \mu_d \geqslant \mu_0, \quad H_\alpha: \mu_d < \mu_0$$
$$H_0: \mu_d \leqslant \mu_0, \quad H_\alpha: \mu_d > \mu_0$$

其中的 μ_d 表示两个样本均值之差,为常数,μ_0 通常等于 0。t 统计量的自由度为 $n-1$,计算公式如下:

$$t = \frac{\bar{d} - \mu_0}{s_{\bar{d}}}$$

其中,$\bar{d}$ 是样本差的均值。我们取得两个成对的样本之后,对应相减,就得到一组样本差的数据,求这一组数据的均值,就是 $\bar{d}$。$s_{\bar{d}}$ 是 $\bar{d}$ 的标准误,即 $s_{\bar{d}} = s_d/\sqrt{n}$。

下面的例子说明了对于竞争的投资策略进行评估的这个检验的应用。

[例 4-4]   道-10 投资策略。麦奎因(Mcqueen)、谢尔德斯(Shields)和索利(Thorley) (1997)检验了一个流行的投资策略(该策略投资道琼斯工业平均指数中收益率最高的 10 只股票)与一个买入并持有的策略(该策略投资于道琼斯工业平均指数中所有的 30 只股票)之间的业绩比较。他们研究的区间段是 1946—1995 年的 50 年。

表 4-5   道-10 和道-30 投资组合年度收益率汇总(1946—1995)($n=50$)

策 略	平均收益率	标 准 差
道-10	16.77%	19.10%
道-30	13.71%	16.64%
差别	3.06%	6.62[①]%

(1) 给出道-10 和道-30 策略间收益率差别的均值等于 0 这个双边检验相一致的原假设和备择假设。

(2) 找出对于第(1)问中假设进行检验的检验统计量。

（3）求出在 0.01 显著性水平下第（1）问中所检验的假设的拒绝点。

（4）确定在 0.01 显著性水平下是否应该拒绝原假设。

（5）讨论为什么选择配对比较检验。

解：（1）μ_d 表示道-10 和道-30 策略间收益率差别的均值，我们有

$$H_0 : \mu_d = 0, \quad H_a : \mu_d \neq 0 。$$

（2）因为总体方差未知，所有检验统计量为一个自由度 $50-1=49$ 的 t 检验。

（3）在 t 分布表中，我们查阅自由度为 49 的一行，显著性水平为 0.05 的一列，从而得到 2.68。如果我们发现 $t>2.68$ 或 $t<-2.68$，我们将拒绝原假设。

（4）$t = \dfrac{3.06}{6.62/\sqrt{50}} = 3.2685$ 或 3.27

因为 $3.27>2.68$，所以我们拒绝原假设。

结论：平均收益率的差别在统计上是明显显著的。

（5）道-30 包含道-10。因此，它们不是相互独立的样本；通常，道-10 和道-30 策略间收益率的相关系数为正。因为样本是相互依赖的，配对比较检验是恰当的。

4.1.7 单个总体方差的假设检验

首先是关于单个总体方差是否等于（或大于等于，小于等于）某个常数的假设检验。我们要使用卡方检验。

双尾和单尾检验的原假设和备择假设如下：

$$H_0 : \sigma^2 = \sigma_0^2, \quad H_a : \sigma^2 \neq \sigma_0^2$$
$$H_0 : \sigma^2 \geqslant \sigma_0^2, \quad H_a : \sigma^2 < \sigma_0^2$$
$$H_0 : \sigma^2 \leqslant \sigma_0^2, \quad H_a : \sigma^2 > \sigma_0^2$$

卡方统计量的自由度为 $n-1$，计算方法如下：

$$\chi^2 = \frac{(n-1)s^2}{\sigma_0^2}$$

其中，s^2 为样本方差。

[**例 4-5**] 某股票的历史月收益率的标准差为 5％，这一数据是基于 2003 年以前的历史数据测定的。现在，我们选取 2004—2006 年这 36 个月的月收益率数据，来检验其标准差是否还为 5％。我们测得这 36 月的月收益率标准差为 6％。以显著性水平为 0.05，检验其标准差是否还为 5％，结果如何？

（1）写出原假设和备择假设

$$H_0 : \sigma^2 = (5\%)^2, \quad H_a : \sigma^2 \neq (5\%)^2$$

（2）使用卡方检验

（3）计算卡方统计量

$$\chi^2 = \frac{(n-1)s^2}{\sigma_0^2} = (36-1) \times (6\%)^2 / (5\%)^2 = 50.4$$

（4）查表得到卡方关键值。对于显著性水平 0.05，由于是双尾检验，两边的拒绝区域面积都为 0.025，自由度为 35，因此关键值为 20.569 和 53.203。

（5）由于 $50.4<53.203$，卡方统计量没有落在拒绝区域，因此我们不能拒绝原假设。

（6）最后我们陈述结论：该股票的标准差没有显著地不等于 5%。

4.1.8　两个总体方差的假设检验

双尾和单尾检验的原假设和备择假设如下：

$$H_0: \sigma_1^2 = \sigma_2^2, \quad H_a: \sigma_1^2 \neq \sigma_2^2$$

$$H_0: \sigma_1^2 \geqslant \sigma_2^2, \quad H_a: \sigma^2 < \sigma_2^2$$

$$H_0: \sigma_1^2 \leqslant \sigma_2^2, \quad H_a: \sigma^2 > \sigma_2^2$$

F 统计量的自由度为 $n_1 - 1$ 和 $n_2 - 1$。

$$F = s_1^2 / s_2^2$$

注意：永远把较大的一个样本方差放在分子上，即 F 统计量大于 1，如果这样，我们只需考虑右边的拒绝区域，而不管 F 检验是单尾还是双尾检验。

[**例 4-6**]　我们想检验 IBM 股票和 HP 股票的月收益率的标准差是否相等。我们选取 2004—2006 年这 36 个月的月收益率数据，来检验其标准差是否还为 5%。我们测得这 36 月它们的月收益率标准差分别为 5% 和 6%。以显著性水平为 0.05，假设检验的结果如何？

（1）写出原假设和备择假设

$$H_0: \sigma_1^2 = \sigma_2^2, \quad H_a: \sigma_1^2 \neq \sigma_2^2$$

（2）使用 F 检验

（3）计算 F 统计量

$$F = s_1^2 / s_2^2 = 0.0036 / 0.0025 = 1.44$$

（4）查表得到 F 关键值 2.07。

（5）由于 $1.44 < 2.07$，F 统计量没有落在拒绝区域，因此我们不能拒绝原假设。

（6）最后我们陈述结论：IBM 股票和 HP 股票的标准差没有显著地不等。

4.2　单个样本 t 检验的 Python 应用

单个样本 t 检验是假设检验中最基本也是最常用的方法之一。与所有的假设检验一样，其依据的基本原理也是统计学中的"小概率反证法"。通过单个样本 t 检验，可以实现样本均值和总体均值的比较。检验的基本步骤是：首先提出原假设和备择假设，规定好检验的显著性水平，然后确定适当的检验统计量，并计算检验统计量的值，最后依据计算值和临界值的比较做出统计决策。

[**例 4-7**]　某电脑公司销售经理人均月销售 500 台电脑，现采取新的广告政策，半年后，随机抽取该公司 20 名销售经理的人均月销售量数据，具体数据如表 4-6 所示。问：广告策略是否能够影响销售经理的人均月销售量？

表 4-6　人均月销售量　　　　　　　　　　　　　　　　　台

编号	人均月销售量	编号	人均月销售量
1	506	4	501
2	503	5	498
3	489	6	497

续表

编号	人均月销售量	编号	人均月销售量
7	491	14	499
8	502	15	487
9	490	16	507
10	511	17	503
11	510	18	488
12	504	19	521
13	512	20	517

在目录 F:\2glkx\data1 下建立 al4-1. xls 数据文件后，使用如下命令取数。

```
import pandas as pd
import numpy as np
data = pd.DataFrame()
#读取数据并创建数据表,名称为 data.
data = pd.DataFrame(pd.read_excel('F:\\2glkx\\data1\\al4 - 1. xls '))
#查看数据表前 5 行的内容
data.head()
```

得到前 5 条记录的数据如下：

```
    sale
0   506
1   503
2   489
3   501
4   498
#取 sale 数据
x = np.array(data[['sale']])
mu = np.mean(x)
from scipy import stats as ss
print (mu, ss.ttest_1samp(a = x, popmean = 500))
501.8 Ttest_1sampResult(statistic = array([0.83092969]), pvalue = array([0.41633356]))
```

通过观察上面的分析结果，可以看出样本均值是 501.8，样本的 t 值为 0.83092969，p 值为 0.41633356，远大于 0.05，因此不能拒绝原假设（H_0：$\mu = \mu_0 = 500$），也就是说，广告策略不能影响销售经理的人均月销售量。

4.3 两个独立样本 t 检验的 Python 应用

Python 的独立样本 t 检验是假设检验中最基本也是最常用的方法之一。与所有的假设检验一样，其依据的基本原理也是统计学中的"小概率反证法"。通过独立样本 t 检验，可以实现两个独立样本的均值比较。两个独立样本 t 检验的基本步骤也是首先提出原假设和备择假设，规定好检验的显著性水平，然后确定适当的检验统计量，并计算检验统计量的值，最后依据计算值和临界值的比较做出统计决策。

[**例 4-8**] 表 4-7 给出了 a、b 两个基金公司各管理 40 只基金的价格。试用独立样本 t 检验方法研究两个基金公司所管理的基金价格之间有无明显的差别(设定显著性水平为 5%)。

表 4-7　a、b 两个基金公司各管理基金的价格　　　　　　　　　　　　　　　　　　　元

编号	基金 a 价格	基金 b 价格
1	145	101
2	147	98
3	139	87
4	138	106
5	145	101
……	……	……
38	138	105
39	144	99
40	102	108

虽然这里两只基金的样本相同,但要注意的是:两个独立样本 t 检验并不需要两样本数相同。

在目录 F:\2glkx\data1 下建立 al4-2. xls 数据文件后,取数的命令如下:

```
import pandas as pd
import numpy as np
#读取数据并创建数据表,名称为 data.
data = pd.DataFrame()
data = pd.DataFrame(pd.read_excel('F:\\2glkx\\data1\\al4-2.xls '))
#查看数据表前 5 行的内容
data.head()
    fa   fb
0  145  101
1  147   98
2  139   87
3  138  106
4  135  105
x = np.array(data[['fa']])
y = np.array(data[['fb']])
from scipy.stats import ttest_ind
t,p = ttest_ind(x,y)
print ('t = ',t)
print ('p = ',p)
```

得到如下结果:

```
t = [14.04978844]
p = [4.54986161e-23]
```

通过观察上面的分析结果,可以看出:t 值 $=14.04978844$。p 值 $=4.54986161\mathrm{e}{-23}$,远小于 0.05,因此需要拒绝原假设($H_0: \mu_1 = \mu_2$),也就是说,两家基金公司被调查的基金价格之间存在明显的差别。

4.4 配对样本 t 检验的 Python 应用

Python 的配对样本 t 检验过程也是假设检验中的方法之一。与所有的假设检验一样，其依据的基本原理也是统计学中的"小概率反证法"。通过配对样本 t 检验，可以实现对称成对数据的样本均值比较。与独立样本 t 检验的区别是：两个样本来自于同一总体，而且数据的顺序不能调换。配对样本 t 检验的基本步骤也是首先提出原假设和备择假设，规定好检验的显著性水平，然后确定适当的检验统计量，并计算检验统计量的值，最后依据计算值和临界值的比较做出统计决策。

[例 4-9] 为了研究一种政策的效果，特抽取了 50 只股票进行了试验，实施政策前后股票的价格如表 4-8 所示。试用配对样本 t 检验方法判断该政策能否引起研究股票价格的明显变化(设定显著性水平为 5%)。

表 4-8 政策实施前后的股票价格 元

编号	政策前价格	政策前价格
1	88.60	75.60
2	85.20	76.50
3	75.20	68.20
……	……	……
48	82.70	78.10
49	82.40	75.30
50	75.60	69.90

在目录 F:\2glkx\data1 下建立 al4-3.xls 数据文件后，取数的命令如下：

```python
import pandas as pd
import numpy as np
#读取数据并创建数据表,名称为 data.
data = pd.DataFrame()
data = pd.DataFrame(pd.read_excel('F:\\2glkx\\data1\\al4-3.xls'))
#查看数据表前 5 行的内容
data.head()
       qian         hou
0  88.599998   75.599998
1  85.199997   76.500000
2  75.199997   68.199997
3  78.400002   67.199997
4  76.000000   69.900002

x = np.array(data[['qian']])
y = np.array(data[['hou']])
from scipy.stats import ttest_rel
t,p = ttest_rel(x,y)
print ('t = ',t)
print ('p = ',p)
```

得到如下结果：

```
t = [12.43054293]
p = [9.13672682e-17]
```

通过观察上面的分析结果，可以看出：t 值 $=12.43054293$。p 值 $=9.13672682\text{e-}17$，远小于 0.05，因此需要拒绝原假设（H_0：$\mu_1 = \mu_2$），也就是说，该政策能引起股票价格的明显变化。

4.5 单样本方差假设检验的 Python 应用

方差是用来反映波动情况，经常用在金融市场波动等情形。单一总体方差的假设检验的基本步骤是首先提出原假设和备择假设，规定好检验的显著性水平，然后确定适当的检验统计量，并计算检验统计量的值，最后依据计算值和临界值的比较做出统计决策。

［例 4-10］ 为了研究某基金的收益率波动情况，某课题组对该只基金的连续 50 天的收益率情况进行了调查研究，调查得到的数据经整理后如表 4-9 所示。试应用 Python 对该数据资料进行假设检验其方差（收益率波动）是否等于 1%（设定显著性水平为 5%）。

表 4-9 某基金的收益率波动情况

编号	收　益　率	编号	收　益　率
1	0.564409196	……	……
2	0.264802098	48	-0.967873454
3	0.947742641	49	0.582328379
4	0.276915401	50	0.795299947
5	0.118015848		

在目录 F:\2glkx\data1 下建立 al4-4.xls 数据文件后，取数的命令如下：

```
import pandas as pd
import numpy as np
# 读取数据并创建数据表,名称为 data.
data = pd.DataFrame()
data = pd.DataFrame(pd.read_excel('F:\\2glkx\\data1\\al4-4.xls'))
# 查看数据表前 5 行的内容
data.head()
   bh      syl
0   1   0.564409
1   2   0.264802
2   3   0.947743
3   4   0.276915
4   5   0.118016
# 取收益率数据
import numpy as np
x = np.array(data[['syl']])
n = len(x)
# 计算方差
s2 = np.var(x)
```

```
#计算卡方值
chisquare = (n - 1) * s2/0.01
print (chisquare)
1074.950717665163
```

查表 $\chi^2_{0.025}=56$(卡方关键值),可知卡方统计值 1074.95071767＞卡方关键值 56,卡方统计值落在拒绝区域,因此我们拒绝原假设($H_0: \sigma^2=\sigma_0^2=1\%$),即该股票的方差显著地不等于 1%。

4.6 双样本方差假设检验的 Python 应用

双样本方差的假设检验是用来判断两个样本的波动情况是否相同,在金融市场领域应用研究中相当广泛。其基本步骤也是首先提出原假设和备择假设,规定好检验的显著性水平,然后确定适当的检验统计量,并计算检验统计量的值,最后依据计算值和临界值的比较作出统计决策。

[**例 4-11**] 为了研究某两只基金的收益率波动情况是否相同,某课题组对该两只基金的连续 20 天的收益率情况进行了调查研究,调查得到的数据经整理后如表 4-10 所示。试使用 Python 对该数据资料进行假设检验其方差是否相同(设定显著性水平为 5%)。

表 4-10　某两只基金的收益率波动情况

编　号	基金 A 收益率	基金 B 收益率
1	0.424156	0.261075
2	0.898346	0.165021
3	0.521925	0.760604
4	0.841409	0.37138
5	0.211008	0.379541
……	……	……
18	0.564409	0.967873
19	0.264802	0.582328
20	0.947743	0.7953

准备工作如下:

```
import pandas as pd
import numpy as np
from scipy import stats
from statsmodels.formula.api import ols
from statsmodels.stats.anova import anova_lm
```

在目录 F:\2glkx\data1 下建立 al4-5.xls 数据文件后,取数的命令如下:

```
#读取数据并创建数据表,名称为 data.
df = pd.DataFrame()
df = pd.DataFrame(pd.read_excel('F:\\2glkx\\data1\\al4 - 5.xls'))
#查看数据表前 5 行的内容
df.head()
```

```
       returnA    returnB
0    0.424156    0.261075
1    0.898346    0.165021
2    0.521925    0.760604
3    0.841409    0.371380
4    0.211008    0.379541
```

Python 中的 anova_lm() 函数可完成两样本的 F 检验,即双样本方差的假设检验。

```
formula = 'returnA~returnB'          ♯ ～ 隔离因变量和自变量 (左边因变量,右边自变量 )
model = ols(formula,df).fit()        ♯根据公式数据建模,拟合
results = anova_lm(model)            ♯计算 F 和 P
print (results)
```

输入完后,按回车键,得到如下的分析结果。

	df	sum_sq	mean_sq	F	PR(> F)
returnB	1.0	0.000709	0.000709	0.007744	0.93085
Residual	18.0	1.648029	0.091557	NaN	NaN

通过观察上面的分析结果,可以看出: $F = 0.007744$, $p = 0.93085$,远大于 0.05,因此需要接受原假设($H_0: \sigma_1^2 = \sigma_2^2$),也就是说,两只基金的收益率方差(波动)显著相同。

练　习　题

对本章例题中的各数据文件,使用 Python 重新操作一遍,并理解其命令结果的统计意义。

相关分析与一元回归分析及其 Python 应用

在得到相关数据资料后,我们要对这些数据进行分析,研究各个变量之间的关系。相关分析是应用非常广泛的一种方法。它是不考虑变量之间的因果关系而只研究变量之间的相关关系的一种统计分析方法。本章首先介绍相关分析的基本理论及具体实例应用。

回归分析是经典的数据分析方法之一,应用范围非常广泛。它是研究分析某一变量受到其他变量影响的分析方法,其基本思想是以被影响为因变量,以影响变量为自变量,研究因变量与自变量之间的因果关系。本章主要介绍简单线性回归分析的基本理论及其具体实例应用。

5.1 相关分析基本理论

简单相关分析(Bivariate)是最简单也是最常用的一种相关分析方法,其基本功能是可以研究变量之间的线性相关程度并用适当的统计指标表示出来。

5.1.1 简单相关系数的计算

两个随机变量 (X,Y) 的 n 个观测值为 $(x_i,\cdots,y_i)$,$i=1,2,\cdots,n$,则 (X,Y) 之间的相关系数计算公式如下:

$$r = \frac{\sum (x_i - \bar{x})(y_i - \bar{y})}{\sum (x_i - \bar{x})^2 \sum (y_i - \bar{y})^2} \tag{1}$$

其中,$\bar{x} = \sum_{i=1}^{n} x_i$,$\bar{y} = \frac{1}{n} \sum_{i=1}^{n} \bar{y}_i$ 分别为随机变量 X 和 Y 的均值。

可以证明:$-1 \leqslant r \leqslant 1$,即 $|r| \leqslant 1$,于是有

当 $|r|=1$ 时,实际 y_i 完全落在回归直线上,y 与 x 完全线性相关;

当 $0 < r < 1$ 时,y 与 x 有一定的正线性相关,愈接近 1 则愈好;

当 $-1 < r < 0$ 时,y 与 x 有一定的负线性相关,愈接近 -1 则愈好;

5.1.2 简单相关系数的显著性检验

由于抽样误差的存在,当相关系数不为 0 时,不能说明两个随机变量 X 和 Y 之间的相关系数不为 0,因此需要对相关系数是否为 0 进行检验,即检验相关系数的显著性。

按照假设检验的步骤,简单相关系数显著性检验过程如下:

(1) 先建立原假设 H_0 和备择假设 H_1。

$H_0: r=0$，相关系数为 0，$H_1: r \neq 0$，相关系数不为 0。

(2) 建立统计量 $t=r\sqrt{n-2}/\sqrt{1-r^2}$，其中 r 为相关系数，n 为样本容量。

(3) 给定显著水平，一般为 0.05。

(4) 计算统计量的值。

在 H_0 成立的条件下，$t=r\sqrt{n-2}/\sqrt{1-r^2}$，否定域 $\theta=\{|t|>t_{\alpha/2}(n-2)\}$。

(5) 统计决策。

对于给定的显著性水平 α，查 t 分布表得临界值 $t_{\alpha/2}(n-2)$，将 t 值与临界值进行比较：

当 $|t|<t_{\alpha/2}(n-2)$，接受 H_0，表示总体的两变量之间线性相关性不显著；

当 $|t|\geqslant t_{\alpha/2}(n-2)$，拒绝 H_0，表示总体的两变量之间线性相关性显著（即样本相关系数的绝对值接近 1，并不是由于偶然机会所致）。

5.2　相关分析的 Python 应用

[**例 5-1**]　在研究广告费和销售额之间的关系时，我们搜集了某厂 1 月到 12 月各月广告费和销售额数据如表 5-1 所示。试分析广告费和销售额之间的相关关系。

表 5-1　广告费和销售额数据　　　　　　　　　　　　　　　万元

月　份	广　告　费	销　售　额
1	35	50
2	50	100
3	56	120
4	68	180
5	70	175
6	100	203
7	130	230
8	180	300
9	200	310
10	230	325
11	240	330
12	250	340

在目录 F:\2glkx\data1 下建立 al5-1.xls 数据文件后，取数的命令如下：

```
import pandas as pd
import numpy as np
#读取数据并创建数据表,名称为 data.
data = pd.DataFrame()
data = pd.DataFrame(pd.read_excel('F:\\2glkx\\data1\\al5-1.xls'))
#查看数据表前 5 行的内容
data.head()
   time  adv  sale
0     1   35    50
```

```
1     2    50    100
2     3    56    120
3     4    68    180
4     5    70    175
♯取 adv 和 sale 数据
x = np.array(data[['adv']])
y = np.array(data[['sale']])
import scipy.stats as stats
cor, pval = stats.pearsonr(x,y)          ♯适用于间隔量表
print (cor, pval)
cor, pval = stats.spearmanr(x, y)        ♯适用于顺序量表
print (cor, pval)
[0.96368169] [4.68173833e - 07]
0.9930069930069931 1.3016730560634403e - 10
```

或者利用如下代码求相关系数。

```
vars = ['adv','sale']
df = data[vars]
df.corr()
```

得到如下结果：

```
           adv        sale
adv    1.000000   0.963682
sale   0.963682   1.000000
```

通过观察上面的结果，可以看到两个变量 adv 和 sale 之间的相关系数为 0.96368169 或者，0.963682 也就是说，本例中变量之间相关性很高。

5.3　一元线性回归分析基本理论

5.3.1　理论回归方程

一元线性回归预测模型是最基本的回归模型。其形式为

$$Y = \beta_0 + \beta_1 X \tag{2}$$

方程(2)表明，因变量 Y 是解释变量（或自变量）X 的单方程线性函数。如果按照方程(2)作图，它将是一条直线。

β_0 是常数(constant)或截距(intercept)项，它表示当 X 为 0 时 Y 的取值。β_1 是斜率系数(slope coefficient)，它表示当 X 增加一个单位时 Y 所增加的数量。

在因变量 Y 的变异中，除了来自自变量 X 外，还存在着来自其他因素的变异。随机误差项是用来解释 Y 中所有不能被 X 解释的变异的。一般用符号 ε。有时也用其他符号如 u 代替。

在方程(2)中添加一个随机误差项，它就变为一个典型的回归方程：

$$Y = \beta_0 + \beta_1 X + \varepsilon \tag{3}$$

方程(3)由两部分组成，确定性部分和随机性部分。$\beta_0 + \beta_1 X$ 是回归方程的确定性部分，它给出了 Y 在给定非随机的 X 值之后的值。确定性部分可以称为 Y 对于给定 X 值的

期望值,即对应给定某一特定的 X 之后,所有 Y 的均值。确定性部分可以写为

$$E(Y \mid X) = \beta_0 + \beta_1 X$$

不幸的是,在现实中,所观测到的 Y 值并不可能准确地等于确定的期望值 $E(Y \mid X)$。所以随机误差项包含在方程中:

$$Y = E(Y \mid X) + \varepsilon = \beta_0 + \beta_1 X + \varepsilon$$

如果我们以典型的观测值代表某一次观测值,但方程线性回归模型可以写成:

$$Y_i = \beta_0 + \beta_1 X_i + \varepsilon_i \quad (i = 1, \cdots, N) \tag{4}$$

方程(4)称为理论回归方程,其中 Y_i 为因变量 Y 的第 i 次观测值, X_i 为解释变量 X 的第 i 次观测值, ε_i 为随机误差项的第 i 次观测值, β_0, β_1 为回归系数, N 为观测值的个数。

5.3.2　估计回归方程

估计回归方程的数学表达式为

$$\hat{Y}_i = \hat{\beta}_0 + \hat{\beta}_1 X_i \tag{5}$$

式中: $\hat{Y}_i$——预测对象,因变量或被解释变量的预测值;

X_i——影响因素,自变量或解释变量的相应值;

$\hat{\beta}_0, \hat{\beta}_1$——待估计的参数,称为回归系数;

为了估计参数 $\hat{\beta}_0, \hat{\beta}_1$,最常用的方法是最小二乘法。

首先,要收集预测对象 Y 及相关因素 X 的数据样本 N 对(实际值):

$$(Y_1, X_1), (Y_2, X_2), (Y_3, X_3), \cdots, (Y_N, X_N)$$

其次,将上述的数据样本 N 对,描绘在坐标图上(X 为横轴, Y 为纵轴),当这 N 对数据点近似呈直线分布时,则可以用一元线性回归模型(3-4)。 Y_i 是预测对象的实际值,因而对于样本中的每一个 X_i 都有一个 Y_i 的估计值 $\hat{Y}_i$, $i = 1, 2, \cdots, N$; Y_i 与 $\hat{Y}_i$ 之间存在一个残差 e_i,于是有

$$e_i = Y_i - \hat{Y}_i \tag{6}$$

注意到方程(6)残差与随机误差项的差别:

$$\varepsilon_i = Y_i - E(Y_i \mid X_i) \tag{7}$$

残差是观测值 Y 与估计直线之间的差,而随机误差是观测值 Y 与真实回归方程 Y 的期望之间的差。

残差与随机误差项的差别如图 5-1 所示。

$$Y_i = \hat{\beta}_0 + \hat{\beta}_1 X_i + e_i$$

设 $Q = \sum_{i=1}^{n} e_i^2 = \sum_{i=1}^{n} (Y_i - \hat{\beta}_0 - \hat{\beta}_1 X_i)^2$

可见, Q 是参数 $\hat{\beta}_0, \hat{\beta}_1$ 的函数。为了求 Q 最小可利用极值原理:

$$\frac{\partial Q}{\partial \hat{\beta}_0} = 0, \quad \frac{\partial Q}{\partial \hat{\beta}_1} = 0$$

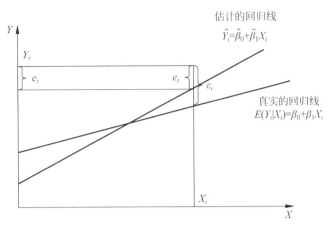

图 5-1　真实的和估计的回归线

即
$$
\begin{cases}
\dfrac{\partial Q}{\partial \hat{\beta}_0} = -2 \displaystyle\sum_{i=1}^{N} (Y_i - \hat{\beta}_0 - \hat{\beta}_1 X_i) = 2 \sum_{i=1}^{N} (\hat{\beta}_0 + \hat{\beta}_1 X_i - Y_i) = 0 \\[3mm]
\dfrac{\partial Q}{\partial \hat{\beta}_1} = -2 \displaystyle\sum_{i=1}^{N} X_i (Y_i - \hat{\beta}_0 - \hat{\beta}_1 X_i) = 2 \sum_{i=1}^{N} X_i (\hat{\beta}_0 + \hat{\beta}_1 X_i - Y_i) = 0
\end{cases}
$$

求解此联立方程可得：

$$
\hat{\beta}_1 = \frac{\displaystyle\sum_{i=1}^{N} X_i Y_i - \left(\sum_{i=1}^{N} X_i \sum_{i=1}^{N} Y_i \right) \Big/ N}{\displaystyle\sum_{i=1}^{N} X_i^2 - \left(\sum_{i=1}^{N} X_i \right)^2 \Big/ N}, \quad
\hat{\beta}_0 = \frac{1}{N} \sum_{i=1}^{N} Y_i - \frac{\hat{\beta}_1}{N} \sum_{i=1}^{N} X_i
$$

令 $\overline{X} = \dfrac{1}{N} \displaystyle\sum_{i=1}^{N} X_i, \overline{Y} = \dfrac{1}{N} \sum_{i=1}^{N} Y_i$

简记 $\displaystyle\sum_{i=1}^{N}$ 为 $\sum$，则有

$$
\hat{\beta}_1 = \frac{\sum X_i Y_i - \overline{X} \sum Y_i}{\sum X_i^2 - \overline{X} \sum X_i}
$$

$$
\hat{\beta}_0 = \overline{Y} - \hat{\beta}_1 \overline{X}
$$

[**例 5-2**]　10 家饭店的季度销售额和学生人数数据如表 5-2 所示。

表 5-2　10 家饭店的季度销售额和学生人数数据

序　号	销售额（千美元） Y_i	学生数（1000 个） X_i	$X_i Y_i$	X_i^2
1	58	2	116	4
2	105	6	630	36
3	88	8	704	64
4	118	8	944	64
5	117	12	1404	144
6	137	16	2192	256

续表

序 号	销售额(千美元) Y_i	学生数(1000 个) X_i	X_iY_i	X_i^2
7	157	20	3140	400
8	169	20	3380	400
9	149	22	3278	484
10	202	26	5252	676
合计	1300	140	21040	2528

按照表 5-2 中的数据可算得:

$$\hat{\beta}_1 = \frac{\sum_{i=1}^{N} X_iY_i - \left(\sum_{i=1}^{N} X_i \sum_{i=1}^{N} Y_i\right) \Big/ N}{\sum_{i=1}^{N} X_i^2 - \left(\sum_{i=1}^{N} X_i\right)^2 \Big/ N}, \quad \hat{\beta}_0 = \frac{1}{N}\sum_{i=1}^{N} Y_i - \frac{\hat{\beta}_1}{N}\sum_{i=1}^{N} X_i$$

$$\hat{\beta}_1 = \frac{21040 - (140 \times 1300)/10}{2528 - 140^2/10} = 2840/568 = 5$$

$$\hat{\beta}_0 = \overline{Y} - \hat{\beta}_1\overline{X} = 1300/10 - 5 \times 140/10 = 60$$

则得估计的一元线性回归方程模型为

$$\hat{Y} = 60 + 5X \tag{8}$$

5.3.2 一元线性回归方程模型的统计检验

回归方程模型建立以后,它与实际数据拟合如何?模型的线性关系显著性如何?模型的有效性如何?必须进行数理统计和经济意义的检验。常规的统计检验如下。

(1) 标准离差检验

一般用标准离差 S 来检验回归模型预测的精度,算式为

$$S = \sqrt{\frac{1}{N-2}\sum(Y_i - \hat{Y}_i)^2}$$

希望 S 值愈小愈好,一般要求 $S/\overline{Y} < 10\% \sim 15\%$。

对表 5-2 所示的数据,读者可算一下 $S/\overline{Y}$ 的值,看看模型(8)的精度如何?

(2) 相关系数检验

可以用相关系数 r 来检验 Y 与 X 两变量之间的线性相关的显著程度,其算式为

$$r = \frac{\sum(X_i - \overline{X})(Y_i - \overline{Y})}{\sqrt{\sum(X_i - \overline{X})^2 \sum(Y_i - \overline{Y})^2}} \tag{9}$$

从数学上可以证明:$-1 \leqslant r \leqslant 1$,即 $|r| \leqslant 1$,于是有:

当 $|r| = 1$ 时,实际 Y_i 完全落在回归直线上,Y 与 X 完全线性相关;

当 $0 < r < 1$ 时,Y 与 X 有一定的正线性相关,愈接近 1 则愈好;

当 $-1 < r < 0$ 时,Y 与 X 有一定的负线性相关,愈接近 -1 则愈好。

实际的检验操作方法如下。

① 首先按(9)式算出相关系数 r 的值;

② 拟定显著性水平 α(一般取 $\alpha=0.05$,即 95% 的置信度),再查相关系数表,查表时取自由度 $v=N-2$,得相关系数临界值 r_α;

③ 判别如下:

当 $|r|\geqslant r_\alpha$ 时,Y 与 X 在 α 显著水平下显著相关,检验通过;

当 $|r|<r_\alpha$ 时,Y 与 X 的线性关系不显著,检验未通过。

也可以通过如下途径解决。

要对相关系数的显著性进行检验,首先提出原假设 $H_0:\rho=0$(总体相关系数为 0,表示总体的两变量之间线性相关性不显著)和备择假设 $H_1:\rho\neq0$(总体相关系数不为 0,表示总体的两变量之间线性相关性显著)。可以证明,当原假设 $H_0:\rho=0$ 成立时,统计量 t 是服从自由度为 $N-2$ 的 t 分布,即

$$t=r\sqrt{N-2}\,/\sqrt{1-r^2}\sim t(N-2)$$

对于给定的显著性水平 α,查 t 分布表得临界值 $t_{\alpha/2}(N-2)$,将 t 值与临界值进行比较:

当 $|t|<t_{\alpha/2}(N-2)$,接受 H_0,表示总体的两变量之间线性相关性不显著;

当 $|t|\geqslant t_{\alpha/2}(N-2)$,拒绝 H_0,表示总体的两变量之间线性相关性显著(即样本相关系数的绝对值接近 1,并不是由于偶然机会所致)。

以表 5-3 数据为例,检验能源消耗量与工业总产值之间的线性相关性是否显著($\alpha=0.05$)。

表 5-3　某地能源消耗量与工业总产值的相关表

能源消耗量/十万吨	工业总产值/亿元	能源消耗量/十万吨	工业总产值/亿元
35	24	62	41
38	25	64	40
40	24	65	47
42	28	68	50
49	32	69	49
52	31	71	51
54	37	72	48
59	40	76	58

由表 5-3 的数据计算出的相关系数

$$r=\frac{S_{XY}}{S_X S_Y}=\frac{\sum(X-\overline{X})(Y-\overline{Y})/N}{\sqrt{\sum(X-\overline{X})^2/N}\,\sqrt{\sum(Y-\overline{Y})^2/N}}$$

$$=\frac{N\sum XY-\sum X\sum Y}{\sqrt{N\sum X^2-\left(\sum X\right)^2}\,\sqrt{N\sum Y^2-\left(\sum Y\right)^2}}=0.9757$$

式中:S_{XY} 是变量 X、Y 的样本协方差;S_X,S_Y 分别为变量 X、Y 的样本标准差。

提出原假设和备择假设:

$$H_0:\rho=0\quad H_1:\rho\neq0$$

当 $H_0:\rho=0$ 成立时,则统计量

$$t=r\sqrt{N-2}\,/\sqrt{1-r^2}\sim t(N-2)$$

实际计算：

$$t = 0.9757\sqrt{16-2}\,/\,\sqrt{1-(0.9757)^2} = 16.6616$$

对于给定的 α，查 t 分布表得临界值：

$$t_{\alpha/2}(N-2) = t_{0.025}(14) = 2.1448$$

$$|t| = 16.6616 > t_{0.025}(14) = 2.1448$$

所以拒绝原假设，表示总体的两变量之间线性相关性显著，即说明能源消耗量与工业总产值之间存在显著的线性相关关系，所拟合的线性回归方程具有 95% 的置信概率。

（3）F 检验

它是用来检验 y 与 x 之间是否存在显著的线性统计关系。F 检验值如下式计算：

$$F = \frac{\sum_{i=1}^{N}(\hat{Y}_i - \bar{Y}_i)^2}{\sum_{i=1}^{N}(\hat{Y}_i - \bar{Y}_i)/(N-2)}$$

或

$$F = \frac{r^2}{(1-r^2)/(N-2)} \tag{11}$$

检验操作方法是：

① 按(10)式和(11)式算出 F 的值；

② 拟定显著性水平 α（一般取 $\alpha=0.05$，即 95% 的置信度），取自由度 $v=N-2$，查 F 检验表，得 F 临界值 F_{α}；

③ 判别如下：当 $F \geqslant F_{\alpha}$ 时，Y 与 X 在 α 显著水平下存在线性统计关系，检验通过，所建模型有效；

当 $F < F_{\alpha}$ 时，检验未通过，所建模型无效。

5.3.3　一元线性回归模型预测的置信区间

一元线性回归模型经过以上检验通过后可用于预测，一般将各项检验值 r、F、DW 注写在回归模型之下，以示通过检验的结果。预测时，可将新的自变量 X_0（例如计划值或者由其他模型获得的数值）代入回归计算得出相应的预测值 Y_0，但由于预测值有一定的误差，亦即预测结果有一定的波动范围，此范围称为置信区间，其计算方法如下。

（1）按 $S = \sqrt{\dfrac{1}{N-2}\sum(Y_i - \hat{Y}_i)^2}$ 算出标准离差 S 的值；

（2）求算置信区间

当样本量较大（$N \geqslant 30$），并取置信度为 $100(1-\alpha\%)$ 时，则置信区间为

$$\hat{Y} \pm t_{\alpha/2}S$$

式中，$t_{\alpha/2}$ 为显著性水平 α，自由度 $N-2$ 时的 t 统计量，可查 t 检验表取得。

当样本量比较小时（$N < 30$），首先应对标准离差进行修正，其修正系数 c_0 按下式计算：

$$c_0 = \sqrt{1 + \frac{1}{N} + \frac{(X_0 - \bar{X})^2}{\sum(X_0 - \bar{X})^2}}$$

然后计算置信区间为

$$\hat{Y} \pm t_{\alpha/2}c_0 S$$

5.4　一元线性回归分析的 Python 应用

简单线性回归分析也称一元线性回归分析,是最简单也是最基本的一种回归分析方法。简单线性回归分析的特色只涉及一个自变量,它主要用来处理一个因变量与一个自变量之间的线性关系,建立变量之间的线性模型并根据模型进行评价和预测。

5.4.1　应用 Python 的 scipy.stats 作一元回归分析

在经济计量分析中,使用一元线性回归可用 SciPy 中的 stats 工具 stats.linregress 函数来实现,我们来看一个例子:

```python
import scipy.stats as stats
x = stats.chi2.rvs(3, size = 50)
y = 2.5 + 1.2 * x + stats.norm.rvs(size = 50, loc = 0, scale = 1.5)
slope, intercept, r_value, p_value, std_err = stats.linregress(x, y)
print("Slope of fitted model is:" , slope)
print("Intercept of fitted model is:", intercept)
print("R - squared:", r_value ** 2)
Slope of fitted model is: 1.3804531998250789
Intercept of fitted model is: 1.918283089705751
R - squared: 0.749696674726194
```

注意:因为这里是随机数,所以每次运行的结果可能不一致。

[**例 5-3**]　某公司为研究销售人员数量对新产品销售额的影响,从其下属多家公司中随机抽取 10 个子公司,这 10 个子公司当年新产品销售额和销售人员数量统计数据如表 5-4 所示。试用简单回归分析方法研究销售人员数量对新产品销售额的影响。

表 5-4　新产品销售额和销售人员数量统计数据

地　　区	新产品销售额/万元	销售人员数量/人
1	385	17
2	251	10
3	701	44
4	479	30
5	433	22
6	411	15
7	355	11
8	217	5
9	581	31
10	653	36

5.4.2　应用 Python 的 Statsmodels 工具作一元回归分析

在目录 F:\2glkx\data1 下建立 al5-2.xls 数据文件后,取数的命令如下:

```python
import pandas as pd
```

```
import numpy as np
#读取数据并创建数据表,名称为 data.
data = pd. DataFrame()
data = pd. DataFrame(pd. read_excel('F:\\2glkx\\data1\\al5-2.xls'))
data. head()
   dq   xse   rs
0   1   385   17
1   2   251   10
2   3   701   44
3   4   479   30
4   5   433   22
```

（1）对数据进行描述性分析

输入如下命令：

```
data.describe()
#此命令的含义是对销售额 xse、人数 rs 等变量进行描述性统计分析.
输入完后,按回车键,得到如下的分析结果.
              dq            xse           rs
count   10.00000     10.000000    10.000000
mean     5.50000    446.600000    22.100000
std      3.02765    160.224287    12.705642
min      1.00000    217.000000     5.000000
25 %     3.25000    362.500000    12.000000
50 %     5.50000    422.000000    19.500000
75 %     7.75000    555.500000    30.750000
max     10.00000    701.000000    44.000000
```

通过观察上面的 xse、rs 结果,可以得到很多信息,包括 2 个计数、2 个平均值、2 个标准差、2 个最小值、2 个第一百分位数、2 个第二百分位数、2 个第三百分位数、2 个最大值等。

更多信息描述如下。

① 最小值（Smallest）

变量 xse 最小值是 217.0。

变量 rs 最小值是 5.00。

② 百分位数

可以看出变量 xse 的第 1 个四分位数（25%）是 362.5,第 3 个四分位数（75%）是 555.5。变量 rs 的第 1 个四分位数（25%）是 12.00,第 3 个四分位数（75%）是 30.75。

③ 平均值（Mean）

变量 xse 平均值的数据值是 446.6。

变量 rs 平均值的数据值是 22.10。

④ 最大值（Largest）

变量 xse 最大值是 701.0。

变量 rs 最大值是 44.00。

（2）对数据进行相关分析

```
x = np. array(data[['rs']])
y = np. array(data[['xse']])
```

```
import scipy.stats as stats
r = stats.pearsonr(x,y)[0]
♯ 本命令的含义是对新产品销售额、销售人员人数等变量进行相关性分析
print (r)
```

输入完后,单击回车键,得到如下的分析结果。

```
[0.96990621]
```

通过观察上面的结果,可以看出销售额 xse 和人数 rs 之间的相关系数为 0.96990621,这说明两个变量之间存在很强的正相关关系,所以我们可以做回归分析。

除了上面介绍的通过数组进行相关分析外,还可通过如下的数据框来进行相关分析,代码如下:

```
data.corr()
```

得到如下结果:

```
          dq        xse        rs
dq   1.000000  0.218510  0.085207
xse  0.218510  1.000000  0.969906
rs   0.085207  0.969906  1.000000
```

可见,xse 与 rs 的相关系数是 0.969906,它们之间高度相关,因此可进一步做回归分析。

(1) 一元回归分析的 Python 的 statsmodels 工具应用

一元回归分析的 Python 的 statsmodels 工具应用程序代码如下:

```
import statsmodels.api as sm
import pandas as pd
import numpy as np
♯ 读取数据并创建数据表,名称为 data。
data = pd.DataFrame()
data = pd.DataFrame(pd.read_excel('F:\\2glkx\\data1\\al5 - 2.xls '))
data.head()
   dq  xse  rs
0  1   385  17
1  2   251  10
2  3   701  44
3  4   479  30
4  5   433  22
x = np.array(data[['rs']])
y = np.array(data[['xse']])
♯ model matrix with intercept
X = sm.add_constant(x)
♯ least squares fit
model = sm.OLS(y, X)
fit = model.fit()
print (fit.summary())
```

得到如下结果:

```
                           OLS Regression Results
=============================================================================
Dep. Variable:                      y   R - squared:                    0.941
Model:                            OLS   Adj. R - squared:               0.933
Method:                 Least Squares   F - statistic:                  126.9
Date:               Mon, 05 Aug 2019   Prob (F - statistic):        3.46e - 06
Time:                        08:13:27   Log - Likelihood:             - 50.301
No. Observations:                  10   AIC:                            104.6
Df Residuals:                       8   BIC:                            105.2
Df Model:                           1
Covariance Type:            nonrobust
=============================================================================
                 coef    std err          t      P > |t|      [0.025    0.975]
-----------------------------------------------------------------------------
const        176.2952     27.327      6.451      0.000     113.279   239.311
x1            12.2310      1.086     11.267      0.000       9.728    14.734
=============================================================================
Omnibus:                        0.718   Durbin - Watson:                1.407
Prob(Omnibus):                  0.698   Jarque - Bera (JB):             0.588
Skew:                         - 0.198   Prob(JB):                       0.745
Kurtosis:                       1.879   Cond. No.                        52.6
=============================================================================
```

通过观察上面的结果，可以看出该回归分析模型的 F 值 $F=126.9$，P 值为 3.46e-06，
几乎为 0，说明该模型整体上是非常显著的。模型的可决系数 R-squared＝ 0.941，修正的可
决系数 Adjusted R-squared＝0.933，说明模型的解释能力是很强的。

模型的回归方程是：

$$xse = 12.2310 \times rs + 176.2952$$

变量 rs 的系数标准误是 1.086，t 值为 11.267，P 值为 0.000，系数是非常显著的。常数项
的系数标准误是 27.327，t 值为 6.451，P 值为 0.000，系数是非常显著的。

```
# 画线性回归图
import matplotlib.pyplot as plt
plt.scatter(x, y)
plt.plot(x, fit.fittedvalues)
```

得到一元线性回归的图形，如图 5-2 所示。

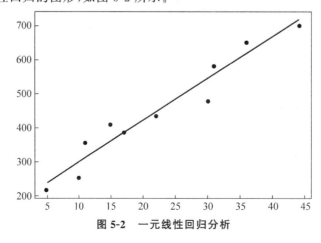

图 5-2   一元线性回归分析

5.4.3　应用 sklearn 工具作一元回归分析

下面应用 sklearn 工具作一元回归分析,输入如下命令:

```
from sklearn import linear_model
x = np.array(data[['rs']])
y = np.array(data[['xse']])
clf = linear_model.LinearRegression()
clf.fit (x,y)
clf.coef_
array([[12.2309863]])
clf.intercept_
array([176.2952027])
clf.score(x,y)
0.9407180505879883
```

可见模型的可决系数 0.9407180505879883,说明模型的解释能力是很强的。

模型的回归方程是:

$$xse = 12.231 \times rs + 176.295$$

若要求 rs=40 时相应 xse 预测值。

```
# 输入自变量人数预测因变量
clf.predict(40)
array([[665.53465483]])
```

练　习　题

1. 为了给以后编制管理费用的预算提供数据,某企业分析了近 10 年来企业管理费用与产值之间的关系,如表 5-5 所示。

表 5-5　数　据　表

年　　份	1	2	3	4	5	6	7	8	9	10
管理费用/百万元	5.9	6.3	6.5	7.3	6.9	7.8	8.5	8.1	9.2	9.4
产值/千万元	5.2	5.8	6.3	6.8	7.5	8.3	9.1	10.0	10.9	11.8

(1) 建立该企业管理费用与产值之间的线性回归模型,求出回归方程并进行检验;

(2) 下一年该企业的产值预计为 1.5 亿元,求管理费用的置信度为 95% 的预测区间。

2. 某电子集团公司分析企业的劳动生产率和企业在研究与开发(R&D)投入之间的关系,调查了下属 14 个企业 2002 年的劳动生产率与 R&D 投入占销售额的比例数据如表 5-6 所示。

表 5-6　数　据　表

R&D 投入占销售额比例/%	1.4	1.4	1.5	1.4	1.7	2.0	2.0
劳动生产率/(万元/人)	6.7	6.9	7.2	7.3	8.4	8.8	9.1
R&D 投入占销售额比例/%	2.4	2.5	2.6	2.7	2.8	3.1	3.5
劳动生产率/(万元/人)	9.8	10.6	10.7	11.1	11.8	12.1	13.0

（1）劳动生产率与 R&D 投入比例之间是否呈线性相关关系？（用 Excel 散点图分析）若是，求它们之间的回归方程。

（2）该集团企业的 R&D 投入率为 4.6%，求该企业劳动生产率的置信度为 90% 的预测区间。

3. 为了研究深圳市地方预算内财政收入与国内生产总值的关系，得到数据如表 5-7 所示。

表 5-7 深圳市地方预算内财政收入与国内生产总值 亿元

年　　份	地方预算内财政收入 Y	国内生产总值（GDP）X
1990	21.7037	171.6665
1991	27.3291	236.6630
1992	42.9599	317.3194
1993	67.2507	449.2889
1994	74.3992	615.1933
1995	88.0174	795.6950
1996	131.7490	950.0446
1997	144.7709	1130.0133
1998	164.9067	1289.0190
1999	184.7908	1436.0267
2000	225.0212	1665.4652
2001	265.6532	1954.6539

资料来源：《深圳统计年鉴 2002》，中国统计出版社。

（1）建立深圳地方预算内财政收入对 GDP 的回归模型；

（2）估计所建立模型的参数，解释斜率系数的经济意义；

（3）对回归结果进行检验；

（4）若是 2005 年的国内生产总值为 3600 亿元，确定 2005 年财政收入的预测值和预测区间（$\alpha = 0.05$）。

4. 某企业研究与开发经费与利润的数据如表 5-8 所示。

表 5-8 某企业研究与开发经费与利润的数据 万元

	1995	1996	1997	1998	1999	2000	2001	2002	2003	2004
研究与开发经费	10	10	8	8	8	12	12	12	11	11
利润额	100	150	200	180	250	300	280	310	320	300

分析企业研究与开发经费与利润额的相关关系，并作回归分析。

5. 为研究中国的货币供应量（以货币与准货币 M2 表示）与国内生产总值（GDP）的相互依存关系，分析表 5-9 中 1990—2001 年中国货币供应量（M2）和国内生产总值（GDP）的有关数据。

表 5-9　1990—2001 年中国货币供应量（M2）和国内生产总值（GDP）数据　　　亿元

年　　份	货币供应量 M2	国内生产总值 GDP
1990	1529.3	18598.4
1991	19349.9	21662.5
1992	25402.2	26651.9
1993	34879.8	34560.5
1994	46923.5	46670.0
1995	60750.5	57494.9
1996	76094.9	66850.5
1997	90995.3	73142.7
1998	104498.5	76967.2
1999	119897.9	80579.4
2000	134610.3	88228.1
2001	158301.9	94346.4

资料来源:《中国统计年鉴 2002》,第 51、662 页,中国统计出版社。

对货币供应量与国内生产总值作相关分析,并说明分析结果的经济意义。

6. 表 5-10 中是 16 只公益股票某年的每股账面价值和当年红利。

表 5-10　16 只公益股票某年的每股账面价值和当年红利　　　　　元

公司序号	账面价值	红利	公司序号	账面价值	红利
1	22.44	2.4	9	12.14	0.80
2	20.89	2.98	10	23.31	1.94
3	22.09	2.06	11	16.23	3.00
4	14.48	1.09	12	0.56	0.28
5	20.73	1.96	13	0.84	0.84
6	19.25	1.55	15	18.05	1.80
7	20.37	2.16	16	12.45	1.21
8	26.43	1.60	16	11.33	1.07

根据表 5-10 资料,(1)建立每股账面价值和当年红利的回归方程;(2)解释回归系数的经济意义;(3)若序号为 6 的公司的股票每股账面价值增加 1 元,估计当年红利可能为多少?

7. 从某工业部门抽取 10 个生产单位进行调查,得到表 5-11 所列的数据。

表 5-11　某工业部门抽取 10 个生产单位数据

单位序号	年产量 y/万吨	工作人员数 x/千人
1	210.8	7.062
2	210.1	7.031
3	211.5	7.018
4	208.9	6.991
5	207.4	6.974
6	205.3	7.953

续表

单位序号	年产量 y/万吨	工作人员数 x/千人
7	198.8	6.927
8	192.1	6.302
9	183.2	6.021
10	176.8	5.310

要求：假定年产量与工作人员数之间存在线性关系，试用经典回归估计该工业部门的生产函数及边际劳动生产率。

8. 表 5-12 给出了 1988 年 9 个工业国的名义利率(Y)与通货膨胀率(X)的数据。

表 5-12　1988 年 9 个工业国的名义利率(Y)与通货膨胀率(X)的数据　　　　%

国　　家	Y	X
澳大利亚	11.9	7.7
加拿大	9.4	4.0
法国	7.5	3.1
德国	4.0	1.6
意大利	11.3	4.8
墨西哥	66.3	51.0
瑞典	2.2	2.0
英国	10.3	6.8
美国	7.6	4.4

资料来源：原始数据来自国际货币基金组织出版的《国际金融统计》。

要求：(1)以利率为纵轴、通货膨胀率为横轴作图；(2)用 OSL 进行回归分析，写出求解步骤；(3)如果实际利率不变，则名义利率与通货膨胀率的关系如何？

9. 现代投资分析的特征线涉及如下回归方程：$r_t = \beta_0 + \beta_1 r_{mt} + u_t$；其中：$r$ 表示股票或债券的收益率；r_m 表示有价证券的收益率(用市场指数表示，如标准普尔 500 指数)；t 表示时间。在投资分析中，β_1 被称为债券的安全系数 β，是用来度量市场的风险程度的，即市场的发展对公司的财产有何影响。依据 1956—1976 年间 240 个月的数据，Fogler 和 Ganpathy 得到 IBM 股票的回归方程；市场指数是在芝加哥大学建立的市场有价证券指数：

$$\hat{r}_t = 0.7264 + 1.0598 r_{mt} \qquad r^2 = 0.4710$$
$$(0.3001) \qquad (0.0728)$$

要求：(1)解释回归参数的意义；(2)如何解释 r^2？ (3)安全系数 $\beta > 1$ 的证券称为不稳定证券，建立适当的零假设及备选假设，并用 t 检验进行检验(显著性水平 $\alpha = 5\%$)。

多元回归分析及其 Python 应用

第 **6** 章

多元线性回归分析也叫作多重线性回归分析,是最为常用的一种回归分析方法。多元线性回归分析涉及多个自变量,它用来处理一个因变量与多个自变量之间的线性关系,建立变量之间的线性模型并根据模型进行评价和预测。

6.1 多元线性回归分析基本理论

6.1.1 多元线性回归模型假设

当预测对象 y 同时受到多个解释变量 $x_1, x_2, \cdots, x_m$ 影响,且各个 $x_j (j=1,2,\cdots,m)$ 与 y 都近似地表现为线性相关时,则可建立多元线性回归模型来进行预测和分析,模型为:

$$\hat{y} = \hat{\beta}_0 + \hat{\beta}_1 x_1 + \hat{\beta}_2 x_2 + \cdots + \hat{\beta}_m x_m + \varepsilon_i \tag{1}$$

对 $i (i=1,2,\cdots,n)$ 个样本皆可写出

$$y = \beta_0 + \beta_1 x_{1i} + \beta_2 x_{2i} + \cdots + \beta_m x_{mi} + \varepsilon_i, \quad i=1,2,\cdots,n \tag{2}$$

式中 $\beta_0, \beta_1, \cdots, \beta_m$ 为模型的回归系数;

ε 为随机干扰误差。

模型(1)可以用最小二乘法来估计其参数,亦可用矩阵解法。

此模型的基本假设:

假定 1:解释变量 X 不是随机变量。在一个样本中,X 的值不能完全相同。

假定 2:误差项的均值为 0。即 $E(\varepsilon_i | X_i) = 0$。

假定 3:误差项同方差。即 $\mathrm{Var}(\varepsilon_i | X_i) = \sigma^2, i=1,2,\cdots,n$。

假定 4:误差项无序列相关。即 $\mathrm{Cov}((\varepsilon_i, \varepsilon_j) | X_i X_j) = 0, i \neq j$。

假定 5:解释变量之间没有完全的多重共线性(仅适用于多元模型)。

说明:违反第一条假设,即 X 是随机变量且同时和随机误差项相关,即出现了随机解释变量问题。违反第三条假定,即出现了异方差性。违反第四条和第五条假定,即出现了序列相关性和多重共线性。

另外,在模型估计时,我们在前述 5 条假定的基础上还可以加以下的一些假定:

假定 6:回归模型对参数是线性的。

假定 7:样本容量必须大于待估计的参数个数。

假定 8:模型设定是正确的。

假定 9:$\mathrm{Cov}(\varepsilon_t, x_t) = 0$ 即误差与变量是独立的。

假定 10：随机误差项服从正态分布。

6.1.2　多元线性回归模型的矩阵解法

当已知 n 组自变量 $X_j(j=1,2,\cdots,m)$ 和因变量 y 的观测值时，则可写出 n 个方程(8)式的方程组，其中未知数为 $m+1$ 个回归系数。该方程组可写成矩阵形式：

$$Y = X\boldsymbol{\beta} = \boldsymbol{\varepsilon}$$

$$Y = \begin{bmatrix} y_1 \\ y_2 \\ \cdots \\ y_n \end{bmatrix}, \quad X = \begin{bmatrix} 1 & x_{11} & \cdots & x_{m1} \\ 1 & x_{12} & \cdots & x_{m2} \\ \cdots & & & \\ 1 & x_{1m} & \cdots & x_{mn} \end{bmatrix}, \quad \boldsymbol{\beta} = \begin{bmatrix} \beta_0 \\ \beta_1 \\ \cdots \\ \beta_n \end{bmatrix}, \quad \boldsymbol{\varepsilon} = \begin{bmatrix} \varepsilon_0 \\ \varepsilon_1 \\ \cdots \\ \varepsilon_n \end{bmatrix}$$

因为 X 矩阵中一般 $n \neq m$，故 X 无法求逆；为求解 β 可两边左乘 X^{T}，得

$$X^{\mathrm{T}}Y = X^{\mathrm{T}}X\boldsymbol{\beta}$$

而 $X^{\mathrm{T}}X$ 为方阵，可求逆，则可得

$$\boldsymbol{\beta} = (X^{\mathrm{T}}X)^{-1}X^{\mathrm{T}}Y = \begin{bmatrix} \beta_0 \\ \beta_1 \\ \cdots \\ \beta_m \end{bmatrix}$$

6.1.3　多元线性回归模型的统计检验

（1）标准离差检验

① 因变量标准差 S 检验

$$S = \frac{Y^{\mathrm{T}}Y - \boldsymbol{\beta}^{\mathrm{T}}X^{\mathrm{T}}Y}{n-m-1} \tag{3}$$

② 各个回归系数标准差 $S_{\beta i}(i=0,1,2,\cdots,m)$ 的检验。

$$S_{\beta i} = \sqrt{C_{ii}}S \quad (i=0,1,\cdots,m) \tag{4}$$

式中，C_{ii} 为 $(X^{\mathrm{T}}X)^{-1}$ 矩阵主对角线上的第 i 项之值。

（2）相关系数检验

$$R = \sqrt{\frac{\boldsymbol{\beta}^{\mathrm{T}}X^{\mathrm{T}}Y - n\bar{y}^2}{Y^{\mathrm{T}}Y - n\bar{y}^2}} \tag{5}$$

R 值愈接近 1 愈好，可查相关系数检验表。

为了说明多元线性回归线对样本观测值的拟合情况，可以考察在 Y 的总变差中有多个解释变量做出了解释的那部分变差的比重，即回归平方和与总离差平方和的比重，在多元回归中这一比重称为多重可决系数，用 R^2 表示。

① 变差

$$\sum(y_i - \bar{y})^2 = \sum(\hat{y}_i - \bar{y})^2 + \sum(y_i - \hat{y})^2$$

模型所要解释的是 y 相对于其均值的波动性。

总离差平方和＝回归平方和＋残差平方和

TSS＋RSS＋ESS

② 自由度

$$n - 1 = (n - k) + (k - 1)$$

我们定义

$$R^2 = \frac{\text{ESS}}{\text{TSS}}$$

$$R^2 = \frac{\text{TSS} - \text{RSS}}{\text{TSS}} = 1 - \frac{\text{RSS}}{\text{TSS}} = 1 - \frac{\sum e_i^2}{\sum (y_i - \bar{y})^2}$$

多重可决系数可用矩阵表示,因为

$$\text{TSS} = \boldsymbol{Y'Y} - n\bar{y}^2$$

$$\text{ESS} = \hat{\boldsymbol{\beta}} \boldsymbol{X'Y} = n\bar{y}^2$$

所以

$$R^2 = \frac{\text{ESS}}{\text{TSS}} = \frac{\hat{\boldsymbol{\beta}} \boldsymbol{X'Y} - n\bar{y}^2}{\boldsymbol{Y'Y} - n\bar{y}^2}$$

由此式子可知:

$$R^2 = \frac{\hat{\boldsymbol{\beta}} \boldsymbol{X'Y}}{\boldsymbol{Y'Y} - n\bar{y}^2} = \frac{\hat{\beta}_2 \sum x_{2i} y_i + \hat{\beta}_3 \sum x_{3i} y_i + \cdots + \hat{\beta}_k \sum x_{ki} y_i}{\sum y_i^2}$$

可见多重可决系数是模型中解释变量个数的不减函数,也就是说,随着模型中解释变量的增加,多重可决系数 R^2 的值会越大。当被解释变量相同而解释变量个数不同时,这给运用多重可决系数去比较两个模型的拟合程度会带来缺陷。这时模型的解释变量个数不同,不能简单地直接对比多重可决系数。可决系数只涉及方差,没有考虑自由度(可自由变化的样本观测个数,等于所用样本观测值的个数减去对观测值的约束个数)。显然,如果用自由度去校正所计算的方差,可以纠正解释变量个数不同引起的对比困难。因为在样本容量一定的情况下,增加解释变量必定使得待估参数的个数增加,从而会损失自由度,为此可以用自由度去修正多重可决系数中的残差平方和与回归平方和,我们有

$$R^2 = 1 - \frac{\sum e_i^2 / (n - k)}{\sum (y_i - \bar{y})^2 / (n - 1)} = 1 - \frac{n - 1}{n - k} \frac{\sum e_i^2}{\sum (y_i - \bar{y})^2}$$

修正可决系数与可决系数的关系如下:

$$\bar{R}^2 = 1 - (1 - R^2) \frac{n - 1}{n - k}$$

可见:$k > 1$ 时,$\bar{R}^2 < R^2$,这意味着随着解释变量的增加,$\bar{R}^2 < R^2$,若 $\bar{R}^2$ 为负数时,规定 $\bar{R}^2 = 0$。

(3) F 检验

F 检验是用来检验多元线性回归模型的总体效果。

$$F = \frac{\boldsymbol{\beta}^{\text{T}} \boldsymbol{X}^{\text{T}} \boldsymbol{Y}}{m S^2} = \frac{\text{ESS}/m}{\text{RSS}/(n - m - 1)} \sim F(m, n - m - 1) \tag{6}$$

计算出 F 值后,再查 F 检验表得 F_α,当 $F \geqslant F_\alpha$ 时,检验通过,模型有效。

例如,我们抽取了一个样本量为 43 的样本,做了一个三元线性回归,得到 RSS = 4500,

SSE＝1500,以显著性水平为 0.05 检验是否至少有一个斜率系数显著地不等于 0。假设检验的结果如何？

$$MSR = RSS/k = 4500/3 = 1500$$
$$MSE = SSE/(n-k-1) = 1500/(43-3-1) = 38.4$$
$$F = MSR/MSE = 1500/38.4 = 39$$

查 F 统计表得关键值为 2.84。

由于 2.84＜39,F 统计量落在拒绝区域,因此我们要拒绝原假设。

最后结论：至少有一个斜率系数显著地不等于 0。

（4）t 检验

用来检验回归系数 $\hat{\beta}_1, \hat{\beta}_2, \cdots, \hat{\beta}_m$ 的统计意义,即检验自变量 $x_1, x_2, \cdots, x_m$ 对 y 的影响显著与否。

$$t_{\beta i} = \hat{\beta}_i / S_{\beta i} \quad (i = 1, 2, \cdots, m) \sim t(n-m-1)$$

按此式算出 $t_{\beta i}$ 值后,再查 t 检验表得 $t_{\alpha/2}$。$t_{\beta i} > t_{\alpha/2}$ 时,检验通过；否则,应剔除相应的自变量。

（5）预测置信区间的确定

按正态分布理论,当取置信度为 95% 时,预测值置信区间为

$$\hat{y} = \bar{y}_0 \pm 2S$$

要注意的是,多元线性回归模型的构建中,可能会遇到多重共线性的问题。多重共线性是指自变量之间存在线性关系或接近线性关系。如果它们完全相关,则 $(X^T X)^{-1}$ 不存在,最小二乘法就失效；应用最小二乘法估计回归系数的一个重要条件就是自变量之间为不完全的线性相关。如果这种相关程度较低,其影响可以忽略；但若高度相关时,则回归系数无效或无意义,因而所建模型无效。这时应选择其他新的自变量以替换相关的变量或采用其他方法来建立模型。关于这部分内容,我们将在后面的章节讨论。

6.2 虚拟变量

某些回归分析中,需要定性的使用自变量,称为虚拟变量。使用虚拟变量的目的是考察不同类别之间是否存在显著差异。

虚拟变量的取值为 0 或 1,两类时,只需一个虚拟变量,如果 n 类,则需 $n-1$ 个虚拟变量。

例如,在研究工资水平同学历和工作年限的关系时,我们以 Y 表示工作水平,以 X_1 表示学历,以 X_2 表示工作年限,同时引进虚拟变量 D,其取值如下：

$$D = \begin{cases} 1, & 男性 \\ 0, & 女性 \end{cases}$$

则可构造如下理论回归模型：

$$Y = \beta_0 + \beta_1 X_1 + \beta_2 X_2 + \beta_3 D + \varepsilon$$

为了模拟某商品销售量的时间序列的季节影响,我们需要引入 $4-1=3$ 个虚拟变量如下：

$$Q_1 = \begin{cases} 1, & \text{如果为第 1 季度} \\ 0, & \text{其他情况} \end{cases} ; \quad Q_2 = \begin{cases} 1, & \text{如果为第 2 季度} \\ 0, & \text{其他情况} \end{cases} ; \quad Q_3 = \begin{cases} 1, & \text{如果为第 3 季度} \\ 0, & \text{其他情况} \end{cases}$$

则可构造如下理论回归模型：

$$Y = \beta_0 + \beta_1 Q_1 + \beta_2 Q_2 + \beta_3 Q_3 + \varepsilon$$

6.3　多元线性回归分析的 Python 应用

[例 6-1]　为了检验美国电力行业是否存在规模经济，Nerlove(1963)搜集了 1955 年 145 家美国电力企业的总成本(TC)、产量(Q)、工资率(PL)、燃料价格(PF)及资本租赁价格 (PK)的数据，如表 6-1 所示。试以总成本为因变量，以产量、工资率、燃料价格和资本租赁 价格为自变量，利用多元线性回归分析方法研究它们之间的关系。

表 6-1　美国电力行业数据

编　　号	TC/百万美元	Q/千瓦时	PL/美元/千瓦时	PF/美元/千瓦时	PK/美元/千瓦时
1	0.082	2	2.09	17.9	183
2	0.661	3	2.05	35.1	174
3	0.99	4	2.05	35.1	171
4	0.315	4	1.83	32.2	166
5	0.197	5	2.12	28.6	233
6	0.098	9	2.12	28.6	195
……	……	……	……	……	……
143	73.05	11796	2.12	28.6	148
144	139.422	14359	2.31	33.5	212
145	119.939	16719	2.3	23.6	162

在目录 F:\2glkx\data1 下建立 al6-1.xls 数据文件后，取数的命令如下：

```
import pandas as pd
import numpy as np
#读取数据并创建数据表,名称为 data.
data = pd.DataFrame()
data = pd.DataFrame(pd.read_excel('F:\\2glkx\\data1\\al6 - 1.xls '))
data.head()
#前 5 条记录数据
      TC   Q    PL    PF    PK
0  0.082   2  2.09  17.9  183
1  0.661   3  2.05  35.1  174
2  0.990   4  2.05  35.1  171
3  0.315   4  1.83  32.2  166
4  0.197   5  2.12  28.6  233
```

6.3.1　对数据进行描述性分析

输入如下命令：

```
data.describe()
```

此命令的含义是对美国电力企业的总成本（TC）、产量（Q）、工资率（PL）、燃料价格（PF）及资本租赁价格（PK）等变量的数据进行描述性统计分析。

输入完后，按回车键，得到如下的分析结果。

```
              TC              Q            PL             PF            PK
count   145.000000     145.000000    145.000000     145.000000     145.000000
mean     12.976097    2133.082759      1.972069      26.176552     174.496552
std      19.794577    2931.942131      0.236807       7.876071      18.209477
min       0.082000       2.000000      1.450000      10.300000     138.000000
25 %      2.382000     279.000000      1.760000      21.300000     162.000000
50 %      6.754000    1109.000000      2.040000      26.900000     170.000000
75 %     14.132000    2507.000000      2.190000      32.200000     183.000000
max     139.422000   16719.000000      2.320000      42.800000     233.000000
```

通过观察上面的结果，可以得到很多信息，包括 5 个计数、5 个平均值、5 个标准差、5 个最小值、5 个第一百分位数、5 个第二百分位数、5 个第三百分位数、5 个最大值等。

更多信息描述如下。

通过观察上面的结果，可以得到很多信息，如 5 个最小值、第一百分位数、中位数、平均值、最大值等。更多的信息描述如下。

（1）5 个最小值（smallest）

变量总成本（TC）最小值是 0.082。

变量产量（Q）最小值是 2。

变量工资率（PL）最小值是 1.450。

燃料价格（PF）最小值是 10.30。

资本租赁价格（PK）最小值是 138.00

（2）5 个百分位数

五个变量的第一百分位数分别是：2.382,279,1.760,21.30,162.00

五个变量的第三百分位数分别是 14.132,2507,2.190,32.20,233.00

（3）5 个平均值（mean）

五个变量的平均值分别是：12.976,2133,1.972,26.18,174.50

（4）5 个最大值（largest）

5 个变量的最大值分别是：139.422,16719,2.320,42.80,233.00

6.3.2　用数组对作相关分析

输入如下命令：

```
y = np.array(data[['TC']])
x1 = np.array(data[['Q']])
```

```
x2 = np.array(data[['PL']])
x3 = np.array(data[['PF']])
x4 = np.array(data[['PK']])
import scipy.stats as stats
r1 = stats.pearsonr(x1,y)[0]
r2 = stats.pearsonr(x2,y)[0]
r3 = stats.pearsonr(x3,y)[0]
r4 = stats.pearsonr(x4,y)[0]
print (r1);print (r2);print (r3);print (r4)
```

输入完后,按回车键,得到如下的分析结果。

```
[0.9525037]
[0.25133754]
[0.03393519]
[0.027202]
```

通过观察上面的结果,可以看出总成本(TC)和产量(Q)、工资率(PL)、燃料价格(PF)、资本租赁价格(PK)之间的相关系数分别为 0.9525037、0.25133754、0.03393519、0.027202,这说明总成本 TC 变量与其他变量之间存在相关关系,所以我们可以作回归分析。

6.3.3　用数据框作相关分析

用数组对数据做相关分析显得不太方便,下面用数据框做相关分析,就方便多了。代码如下:

```
data.corr()
```

得到如下结果:

	TC	Q	PL	PF	PK
TC	1.000000	0.952504	0.251338	0.033935	0.027202
Q	0.952504	1.000000	0.171450	− 0.077349	0.002869
PL	0.251338	0.171450	1.000000	0.313703	− 0.178145
PF	0.033935	− 0.077349	0.313703	1.000000	0.125428
PK	0.027202	0.002869	− 0.178145	0.125428	1.000000

从上可见,TC 与 Q 高度相关,而与其他的变量 PL,PF,PK 变量相关性要弱一些,尤其是与 PF 的相关性更弱。这说明总成本 TC 变量与其他变量之间存在相关关系,所以我们可以回归分析。

6.3.4　多元回归分析的 Python 的 Statsmodels 工具应用

多元回归分析的 Python 的 Statsmodels 工具应用程序代码如下:

```
from pandas.core import datetools
import statsmodels.api as sm
import pandas as pd
import numpy as np
# 读取数据并创建数据表,名称为 data.
```

```
data = pd.DataFrame()
data = pd.DataFrame(pd.read_excel('F:\\2glkx\\data1\\al6 - 1.xls '))
data.head()
       TC   Q    PL     PF    PK
0   0.082   2  2.09  17.9   183
1   0.661   3  2.05  35.1   174
2   0.990   4  2.05  35.1   171
3   0.315   4  1.83  32.2   166
4   0.197   5  2.12  28.6   233
vars = ['TC','Q','PL','PF','PK']
df = data[vars]
＃显示最后 5 条记录数据
print (df.tail())
          TC      Q    PL    PF   PK
140   44.894   9956  1.68  28.8  203
141   67.120  11477  2.24  26.5  151
142   73.050  11796  2.12  28.6  148
143  139.422  14359  2.31  33.5  212
144  119.939  16719  2.30  23.6  162
```

下面生成设计矩阵。由于要建立的模型是 $y = BX$，因此需要分别求得 y 和 X 矩阵，而 dmatrices 就是做这个的，命令如下：

```
from patsy import dmatrices
y, X = dmatrices('TC～Q + PL + PF + PK', data = df, return_type = 'dataframe')
print (y.head())
print (X.head())
```

得到如下数据：

```
    TC
0  0.082
1  0.661
2  0.990
3  0.315
4  0.197
   Intercept    Q    PL    PF     PK
0       1.0  2.0  2.09  17.9  183.0
1       1.0  3.0  2.05  35.1  174.0
2       1.0  4.0  2.05  35.1  171.0
3       1.0  4.0  1.83  32.2  166.0
4       1.0  5.0  2.12  28.6  233.0
```

下面用 OLS 作普通最小二乘，fit 方法对回归方程进行估计，summary 保存计算的结果。

```
from pandas.core import datetools
import statsmodels.api as sm
model = sm.OLS(y, X)
fit = model.fit()
print (fit.summary())
```

得到如下结果：

```
                        OLS Regression Results
==============================================================================
Dep. Variable:                     TC   R - squared:                    0.923
Model:                            OLS   Adj. R - squared:               0.921
Method:                 Least Squares   F - statistic:                  418.1
Date:                Mon, 05 Aug 2019   Prob (F - statistic):        9.26e - 77
Time:                        08:21:50   Log - Likelihood:             - 452.47
No. Observations:                 145   AIC:                            914.9
Df Residuals:                     140   BIC:                            929.8
Df Model:                           4
Covariance Type:            nonrobust
==============================================================================
                 coef    std err          t      P>|t|      [0.025      0.975]
------------------------------------------------------------------------------
Intercept     - 22.2210      6.587     - 3.373      0.001     - 35.245     - 9.197
Q               0.0064      0.000     39.258      0.000       0.006       0.007
PL              5.6552      2.176      2.598      0.010       1.352       9.958
PF              0.2078      0.064      3.242      0.001       0.081       0.335
PK              0.0284      0.027      1.073      0.285     - 0.024       0.081
==============================================================================
Omnibus:                      135.057   Durbin - Watson:                  1.560
Prob(Omnibus):                  0.000   Jarque - Bera (JB):           4737.912
Skew:                           2.907   Prob(JB):                        0.00
Kurtosis:                      30.394   Cond. No.                    5.29e + 04
==============================================================================
```

通过观察上面的回归结果，可见：模型的 F 值 $F = 418.11$，P 值为 9.26e-77 几乎为 0.0000，说明模型整体上是非常显著的。模型的可决系数 R-squared ＝ 0.923，修正的可决系数 Adj R-squared ＝ 0.921，说明模型的解释能力是可以的。

模型的回归方程为：

$$TC = 0.0064Q + 5.6552PL + 0.2078PF + 0.0284PK - 22.2210$$

变量 Q 的系数标准误是 0.000，t 值为 39.258，P 值为 0.000，系数是非常显著的。变量 PL 系数标准误是 2.176，t 值为 2.598，P 值为 0.010，系数是非常显著的。变量 PF 系数标准误是 0.064，t 值为 3.242，P 值为 0.001，系数是非常显著的。变量 PK 数标准误是 0.027，t 值为 1.073，P 值为 0.285，系数是非常不显著的。常数项的系数标准误是 6.587，t 值为 －3.373，P 值为 0.001，系数是非常显著的。

综合上面的分析，可以看出：美国电力企业的总成本（TC）受到产量（Q）、工资率（PL）、燃料价格（PF）、资本租赁价格（PK）的影响，美国电力行业存在规模经济。

读者应注意在上面的模型中，PK 的系数是不显著的。从前面的相关分析也可以看到，TC 与 PK 的相关系数很弱，只有 0.027202。

下面我把变量 PK 剔除后重新进行回归分析，命令如下。

```
from patsy import dmatrices
y, X = dmatrices('TC~Q + PL + PF', data = df, return_type = 'dataframe')
import statsmodels.api as sm
```

```
model = sm.OLS(y, X)
fit = model.fit()
print (fit.summary())
```

输入完上述命令后,按回车键,则得到如下的分析结果。

```
                              OLS Regression Results
==============================================================================
Dep. Variable:                     TC   R-squared:                       0.922
Model:                            OLS   Adj. R-squared:                  0.920
Method:                 Least Squares   F-statistic:                     556.5
Date:                Mon, 05 Aug 2019   Prob (F-statistic):           6.39e-78
Time:                        08:22:58   Log-Likelihood:                -453.06
No. Observations:                 145   AIC:                             914.1
Df Residuals:                     141   BIC:                             926.0
Df Model:                           3
Covariance Type:            nonrobust
==============================================================================
                 coef    std err          t      P>|t|      [0.025      0.975]
------------------------------------------------------------------------------
Intercept    -16.5443      3.928     -4.212      0.000     -24.309      -8.780
Q              0.0064      0.000     39.384      0.000       0.006       0.007
PL             5.0978      2.115      2.411      0.017       0.917       9.278
PF             0.2217      0.063      3.528      0.001       0.097       0.346
==============================================================================
Omnibus:                      142.387   Durbin-Watson:                   1.590
Prob(Omnibus):                  0.000   Jarque-Bera (JB):             5466.347
Skew:                           3.134   Prob(JB):                         0.00
Kurtosis:                      32.419   Cond. No.                     3.42e+04
==============================================================================
```

从上面回归分析结果可见,模型整体依旧是非常显著的。模型的可决系数以及修正的可决系数变化不大,说明模型的解释能力几乎没有变化。其他变量(含常数项的系数)都非常显著,模型接近完美。可以把该回归结果作为最终的回归模型方程,即

$$TC = 0.0064Q + 5.0978PL + 0.2217PF - 16.5443$$

从上面的分析可以看出,美国电力企业的总成本受到产量、工资率、燃料价格的影响。总成本随着这些变量的升高而升高、降低而降低。

值得注意的是:产量的增加引起总成本的相对变化是很小的,所以,从经济意义上说,美国电力行业存在规模经济。

6.4　多元线性回归分析的 Scikit-learn 工具应用

6.4.1　使用 Pandas 来读取数据

Pandas 是一个用于数据探索、数据处理、数据分析的 Python 库。

```
import pandas as pd
# read csv file directly from a URL and save the results
```

```
data = pd.read_csv('http://www-bcf.usc.edu/~gareth/ISL/Advertising.csv', index_col = 0)
# display the first 5 rows
data.head()
      TV   radio   newspaper   sales
1   230.1   37.8       69.2    22.1
2    44.5   39.3       45.1    10.4
3    17.2   45.9       69.3     9.3
4   151.5   41.3       58.5    18.5
5   180.8   10.8       58.4    12.9
```

上面显示的结果类似一个电子表格,这个结构称为 Pandas 的数据帧(data frame)。

Pandas 的两个主要数据结构为 Series 和 DataFrame。

(1) Series 类似于一维数组,它有一组数据以及一组与之相关的数据标签(即索引)组成。

(2) DataFrame 是一个表格型的数据结构,它含有一组有序的列,每列可以是不同的值类型。DataFrame 既有行索引也有列索引,它可以被看作是由 Series 组成的字典。

```
# display the last 5 rows
data.tail()
        TV   radio   newspaper   sales
196    38.2    3.7       13.8     7.6
197    94.2    4.9        8.1     9.7
198   177.0    9.3        6.4    12.8
199   283.6   42.0       66.2    25.5
200   232.1    8.6        8.7    13.4
# check the shape of the DataFrame(rows, colums)
data.shape
(200, 4)
```

特征:

TV——对于一个给定市场中单一产品,用于电视上的广告费用(以千元为单位);

radio——在广播媒体上投资的广告费用;

newspaper——用于报纸媒体的广告费用。

响应:

sales——对应产品的销量。

在这个实例中,我们通过不同的广告投入预测产品销量。因为响应变量是一个连续的值,所以这个问题是一个回归问题。数据集一共有 200 个观测值,每一组观测对应一个市场的情况。

```
import seaborn as sns     # seaborn 程序包需要先安装
# 安装命令: pip install seaborn
sns.pairplot(data, x_vars = ['TV','radio','newspaper'], y_vars = 'sales', size = 7, aspect = 0.8)
```

得到如图 6-1 所示的图形。

用 seaborn 的 pairplot 函数绘制 X 的每一维度和对应 Y 的散点图。通过设置 size 和 aspect 参数来调节显示的大小和比例。可以从图中看出,TV 特征和销量是有比较强的线性关系的,而 radio 和 sales 线性关系弱一些,newspaper 和 sales 线性关系更弱。通过加入

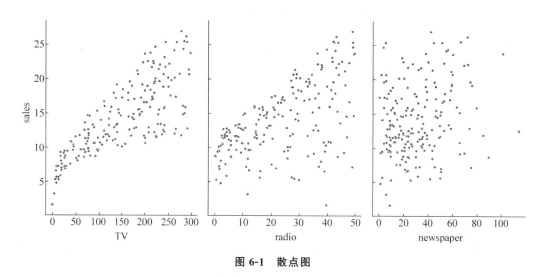

图 6-1   散点图

一个参数 kind＝'reg'，seaborn 可以添加一条最佳拟合直线和 95％的置信区间。

```
sns.pairplot(data, x_vars = ['TV','radio','newspaper'], y_vars = 'sales', size = 7, aspect = 0.8,
kind = 'reg')
```

可以得到如图 6-2 所示的图形。

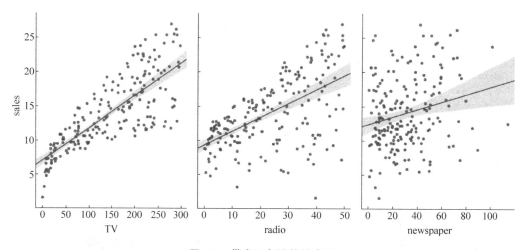

图 6-2   带有回归线的散点图

6.4.2　线性回归模型

线性回归模型的优点是快速、没有调节参数、易解释、可理解。其缺点有：相比其他复杂一些的模型，其预测准确率不是太高，因为它假设特征和响应之间存在确定的线性关系，这种假设对于非线性的关系，线性回归模型显然不能很好地对这种数据建模。

线性模型表达式：$y＝\beta_0+\beta_1x_1+\beta_2x_2+\cdots+\beta_nx_n$

其中，y 是响应；β_0 是截距；β_1 是 x_1 的系数；依此类推。

在这个实例中：$y＝\beta_0+\beta_0\text{TV}+\beta_2\text{radio}+\beta_0\text{newspaper}$

（1）使用 Pandas 来构建 **X** 和 **y**

Scikit-learn 要求 **X** 是一个特征矩阵，**y** 是一个 NumPy 向量。

Pandas 构建在 NumPy 之上，因此，**X** 可以是 Pandas 的 DataFrame，**y** 可以是 Pandas 的 Series，Scikit-learn 可以理解这种结构。

```
# create a python list of feature names
feature_cols = ['TV', 'radio', 'newspaper']
# use the list to select a subset of the original DataFrame
X = data[feature_cols]
# equivalent command to do this in one line
X = data[['TV', 'radio', 'newspaper']]

# print the first 5 rows
X.head()
      TV   radio  newspaper
1  230.1   37.8       69.2
2   44.5   39.3       45.1
3   17.2   45.9       69.3
4  151.5   41.3       58.5
5  180.8   10.8       58.4

# check the type and shape of X
print (type(X))
print (X.shape)
<class 'pandas.core.frame.DataFrame'>
(200, 3)
# select a Series from the DataFrame
y = data['sales']
# equivalent command that works if there are no spaces in the column name
y = data.sales
# print the first 5 values
y.head()
1    22.1
2    10.4
3     9.3
4    18.5
5    12.9
Name: Sales, dtype: float64
print (type(y))
print (y.shape)
<class 'pandas.core.series.Series'>
(200,)
```

（2）构造训练集和测试集

```
from sklearn.cross_validation import train_test_split
X_train, X_test, y_train, y_test = train_test_split(X, y, random_state = 1)
# default split is 75 % for training and 25 % for testing
print (X_train.shape)
print (y_train.shape)
```

```
print (X_test.shape)
print (y_test.shape)
(150, 3)
(150,)
(50, 3)
(50,)
```

（3）线性回归分析的 Scikit-learn 工具应用

代码如下。

```
from sklearn.linear_model import LinearRegression
linreg = LinearRegression()
linreg.fit(X_train, y_train)
LinearRegression(copy_X = True, fit_intercept = True, n_jobs = 1, normalize = False)
print (linreg.intercept_)
print (linreg.coef_)
2.8769666223179318
[0.04656457 0.17915812 0.00345046]
```

因此回归直线方程为：

$y = 2.8769666223179318 + 0.04656457 \text{TV} + 0.17915812 \text{radio} + 0.00345046 \text{newspaper}$

如何解释各个特征对应的系数的意义？

对于给定了 radio 和 newspaper 的广告投入，如果在 TV 广告上每多投入 1 个单位，对应销量将增加 0.04656457 个单位。更明确一点说，加入其他两个媒体投入固定，在 TV 广告上每增加 1000 美元（因为单位是 1000 美元），公司的销售量将增加 46.6 美元（因为单位是 1000 美元）。

（4）预测

代码如下。

```
y_pred = linreg.predict(X_test)
print (y_pred)
[21.70910292 16.41055243  7.60955058 17.80769552 18.6146359  23.83573998
 16.32488681 13.43225536  9.17173403 17.333853   14.44479482  9.83511973
 17.18797614 16.73086831 15.05529391 15.61434433 12.42541574 17.17716376
 11.08827566 18.00537501  9.28438889 12.98458458  8.79950614 10.42382499
 11.3846456  14.98082512  9.78853268 19.39643187 18.18099936 17.12807566
 21.54670213 14.69809481 16.24641438 12.32114579 19.92422501 15.32498602
 13.88726522 10.03162255 20.93105915  7.44936831  3.64695761  7.22020178
  5.9962782  18.43381853  8.39408045 14.08371047 15.02195699 20.35836418
 20.57036347 19.60636679]
```

6.4.3　回归问题的评价测度

下面介绍三种常用的针对回归问题的评价测度。代码如下。

```
# define true and predicted response values
true = [100, 50, 30, 20]
pred = [90, 50, 50, 30]
```

（1）平均绝对误差（mean absolute error，MAE）

$$\mathrm{MAE} = \frac{\sum |y_i - \hat{y}_i|}{n}$$

（2）均方误差（mean squared error，MSE）

$$\mathrm{MSE} = \frac{\sum (y_i - \hat{y}_i)^2}{n}$$

（3）均方根误差（root mean squared error，RMSE）

$$\mathrm{RMSE} = \sqrt{\frac{\sum (y_i - \hat{y}_i)^2}{n}}$$

代码如下。

```
from sklearn import metrics
import numpy as np
# calculate MAE by hand
print ("MAE by hand:",(10 + 0 + 20 + 10)/4.)
# calculate MAE using scikit-learn
print ("MAE:",metrics.mean_absolute_error(true, pred))
# calculate MSE by hand
print ("MSE by hand:",(10 ** 2 + 0 ** 2 + 20 ** 2 + 10 ** 2)/4.)
# calculate MSE using scikit-learn
print ("MSE:",metrics.mean_squared_error(true, pred))
# calculate RMSE by hand
print ("RMSE by hand:",np.sqrt((10 ** 2 + 0 ** 2 + 20 ** 2 + 10 ** 2)/4.))
# calculate RMSE using scikit-learn
print ("RMSE:",np.sqrt(metrics.mean_squared_error(true, pred)))
```

得到如下结果：

```
MAE by hand: 10.0
MAE: 10.0
MSE by hand: 150.0
MSE: 150.0
RMSE by hand: 12.24744871391589
RMSE: 12.24744871391589
```

计算 sales 预测的 RMSE：

```
print (np.sqrt(metrics.mean_squared_error(y_test, y_pred)))
1.4046514230328955
```

6.4.4　特征选择

在前面图 6-1 所示的图形展示中，我们看到 newspaper 和销量之间的线性关系比较弱，现在我们移除这个特征，看看线性回归预测的结果的 RMSE 如何。

```
feature_cols = ['TV', 'radio']
X = data[feature_cols]
y = data.sales
```

```
X_train, X_test, y_train, y_test = train_test_split(X, y, random_state = 1)
linreg.fit(X_train, y_train)
y_pred = linreg.predict(X_test)
print (np.sqrt(metrics.mean_squared_error(y_test, y_pred)))
1.3879034699382888
```

将 newspaper 这个特征移除之后，得到 RMSE 变小了，说明 newspaper 特征不适合作为预测销量的特征，这样可以得到新的模型。还可以通过不同的特征组合得到新的模型，看看最终的误差如何。

6.5 逻辑 Logistic 回归分析 Python 应用

6.5.1 相关理论

线性回归模型是定量分析中最常用的统计分析方法，但线性回归分析要求响应变量是连续型变量。在实际研究中，尤其适合在社会、经济数据的统计分析中，要研究非连续型的响应变量，即分类响应变量。

在研究两元分类响应变量与诸多自变量间的相互关系时，常选用 Logistic 回归模型。

将两元分类响应变量 Y 的一个结果记为"成功"，另一个结果记为"失败"，分别用 0 或 1 表示。对响应变量 Y 有影响的 p 个自变量（解释变量）记为 $X_1, \cdots, X_p$。在 m 个自变量的作用下出现"成功"的条件概率记为 $p(Y=1|X_1, \cdots, X_p)$，那么 Logistic 回归模型表示为

$$p = \frac{\exp(\beta_0 + \beta_1 x_1 + \cdots + \beta_p x_p)}{1 + \exp(\beta_0 + \beta_1 x_1 + \cdots + \beta_p x_p)} \tag{1}$$

β_0 称为常熟项，$\beta_1, \cdots, \beta_p$ 称为 Logistic 回归模型的回归系数。

从式(1)可以看出，Logistic 回归模型是一个非线性的回归模型，自变量 $x_j, j=1, \cdots, p$ 可以是连续变量，也可以是分类变量或哑变量。对自变量 x_j 任意取值 $\beta_0 + \beta_1 x_1 + \cdots + \beta_p x_p$ 总落在 $(-\infty, \infty)$ 中，上式(1)的比值即 p 值，总在 0 到 1 之间变化，这就是 Logistic 回归模型的合理性所在。

对公式(1)变形，Logistic 回归模型可以写成下列线性形式：

$$\ln\left(\frac{p}{1-p}\right) = \beta_0 + \beta_1 x_1 + \cdots + \beta_p x_p$$

这样就可以使用线性回归模型对参数 $\beta_j, j=1, \cdots, p$ 进行估计。

6.5.2 Python 应用

```
#程序包的准备:
import numpy as np
import statsmodels.api as sm
#程序包内含数据导入
spector_data = sm.datasets.spector.load()
spector_data.exog = sm.add_constant(spector_data.exog, prepend = False)
#数据展示
print(spector_data.exog[:5,:])
[[ 2.66 20.    0.    1.  ]
```

```
[  2.89  22.      0.      1.   ]
[  3.28  24.      0.      1.   ]
[  2.92  12.      0.      1.   ]
[  4.    21.      0.      1.   ]]
print(spector_data.endog[:5])
[ 0.  0.  0.  0.  1.]
```

逻辑回归分析代码如下：

```
logit_mod = sm.Logit(spector_data.endog, spector_data.exog)
logit_res = logit_mod.fit(disp = 0)
print('Parameters: ', logit_res.params)
```

结果如下：

```
Parameters:  [2.82611259   0.09515766   2.37868766  -13.02134686]
```

6.6　广义线性回归分析 Python 应用

6.6.1　相关理论

Logistic 回归模型属于广义线性模型的一种，它是通常的正态线性回归模型的推广，它要求响应变量只能通过线性形式依赖于解释变量。上述推广体现在两个方面：

（1）通过一个连续函数 $\varphi(E(Y)) = \beta_0 + \beta_1 x_1 + \cdots + \beta_p x_p$

（2）通过一个误差函数，说明广义线性模型的最后一部分随机项。

表 6-2 给出了广义线性模型中常见的连续函数和误差函数。可见，若连接函数为恒等变换，误差函数为正态分布，则得到通常的正态线性模型。

表 6-2　常见的连接函数和误差函数

变　换	连　接　函　数	回　归　模　型	典型误差函数
恒等	$\varphi(x) = x$	$E(y) = X'\beta$	正态分布
逻辑变换	$\varphi(x) = \text{logit}(x)$	$\text{lngit}(E(y)) = X'\beta$	二项分布
对数	$\varphi(x) = \ln(x)$	$\ln(E(y)) = X'\beta$	泊松分布
逆（倒数）	$\varphi(x) = 1/x$	$1/E(y) = X'\beta$	伽马分布

Python 的 Statsmodels 程序包提供了各种拟合和计算广义线性模型的函数。

正态分布拟合和计算调用格式为

```
import statsmodels.api as sm
gauss_log = sm.GLM(lny, X, family = sm.families.Gaussian())
res = gauss_log.fit()
print(res.summary())
```

二项分布拟合和计算调用格式为

```
import statsmodels.api as sm
glm_binom = sm.GLM(data.endog, data.exog, family = sm.families.Binomial())
```

```
res = glm_binom.fit()
print(res.summary())
```

泊松分布拟合和计算调用格式为：

```
import statsmodels.api as sm
glm_poisson = sm.GLM(data.endog, data.exog, family = sm.families.Poisson())
res = glm_poisson.fit()
print(res.summary())
```

伽马分布拟合和计算调用格式为：

```
import statsmodels.api as sm
glm_gamma = sm.GLM(data2.endog, data2.exog, family = sm.families.Gamma())
res = glm_gamma.fit()
print(res.summary())
```

下面以二项分布函数为例，来说明 Python 广义回归分析的应用。

6.6.2　Python 应用

```
# 程序包的准备
import numpy as np
import statsmodels.api as sm
from scipy import stats
from matplotlib import pyplot as plt
# 程序包内含数据导入
data = sm.datasets.star98.load()
data.exog = sm.add_constant(data.exog, prepend = False)
# 数据展示
print(spector_data.exog[:5, :])
[[ 2.66 20.    0.    1.   ]
 [ 2.89 22.    0.    1.   ]
 [ 3.28 24.    0.    1.   ]
 [ 2.92 12.    0.    1.   ]
 [ 4.   21.    0.    1.   ]]
print(data.exog[:2, :])
[[3.43973000e + 01 2.32993000e + 01 1.42352800e + 01 1.14111200e + 01
  1.59183700e + 01 1.47064600e + 01 5.91573200e + 01 4.44520700e + 00
  2.17102500e + 01 5.70327600e + 01 0.00000000e + 00 2.22222200e + 01
  2.34102872e + 02 9.41688110e + 02 8.69994800e + 02 9.65065600e + 01
  2.53522420e + 02 1.23819550e + 03 1.38488985e + 04 5.50403520e + 03
  1.00000000e + 00]
 [1.73650700e + 01 2.93283800e + 01 8.23489700e + 00 9.31488400e + 00
  1.36363600e + 01 1.60832400e + 01 5.95039700e + 01 5.26759800e + 00
  2.04427800e + 01 6.46226400e + 01 0.00000000e + 00 0.00000000e + 00
  2.19316851e + 02 8.11417560e + 02 9.57016600e + 02 1.07684350e + 02
  3.40406090e + 02 1.32106640e + 03 1.30502233e + 04 6.95884680e + 03
  1.00000000e + 00]]
```

二项分布函数的广义回归分析代码如下：

```
glm_binom = sm.GLM(data.endog, data.exog, family = sm.families.Binomial())
res = glm_binom.fit()
print(res.summary())
```

得到如下结果：

```
                 Generalized Linear Model Regression Results
==============================================================================
Dep. Variable:           ['y1', 'y2']   No. Observations:              303
Model:                            GLM   Df Residuals:                  282
Model Family:                Binomial   Df Model:                       20
Link Function:                  logit   Scale:                         1.0
Method:                          IRLS   Log-Likelihood:             -2998.6
Date:                Wed, 25 Sep 2019   Deviance:                    4078.8
Time:                        11:42:39   Pearson chi2:                 9.60
No. Iterations:                     5
==============================================================================
                 coef    std err          z      P>|z|      [0.025      0.975]
------------------------------------------------------------------------------
x1            -0.0168      0.000    -38.749      0.000      -0.018      -0.016
x2             0.0099      0.001     16.505      0.000       0.009       0.011
x3            -0.0187      0.001    -25.182      0.000      -0.020      -0.017
x4            -0.0142      0.000    -32.818      0.000      -0.015      -0.013
x5             0.2545      0.030      8.498      0.000       0.196       0.313
x6             0.2407      0.057      4.212      0.000       0.129       0.353
x7             0.0804      0.014      5.775      0.000       0.053       0.108
x8            -1.9522      0.317     -6.162      0.000      -2.573      -1.331
x9            -0.3341      0.061     -5.453      0.000      -0.454      -0.214
x10           -0.1690      0.033     -5.169      0.000      -0.233      -0.105
x11            0.0049      0.001      3.921      0.000       0.002       0.007
x12           -0.0036      0.000    -15.878      0.000      -0.004      -0.003
x13           -0.0141      0.002     -7.391      0.000      -0.018      -0.010
x14           -0.0040      0.000     -8.450      0.000      -0.005      -0.003
x15           -0.0039      0.001     -4.059      0.000      -0.006      -0.002
x16            0.0917      0.015      6.321      0.000       0.063       0.120
x17            0.0490      0.007      6.574      0.000       0.034       0.064
x18            0.0080      0.001      5.362      0.000       0.005       0.011
x19            0.0002   2.99e-05      7.428      0.000       0.000       0.000
x20           -0.0022      0.000     -6.445      0.000      -0.003      -0.002
const          2.9589      1.547      1.913      0.056      -0.073       5.990
```

6.7 倾向评分匹配(PSM)及其 Python 应用

倾向评分匹配,简称 PSM,是使用非实验数据或观测数据进行干预效应分析的一类统计方法。倾向评分匹配的理论框架是"反事实推断模型"。"反事实推断模型"假定任何因果分析的研究对象都有两种条件下的结果：观测到的和未被观测到的结果。如果我们说"A 是导致 B 的原因",用的就是一种"事实陈述法"。

6.7.1　倾向评分匹配简介

倾向评分匹配(propensity score matching, PSM)是一种统计学方法,用于处理观察研究(observational study)的数据。在观察研究中,由于种种原因,数据偏差(bias)和混杂变量(confounding variable)较多,倾向评分匹配的方法正是为了减少这些偏差和混杂变量的影响,以便对实验组和对照组进行更合理的比较。这种方法最早由 Paul Rosenbaum 和 Donald Rubin 在 1983 年提出,一般常用于医学、公共卫生、经济学等领域。以公共卫生学为例,假设研究问题是吸烟对于大众健康的影响,研究人员常常得到的数据是观察研究数据,而不是随机对照实验数据(randomized controlled trial data),因为吸烟者的行为和结果,以及不吸烟者的行为和结果,是很容易观察到的。但如果要进行随机对照实验,招收大量被试,然后随机分配到吸烟组和不吸烟组,这种实验设计不太容易实现,也并不符合科研伦理。这种情况下观察研究是最合适的研究方法。但是面对最容易获得的观察研究数据,如果不加调整,很容易获得错误的结论,比如拿吸烟组健康状况最好的一些人和不吸烟组健康状况最不好的一些人作对比,得出吸烟对于健康并无负面影响的结论。从统计学角度分析原因,这是因为观察研究并未采用随机分组的方法,无法基于大数定理的作用,在实验组和对照组之间削弱混杂变量的影响,很容易产生系统性的偏差。倾向评分匹配就是用来解决这个问题,消除组别之间的干扰因素。

6.7.2　倾向评分匹配基本原理

"反事实"的推断法则是:如果没有 A,那么 B 的结果将怎样(此时,其实 A 已经发生了)? 因此,对于处在干预状态(treatment condition)的成员而言,反事实就是处在控制状态(condition of control)下的潜在结果(potential outcome);相反,对于处在控制状态的成员而言,反事实就是处在干预状态下的潜在结果。显然,这些潜在结果是我们无法观测到的,也就是说,它们是缺失的。

我们假定有 N 个个体,每一个处在干预中的个体 $i(i=1,2,\cdots,N)$ 都将有两种潜在结果 $(Y_i(0),Y_i(1))$,分别对应着未被干预状态和干预状态中的潜在结果。那么对一个个体进行干预的效应标记为 δ_i,表示干预状态的潜在结果与未干预状态的潜在结果之间的差,即

$$\delta_i = Y_i(1) - Y_i(0)$$

令 $D_i=1$ 表示接受干预,$D_i=0$ 表示未接受干预,同时 Y_i 表示所测试的结果变量。那么反事实框架可以表示为以下模型:

$$Y_i = Y_i(D_i) = \begin{cases} Y_i(0), & \text{如果 } D_i=0 \\ Y_i(1), & \text{如果 } D_i=1 \end{cases}$$

该模型也可以表示为:

$$Y_i = (1-D_i)Y_i(0) + D_i Y_i(1)$$

这个模型表明,两种结果中的哪一种将在现实中被观测到,取决于干预状态,即 D 的状态。

用处理后的平均效果 ATT 来测度个体在干预状态下的平均干预效应,即表示个体 i

在干预状态下的观测结果与其反事实的差,称为平均干预效应的标准估计量:

$$\text{ATT} = E\{Y_i(1) - Y_i(0) \mid D = 1\} = E\{Y_i(1) \mid D = 1\} - E\{Y_i(0) \mid D = 1\}$$

很明显,反事实 $E\{Y_i(0)|D=1\}$ 是我们观测不到的,所以我们只有使用个体 i 在未干预状态下的观测结果 $E\{Y_i(0)|D=0\}$ 作为替代来估计个体在干预状态下的潜在结果——反事实。所以,ATT 公式可以进一步表示为:

$$\text{ATT} = E\{Y_i(1) \mid D = 1\} - E\{Y_i(0) \mid D = 0\}$$
$$= (E\{Y_i(1) \mid D = 1\} - E\{Y_i(0) \mid D = 1\}) + (E\{Y_i(0) \mid D = 1\} - E\{Y_i(0) \mid D = 0\})$$
$$= \text{ATT} + \text{SelectionBias}$$

显然,这里需要用到数据的随机性了。在实验数据中,个体是随机分配(random assignment)的,所以个体的所有特征在干预组和控制组之间是相等,也就无须考虑用 $E\{Y_i(0)|D=0\}$ 作为替代对反事实 $E\{Y_i(0)|D=1\}$ 进行估计时存在的偏差了,这里称为选择偏倚,换句话说,实验数据能够确保数据的选择偏倚为 0,所以实验设计中,随机性能保证干预组和控制组之间的数据平衡。而对于观测数据,往往由于缺乏随机性,而导致干预组和控制组不仅仅在干预统计量上存在不同,还在第三方变量 X(这个变量是可观测的)上存在区别。这时,我们必须要考虑到这些区别以防止出现潜在偏倚。

这时就要采用匹配的方式进行干预效应分析。匹配的目的在于确保干预效应估计是建立在可比个体之间的不同结果的基础上。最简单的匹配方式是将干预组和控制组中第三方变量 X 的值相同的两个个体进行配对分析。但是,如果 X 并不是某一个变量,而是一组变量时,最终简单的匹配方式也就不再适用,而是采用倾向得分匹配方式进行匹配。

最简单匹配方法的几个假设:

(1)条件独立假设(conditional independence assumption,CIA):给定 X 后干预状态的潜在结果是独立的,换句话说,控制住 X 之后,干预分配就相当于随机分配。

(2)共同支撑条件(common support condition):对于 X 的每一个值,存在于干预组或控制组的可能性均为正,即 $0 < P\{D=1|X\} < 1$。

同时,第二个要求称为覆盖条件,即匹配组变量 X 需要在干预组和控制组上有足够的覆盖,即处理组每一个个体在控制组中都能找到与之匹配的 X。

若 X 只有一个变量,则对于给定的 $X=x$,ATT(x) 的表达式为:

$$\text{ATT}(x) = E\{Y(1) - Y(0) \mid D = 1, X = x\}$$
$$= E\{Y(1) \mid D = 1, X = x\} - E\{Y(0) \mid D = 1, X = x\}$$
$$= E\{Y(1) \mid D = 1, X = x\} - E\{Y(0) \mid D = 0, X = x\}$$

显然,X 只有一个变量时,干预组和控制组针对 X 的匹配标准是清晰的:对于干预组个体和控制组个体,它们的 X 变量的值越近,这两个个体的特征也就越相似。

但如果 X 不再只是一个变量,而是一组变量时,所谓"近"的判断标准也就变得模糊起来。针对这个问题,Rosenbaum 和 Rubin (1983)解决了维度问题,并证明了如果基于 X 相关变量的匹配是有效的,那么基于 X 变量组的倾向得分的匹配也将同样有效,从而奠定了 PSM 的理论基础。

这里,倾向得分是通过 logist 回归获得的,从而将 X 由多维降到了一维的水平。所以倾向得分中包含了 X 中所有变量的信息,综合反映了每个个体 X 变量组的水平。显然,倾向得分匹配的优势很明显——降维,它由单个变量(倾向得分)对个体进行匹配来代替了 X

所有变量为基础对个体进行匹配。

同样的,PSM 的主要定理总结为以下几点:

定理一,倾向得分 $p(X)$ 是一个平衡得分。有着相同倾向得分的两组个体之间的特征显然是平衡的。

定理二,如果条件独立假设依旧成立,那么潜在结果在倾向得分的条件下也将独立于干预状态。也就是说,只要向量 X 包含满足 CIA 的所有相关信息,那么倾向得分的条件作用也就等价于向量 X 中所有变量的条件作用。

所以,PSM 的 $\text{ATT}(x)$ 的表达式为:

$$\begin{aligned}
\text{ATT} &= E\{Y(1) \mid D=1, X=x\} - E\{Y(0) \mid D=1, X=x\} \\
&= E\{Y(1) \mid D=1, X=x\} - E\{Y(0) \mid D=0, X=x\} \\
&= E\{Y(1) \mid D=1, p(X)\} - E\{Y(0) \mid D=0, p(X)\}
\end{aligned}$$

为了估计 ATT,需对 $p(X)$ 在干预上的条件作用的分布取平均:

$$\begin{aligned}
\text{ATT} &= E\{Y(1) \mid D=1\} - E\{Y(0) \mid D=1\} \\
&= E_{p(x) \mid D=1}\{E\{Y(1) \mid D=1, p(X)\} \mid E\{Y(0) \mid D=0, p(X)\}\}
\end{aligned}$$

6.7.3　PSM 的步骤

(1) 计算倾向值:采用 Logistic 回归。

(2) 进行得分匹配,有以下几种方法:

① 最邻近匹配(nearest neighbor matching, NNM)以倾向得分为依据,在控制组样本中向前或向后寻找最接近干预组样本得分的对象,并形成配对。

② 半径匹配(radius matching)

设定一个常数 r(可理解为区间或范围,一般设定为小于倾向得分标准差的 1/4),将实验组中得分值与控制组得分值的差异在 r 内的进行配对。

③ 核匹配(kernel matching)

将干预组样本与由控制组所有样本计算出的一个估计效果进行配对,其中估计效果由实验组个体得分值与控制组所有样本得分值加权平均获得,而权数则由核函数计算得出。

(3) 评定匹配后的平衡性。

(4) 计算平均干预效果(ATT)。

(5) 进行敏感性分析。

6.7.4　适用情形

倾向评分匹配法适用于两类情形。第一,在观察研究中,对照组与实验组中可直接比较的个体数量很少。在这种情形下,实验组和对照组的交集很小,比如治疗组健康状况最好的 10% 人群与非治疗组健康状况最差的 10% 人群是相似的,如果将这两个重合的子集进行比较,就会得出非常偏倚的结论。第二,由于衡量个体特征的参数很多,所以想从对照组中选出一个跟实验组在各项参数上都相同或相近的子集作对比变得非常困难。在一般的匹配方法中,我们只需要控制一两个变量(如年龄、性别等)即可,就可以很容易从对照组中选出一个拥有相同特征的子集,以便与实验组进行对比。但是在某型情形下,衡量个体特征的变量会非常多,这时想选出一个理想的子集变得非常困难。经常出现的情形是,控制了某些变量,但是在其他变量上差异很大,以至于无法将实验组和对照组进行比较。

倾向评分匹配通过使用逻辑回归模型来决定评分。

6.7.5　PSM 的 Python 实现方式

本节结合 Python 具体介绍 PSM 的实现方式,本节介绍的 Python 实现方式基于 Python 3. X。

（1）数据预处理

```
#引用包
import warnings warnings.filterwarnings('ignore')
import pandas as pd
import numpy as np
% matplotlib inline
import os
from scipy import stats
import matplotlib.pyplot as plt
import patsy
import sys
from statsmodels.genmod.generalized_linear_model import GLM
import statsmodels.api as sm import seaborn as sns
```

（2）读数据

```
path = os.getcwd()                    #获取当前的路径
file = path + "/data.txt"    #写具体的引用文件名,该文件数据包括所有的 X 变量和 Y 变量(0,1)
df = pd.read_csv(file,sep = '\t')    #结合具体文件类型,若为 txt 文件则用 read_csv, excel 则用
read_excel
```

（3）确定变量

```
X_field = ['X1','X2','X3','X4','X5','X6']
Y_field = ['Y']
field = X_field + Y_field
```

（4）数据清洗,分辨出实验集和预选对照集

```
data = df[field]
data = data.dropna()                    #去除任何包含无效数据的行
treated = data[data['Y'] == 1]
control = data[data['Y'] == 0]
treated[field].describe().round(2)        #PSM 前对照组和实验组的差异
control[field].describe().round(2)
```

（5）根据数据量的大小,选择 PSM 的实验组数据和对照组预选数据
（在此以文件量较大的情况来进行进一步筛选）

```
data.groupby(Y_field).size()            #原数据样本量大小
treated_sample = treated.sample(10000,axis = 0)[field].reset_index(drop = True)    #实验组
control_sample = control.sample(100000,axis = 0)[field].reset_index(drop = True) #对照组,
数据量必须大于实验组数据量
```

(6) 6.7.3 的步骤 1,计算逻辑回归方程

```
data_p = control_sample.append(treated_sample).reset_index(drop = True)    # 两个筛选的数据
集为回归基础数据
y_f, x_f = patsy.dmatrices('{} ~ {}'.format(Y_field[0], ' + '.join(X_field)), data = data_p,
return_type = 'dataframe')
formula = '{} ~ {}'.format(Y_field[0], ' + '.join(X_field))
print('Formula:\n' + formula)
print('n majority:', len(control_sample))
print('n minority:', len(treated_sample))                                  # 确定回归方程
i = 0
nmodels = 50   可指定回归模型个数
errors = 0
model_accuracy = []
models = []
while i < nmodels and errors < 5:
    sys.stdout.write('\r{}: {}\{}'.format("Fitting Models on Balanced Samples", i, nmodels))
                                                                           # 第几个模型
    control_sample.sample(len(treated_sample)).append(treated_sample).dropna()  # 模型选择
相同的对照组和控制组样本
    y_samp, X_samp = patsy.dmatrices(formula, data = df, return_type = 'dataframe')  # 选出模
型的自变量和因变量
    glm = GLM(y_samp, X_samp, family = sm.families.Binomial())          # 逻辑回归模型
    try:
        res = glm.fit()
        preds = [1.0 if i >= .5 else 0.0 for i in res.predict(X_samp)]
        preds = pd.DataFrame(preds)
        preds.columns = y_samp.columns
        b = y_samp.reset_index(drop = True)
        a = preds.reset_index(drop = True)
        ab_score = ((a.sort_index().sort_index(axis = 1) == b.sort_index().sort_index
(axis = 1)).sum() * 1.0 / len(y_samp)).values[0]               # 模型预测准确性得分
        model_accuracy.append(ab_score)
        models.append(res) i += 1
    except Exception as e:
        errors += 1
        print('Error: {}'.format(e))

print("\nAverage Accuracy:", "{}%".format(round(np.mean(model_accuracy) * 100, 2)))
                                                                           # 所有模型的平均准确性
```

(7) 6.7.3 的步骤 2,为实验组,即 treated_sample,在对照组池,即 control_group 中找
与预测值相似的行作为对照组(采用临近匹配法)

```
threshold = 0.001
method = 'min'
nmatches = 1
test_scores = data_p[data_p[Y_field[0]] == True][['scores']]
ctrl_scores = data_p[data_p[Y_field[0]] == False][['scores']]
result, match_ids = [], []
for i in range(len(test_scores)):
```

```
    match_id = i
    score = test_scores.iloc[i]
    matches = abs(ctrl_scores - score).sort_values('scores').head(nmatches)
    chosen = np.random.choice(matches.index, nmatches, replace = False)     result.extend
([test_scores.index[i]] + list(chosen))
    match_ids.extend([i] * (len(chosen) + 1))
    ctrl_scores = ctrl_scores.drop(chosen,axis = 0)
matched_data = data_p.loc[result]
matched_data['match_id'] = match_ids
matched_data['record_id'] = matched_data.index
```

练　习　题

1. 在某种钢材的试验中,研究了延伸率 $Y(\%)$ 与含碳量 X_1(单位 0.01%)及回火温度 X_2 之间的关系,表 6-3 给出了 15 批生产试验数据。

(1) 求延伸率与含碳量、回火温度之间的二元线性回归方程,并分析软件运行输出结果。

(2) 要求以 90% 的把握将该钢材的延伸率控制在 15% 以上,问当含碳量为 60(单位 0.01%)时,应将回火温度控制在哪一范围内?

表 6-3　延伸率 $Y(\%)$ 与含碳量 X_1(单位 0.01%)及回火温度 X_2 数据

$Y_i(\%)$	19.25	17.50	18.25	16.25	17.00	16.75	17.00	16.75
$X_{i1}(0.01\%)$	57	64	69	58	58	58	58	58
$X_{i2}(C)$	535	535	535	460	460	460	490	490
$Y_i(\%)$	17.25	16.75	14.75	12.00	17.75	17.75	15.50	
$X_{i1}(0.01\%)$	58	57	64	69	59	64	69	
$X_{i2}(C)$	490	460	435	460	490	467	490	

2. 一般认为,一个地区的农业总产值与该地区的农业劳动力、灌溉面积、施用化肥量、农户固定资产已经农业机械化水平诸因素有很大关系。表 6-4 给出了 1985 年我国北方地区 12 个省市的农业总产值与农业劳动力、灌溉面积、化肥用量、户均固定资产、农机动力的调查数据。

表 6-4　我国北方地区农业投入和产出数据

地　　区	农业总产值/亿元	农业劳动力/万人	灌溉面积/万公顷	化肥用量/万吨	户均固定资产/元	农机动力/万马力
北京	19.61	90.1	33.84	7.5	394.30	435.3
天津	14.40	95.2	34.95	3.9	567.50	450.7
河北	149.90	1639.0	357.26	92.4	706.89	2712.6
山西	55.07	562.6	107.90	31.4	856.37	1118.5
内蒙古	60.85	462.9	96.49	15.4	1282.81	641.7
辽宁	87.48	588.9	72.40	61.6	844.74	1129.6
吉林	73.81	399.7	69.63	36.9	2576.81	647.6
黑龙江	104.51	425.3	67.95	25.8	1237.16	1305.8

续表

地　　区	农业总产值/亿元	农业劳动力/万人	灌溉面积/万公顷	化肥用量/万吨	户均固定资产/元	农机动力/万马力
山东	276.55	2365.6	456.55	152.3	5812.02	3127.9
河南	200.02	2557.5	318.99	127.9	754.78	2134.5
陕西	68.18	884.2	117.90	36.1	607.41	764.0
新疆	49.12	256.1	260.46	15.1	1143.67	523.3

(1) 建立 1985 年我国北方地区的农业产出线性回归模型,并剔除不显著的变量。

(2) 试解释说明你的分析结论。

3. 某地区城镇居民人均全年耐用消费品支出、人均年可支配收入及耐用消费品价格指数的统计资料如表 6-5 所示。

表 6-5　某地区城镇居民人均耐用消费品支出、人均年可支配收入及耐用消费品价格指数

年　　份	人均耐用消费品支出 Y(元)	人均年可支配收入 X_1(元)	耐用消费品价格指数 X_2(1990 年=100)
1991	137.16	1181.4	115.96
1992	124.56	1375.7	133.35
1993	107.91	1501.2	128.21
1994	102.96	1700.6	124.85
1995	125.24	2026.6	122.49
1996	162.45	2577.4	129.86
1997	217.43	3496.2	139.52
1998	253.42	4283.0	140.44
1999	251.07	4838.9	139.12
2000	285.85	5160.3	133.35
2001	327.26	5425.1	126.39

利用表 6-5 中数据,建立该地区城镇居民人均全年耐用消费品支出关于人均年可支配收入和耐用消费品价格指数的回归模型,进行回归分析,并检验人均年可支配收入及耐用消费品价格指数对城镇居民人均全年耐用消费品支出是否有显著影响。

4. 表 6-6 给出的是 1960—1982 年间 7 个 OECD 国家的能源需求指数(Y)、实际 GDP 指数(X_1)、能源价格指数(X_2)的数据,所有指数均以 1970 年为基准(1970=100)。

表 6-6　7 个 OECD 国家的能源需求指数、实际 GDP 指数、能源价格指数数据

年　　份	能源需求指数 Y	实际 GDP 指数 X_1	能源价格指数 X_2
1960	54.1	54.1	111.9
1961	55.4	56.4	112.4
1962	58.5	59.4	111.1
1963	61.7	62.1	110.2
1964	63.6	65.9	109.0
1965	66.8	69.5	108.3
1966	70.3	73.2	105.3

续表

年　份	能源需求指数 Y	实际 GDP 指数 X_1	能源价格指数 X_2
1967	73.5	75.7	105.4
1968	78.3	79.9	104.3
1969	83.3	83.8	101.7
1970	88.9	86.2	97.7
1971	91.8	89.8	100.3
1972	97.2	94.3	98.6
1973	100.0	100.0	100.0
1974	97.3	101.4	120.1
1975	93.5	100.5	131.0
1976	99.1	105.3	129.6
1977	100.9	109.9	137.7
1978	103.9	114.4	133.7
1979	106.9	118.3	144.5
1980	101.2	119.6	179.0
1981	98.1	121.1	189.4
1982	95.6	120.6	190.9

(1) 建立能源需求与收入和价格之间的对数需求函数 $\ln Y_t = \beta_0 + \beta_1 \ln X1_t + \beta_2 \ln X2_t + \mu_t$, 解释各回归系数的意义, 用 P 值检验所估计回归系数是否显著;

(2) 再建立能源需求与收入和价格之间的线性回归模型 $Y_t = \beta_0 + \beta_1 X1_t + \beta_2 X2_t + u$, 解释各回归系数的意义, 用 P 值检验所估计回归系数是否显著;

(3) 比较所建立的两个模型, 如果两个模型结论不同, 你将选择哪个模型, 为什么?

第7章　多重共线性及其 Python 应用

7.1　多重共线性的概念

所谓多重共线性,是指线性回归模型中的若干解释变量或全部解释变量的样本观测值之间具有某种线性关系。

对多元线性回归模型

$$y_i = \beta_0 + \beta_1 x_{i1} + \beta_2 x_{i2} + \cdots + \beta_p x_{ip} + \varepsilon_i, \quad i = 1, 2, \cdots, N$$

即

$$\boldsymbol{Y} = \boldsymbol{X}\boldsymbol{\beta} + \boldsymbol{\varepsilon}$$

其参数$\boldsymbol{\beta}$的最小二乘法估计为

$$\hat{\boldsymbol{\beta}} = (\boldsymbol{X}^{\mathrm{T}}\boldsymbol{X})^{-1}\boldsymbol{X}^{\mathrm{T}}\boldsymbol{Y} \tag{1}$$

(1)式要求解释变量的观察值矩阵 $\boldsymbol{X} = \begin{bmatrix} 1 & x_{11} & x_{12} & \cdots & x_{1p} \\ 1 & x_{21} & x_{22} & \cdots & x_{3p} \\ \cdots & \cdots & \cdots & \cdots & \cdots \\ 1 & x_{N1} & x_{N2} & \cdots & x_{Np} \end{bmatrix}$,其中 $N \geqslant P+1$

必须是满秩的,即要求

$$\mathrm{rank}(\boldsymbol{X}) = p + 1 \tag{2}$$

也即要求 X 的 $p+1$ 个列向量是线性无关的。

7.1.1　完全多种共线性

若 $\mathrm{rank}(X) < p+1$,即 p 个解释变量的观察值数据之间存在线性关系,就称为完全多重共线性。此时,$\mathrm{rank}(\boldsymbol{X}^{\mathrm{T}}\boldsymbol{X}) < p+1$,$\boldsymbol{X}^{\mathrm{T}}\boldsymbol{X}$ 是奇异矩阵,不存在逆矩阵$(\boldsymbol{X}^{\mathrm{T}}\boldsymbol{X})^{-1}$,也就是无法由(1)式求得 β 的最小二乘法估计$\hat{\beta}$。完全多重共线性的情况在实际样本中是极为罕见的,因此不是本节讨论的重点。

7.1.2　不完全多重线性

在经济计量模型中,比较常见的是各解释变量存在近似的线性关系,即存在一组不全为 0 的常数 $\lambda_j, j = 0, 1, 2, \cdots, p$,使

$$\lambda_0 + \lambda_1 x_{i1} + \lambda_2 x_{i2} + \cdots + \lambda_p x_{ip} \approx 0, \quad i = 1, 2, \cdots, N \tag{3}$$

这种情况就称为不完全多重共线性。

完全多重共线性和不完全多重共线性统称为多重共线性。本节主要讨论不完全多重共线性。

7.2　多重共线性的后果

由式(1)知,当存在完全多重共线性时,是无法得到模型的参数估计的,自然也就无法得到所要的回归方程,但除非在建模时错误地将两个本质上完全相同的经济指标(价格不变条件下的销售量和销售额)同时引入模型,否则是不大可能出现完全多重共线性情况的。故以下仅讨论不完全多重共线性问题。当样本中的解释变量之间存在较高的线性相关时,就会产生如下严重后果。

(1) 参数 β 虽然是可估计的,但是它们的方差随各 x_j 间的线性相关程度的提高而迅速增大,使估计的精度大大降低。

(2) 参数的估计值 $\hat{\beta}$ 对样本数据非常敏感,所用的样本数据稍有变化,就可能引起 $\hat{\beta}$ 值的较大的变化,使得到的回归方程处于不稳定状态,也就失去了应用的价值。

(3) 当解释变量间存在较高的程度的线性相关时,必然导致存在不显著的回归系数,这就必须从模型中剔除某个或若干个解释变量。由于计量经济模型中的数据都是被动取得的,人们无法通过不同的试验条件加以控制,被剔除的变量很可能是某个较重要的经济变量,由此会引起模型的设定不当。

(4) 由于参数估计量的方差增大,使预测和控制的精度大大降低,失去应用价值。

7.3　产生多重共线性的原因

多重共线性是计量经济模型中比较普遍存在的问题,其产生的原因主要有以下几个方面。

(1) 各经济变量之间存在着相关性

在经济领域中,许多经济变量之间普遍存在着相关性,当同时以某些高度相关的经济变量作为模型的解释变量时,就会产生多重共线性问题。

例如,在研究企业生产函数模型时,资本投入量和劳动投入量是两个解释变量。通常在相同时期的同一行业中,规模大的企业其资本和劳动的投入都会较多,反之亦然,因此所取得的资本和劳动投入的样本数据就可能是高度线性相关的。特别是当样本数据所取自地区的经济发展水平大致相当时,这种情况就更为明显,由此可能产生严重的多重共线性。

又如,在研究农业生产函数时,建立了如下模型

$$Y = \beta_0 + \beta_1 X_1 + \beta_2 X_2 + \beta_3 X_3 + \beta_4 X_4 + \varepsilon$$

式中,Y 为产量;X_1 为种植面积;X_2 为肥料用量;X_3 为劳动力投入;X_4 为水利投入。

通常种植面积和肥料用量、劳动力投入之间存在较高的线性相关性。

(2) 某些经济变量存在着相同的变动趋势

在时间序列的计量经济模型中,作为解释变量的多个经济变量往往会存在同步增长或

同步下降的趋势。例如,在经济繁荣时,各种基本的经济变量,如收入、消费、储蓄、投资、物价、就业、对外贸易等都会呈现同步增长趋势;而在经济衰退期则又会几乎一致地放慢增长速度,于是这些变量在时间序列的样本数据中就会存在近似的比例关系。当模型中含有多个有相同变化趋势的解释变量时,就会产生多重共线性。

(3)模型中引入了滞后解释变量

在不少计量经济模型中,都需要引入滞后解释变量。例如,居民本期的消费不仅与本期的收入有关,而且和以前各期的收入有很大关系;又如经济的发展速度不仅与本期的投资有关,而且和前期的投资有很大关系。而同一经济变量前后期的数据之间往往是高度相关的,这也会使模型产生多重共线性问题。

7.4　多重共线性的识别和检验

对样本数据是否存在显著的多重共线性,通常可采用以下方法进行识别或检验。

7.4.1　使用简单相关系数进行判别

当模型中仅含有两个解释变量 X_1 和 X_2 时,可计算它们的简单相关系数,记为 r_{12}。

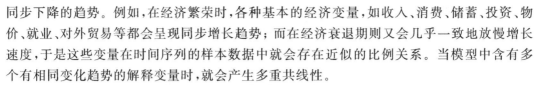

$$r_{12} = \frac{\sum (x_{i1} - \bar{x}_1)(x_{i2} - \bar{x}_2)}{\sqrt{\sum (x_{i1} - \bar{x}_1)^2} \sqrt{\sum (x_{i2} - \bar{x}_2)^2}}$$

其中,N 为样本容量,$\bar{x}_1$,$\bar{x}_2$ 分别为 X_1 和 X_2 的样本均值。简单相关系数 $|r|$,反映了两个变量之间的线性相关程度。$|r|$ 越接近 1,说明两个变量之间的线性相关程度越高,因此可以用来判别是否存在多重共线性。但这一方法有很大的局限性,原因如下:

(1)很难根据 r 的大小来判定两个变量之间的线性相关程度到底有多高。因为它还和样本容量 N 有关。不难验证,当 $N=2$ 时,总有 $|r|=1$,但这并不能说明两个变量是完全线性相关的。

(2)当模型中有多个解释变量时,即使所有两两解释变量之间的简单相关系数 $|r|$ 都不大,也不能说明解释变量之间不存在多重共线性。这是因为多重共线性并不仅仅表现为解释变量两两间的线性相关性,还包括多个解释变量之间的线性相关,见式(3)。

7.4.2　回归检验法

我们知道,线性回归模型是用来描述变量之间的线性相关关系的,因此可以通过分别以某一解释变量 X_k 对其他解释变量进行线性回归,来检验解释变量之间是否存在多重共线性,也即可以建立如下 p 个 $p-1$ 元的线性回归模型:

$$X_k = b_{0k} + \sum_{j \neq k} b_{jk} X_j + \varepsilon_k, \quad k = 1, 2, \cdots, p \tag{4}$$

并分别对这 p 个回归模型进行逐步回归,若存在显著的回归方程,则说明存在多重共线性。如果有多个显著的回归方程,则取临界显著性水平最高的回归方程,该回归方程就反映了解释变量之间线性相关的具体形式。如果所有回归方程都不显著,则说明不存在多重共线性。

由此可见,如果存在多重共线性,回归检验法还可以确定究竟是哪些变量引起了多重共线性,这对消除多重共线性的影响是有用的。

7.4.3　通过对原模型回归系数的检验来判定

其实,最简单的方法是通过对原模型回归系数的检验结果来判定是否存在多重共线性。如果回归方程检验是高度显著的,但各回归系数检验时 t 统计量的值都偏小,且存在不显著的变量,而且当剔除了某个或若干不显著变量后其他回归系数的 t 统计量的值有很大的提高,就可以判定存在多重共线性。这是由于当某些解释变量之间高度线性相关时,其中某个解释变量就可以由其他解释变量近似线性表示。剔除该变量后,该变量在回归中的作用就转移到与它线性相关的其他解释变量上,因此会引起其他解释变量的显著性水平明显提高。但如果在剔除不显著的变量后对其余解释变量回归系数的 t 统计量并无明显影响,则并不能说明原模型中存在多重共线性问题。此时说明被剔除的解释变量与被解释变量之间并无线性关系。

如果经检验所有回归系数都是显著的,则可以判定不存在多重共线性问题。

7.4.4　使用方差膨胀因子的大小来判定

方差膨胀因子 VIF 是指回归系数的估计量由于自变量共线性使得方差增加的一个相对度量。对第 j 个回归系数($j=1,2,\cdots,m$),它的方差膨胀因子定义为

$$\text{VIF}_j = 第 j 个回归系数的方差 / 自变量不相关时第 j 个回归系数的方差$$

$$= \frac{1}{1-R_j^2} = \frac{1}{\text{TOL}_j}$$

其中 $1-R_j^2$ 是自变量 x_j 对模型中其余自变量线性回归模型的 R 平方,VIF_j 的倒数 TOL_j 也称容限。

一般来讲,若 $\text{VIF}_j > 10$,表明模型中有很强的共线性问题。

7.5　消除多重共线性的方法

通常可以采用以下方法消除多重共线性问题。

7.5.1　剔除引起多重共线性的解释变量

由前述判定是否存在多重共线性的第 3 种方法可知,当存在多重共线性时,最简单的方法就是从模型中剔除不显著的变量,也可以采用逐步回归方法直接得到无多重共线性的回归方程。但注意采用此方法时应注意结合有关经济理论知识和分析问题的实际经济背景慎重进行。因为有时产生多重共线性的原因是样本数据的来源存在一定问题,而在许多计量经济模型中,人们往往只能被动地获得已有的数据。如果处理不当,就有可能从模型中剔除了对被解释变量有重要影响的经济变量,从而会引起更为严重的模型设定错误,故应注意从模型中剔除的应当是意义相对次要的经济变量。

7.5.2　利用解释变量之间存在的某种关系

有时候,根据经济理论、统计资料或经验,已经掌握了解释变量之间的某种关系,这些关系如能在模型中加以利用就有可能消除多重共线性的影响。

例如,对生产函数模型

$$Y = AK^{\alpha}L^{\beta}e^{\varepsilon} \tag{5}$$

式中,Y 为产量;K 为资本;L 为劳动。

将其线性化后为

$$\ln Y = \ln A + \alpha \ln K + \beta \ln L + \varepsilon \tag{6}$$

前面已经分析过,通常和劳动之间是高度线性相关的,因此 $\ln K$ 和 $\ln L$ 也会存在线性相关性,因此模型(6)就可能存在多重共线性。为解决这一问题,可利用经济学中关于规模报酬不变的假定,即

$$\alpha + \beta = 1 \tag{7}$$

将它代入(6)中,得到

$$\ln Y = \ln A + \alpha \ln K + (1-\alpha)\ln L + \varepsilon$$

经过整理后,可得到

$$\ln \frac{Y}{L} = \ln A + \alpha \ln \frac{K}{L} + \varepsilon \tag{8}$$

令 $Y^* = \ln \dfrac{Y}{L}$,$X^* = \ln \dfrac{K}{L}$,$\alpha_0 = \ln A$,则可以得到无多重共线性的一元线性回归模型

$$Y^* = \alpha_0 + \alpha_1 X^* + \varepsilon \tag{9}$$

显然,以上变换后并没有丢失 K 和 L 的信息。利用 OLS(普通最小二乘法)估计出 $\hat{\alpha}_0$ 和 $\hat{\alpha}$ 后,可由 $\hat{\beta} = 1 - \hat{\alpha}$ 得到原模型的 $\hat{\beta}$。

7.5.3　改变模型的形式

当回归方程主要是用于预测和控制,而并不侧重于分析每一解释变量对被解释变量的影响程度时,可通过适当改变模型的分析方式,以消除多重共线性。

例如,设某商品的需求模型为

$$Y = \beta_0 + \beta_1 X_1 + \alpha_1 Z_1 + \alpha_2 Z_2 + \varepsilon \tag{10}$$

式中,Y 为需求量;X_1 为居民家庭收入水平;Z_1 为该商品价格;Z_2 为替代商品价格。则在 Z_1 和 Z_2 具有大约相同变化比例的条件下,模型(10)就可能存在多重共线性。但实际应用中人们显然更重视两种商品的价格比,因此可令

$$X_Z = Z_1/Z_2 \tag{11}$$

从而可将上述需求模型改变为

$$Y = \beta_0 + \beta_1 X_1 + \beta_2 X_2 + \varepsilon \tag{12}$$

这就避免了原来模型中的多重共线性。

又如,设有如下消费模型

$$y_t = \beta_0 + \beta_1 x_t + \beta_2 x_{t-1} + \varepsilon_t \tag{13}$$

式中,σ 为 t 期的消费支出;σ 为 t 期的收入;x_{t-1} 为 $t-1$ 期的收入。

显然前后期的收入之间是高度相关的,因此模型(13)能存在多重共线性。但是如果我们关心的主要不是前期收入对本期消费支出的影响,而主要是研究收入的增减变化对消费支出的影响,则可令 $\Delta x_t = x_t - x_{t-1}$,原模型就变为如下形式:

$$y_t = b_0 + b_1 x_t + b_2 \Delta x_t + \varepsilon_t \tag{14}$$

通常情况下，x_t 与 Δx_t 之间的相关程度要远低于 x_t 和 x_{t-1} 之间的相关程度。因此模型(14)基本上可消除多重共线性问题。此外，模型(13)与(14)的参数之间还有如下关系：

$$\beta_1 = b_1 + b_2, \quad \beta_2 = -b_2, \quad \beta_0 = b_0$$

因此求得(14)式的参数估计后，也就得到模型(13)式的参数估计。

再如，设时间序列的计量经济模型为

$$y_t = \beta_0 + \beta_1 x_{t1} + \beta_2 x_{t2} + \varepsilon_t \tag{15}$$

设 X_1 和 X_2 是高度线性相关的，由(15)式，有

$$y_{t-1} = \beta_0 + \beta_1 x_{t-1,1} + \beta_2 x_{t-1,2} + \varepsilon_{t-1} \tag{16}$$

将(16)式减去(15)式，得

$$y_t - y_{t-1} = \beta_1 (x_{t1} - x_{t-1,1}) + \beta_2 (x_{t2} - x_{t-1,2}) + \varepsilon_t - \varepsilon_{t-1}$$

作如下差分变换，令

$$\begin{cases} y_t^* = y_t - y_{t-1} \\ x_{t1}^* = x_{t1} - x_{t-1,1} \\ x_{t2}^* = x_{t2} - x_{t-1,2} \\ V_t = \varepsilon_t - \varepsilon_{t-1} \end{cases} \tag{17}$$

则可得原模型的差分模型

$$y_t^* = \beta_1 x_{t1}^* + \beta_2 x_{t2}^* + V_t, \quad t = 1, 2, \cdots, N \tag{18}$$

通常，经差分变换后数据的相关程度较低，有可能消除多重共线性。但需要指出的是，经过上述变换后，(18)式中的随机误差序列 V_t 可能会产生自相关性。然而，当 ε_t 本身是一阶高度正相关时，即

$$\varepsilon_t = \rho \varepsilon_{t-1} + V_t$$

且 $\rho \approx 1$，则

$$\varepsilon_t - \varepsilon_{t-1} \approx V_t$$

反而比较好地消除了自相关性。

7.5.4　增加样本容量

我们在前面的分析中已经指出，计量经济模型中存在的共线性现象有可能是因样本数据来源存在一定的局限性，如果能增加样本容量，则就有可能降低甚至消除多重共线性问题。数理统计理论告诉我们，样本容量越大，则参数估计的方差就越小，多重共线性的不良后果都是因参数估计的方差增大所致。因此可以说增加样本容量是解决多重共线性问题的最佳途径。但由于计量经济模型中的许多数据的来源受到很大限制，因此要增加样本容量是有一定难度的。

7.6　多重共线性诊断的 Python 应用

［例 7-1］　企业在技术创新过程中，新产品的利润往往受到开发人力、开发财力和以往的技术水平的影响，我们历年专利申请量累计作为技术水平，各项指标的数据如表 7-1 所示。试对自变量的共线性进行诊断。

表 7-1　各项指标的数据

利润 run/万元	开发人力 z_1/人	专利申请 z_2/件	开发财力 z_3/万元
1178	47	230	49
902	31	164	38
849	24	102	67
386	10	50	38
2024	74	365	63
1566	70	321	129
1756	65	407	72
1287	50	265	96
917	43	221	102
1400	61	327	268
978	39	191	41
749	26	136	32
705	20	85	56
320	8	42	32
1680	61	303	52
1300	58	266	107
1457	54	338	60
1068	42	220	80
761	36	183	85
1162	51	271	222

在目录 F:\2glkx\data1 下建立 al7-1. xls 数据文件后,使用的命令如下:

```
import pandas as pd
import numpy as np
# 读取数据并创建数据表,名称为 data.
data = pd.DataFrame()
data = pd.DataFrame(pd.read_excel('F:\\2glkx\\data1\\al7 - 1.xls'))
# 查看数据表前 5 行的内容
data.head()
    run   z1   z2   z3
0   1178  47   230  49
1   902   31   164  38
2   849   24   102  67
3   386   10   50   38
4   2024  74   365  63
```

下面计算相关系数矩阵。

```
vars = ['run','z1','z2','z3']
df = data[vars]
df.corr()
```

```
          run       z1        z2        z3
run   1.000000  0.959255  0.946914  0.291139
z1    0.959255  1.000000  0.968524  0.449026
z2    0.946914  0.968524  1.000000  0.429102
z3    0.291139  0.449026  0.429102  1.000000
```

从上面的数相关系数矩阵可见,存在多重共线性。

下面进行回归分析。

在 data 数据表中,我们将 z_1, z_2, z_3 设置为自变量 X,将 run 设置为因变量 y。

下面生成设计矩阵。由于要建立的模型是 $y = BX$,因此需要分别求得 y 和 X 矩阵,而 dmatrices 就是做这个的,命令如下:

```
from patsy import dmatrices
y, X = dmatrices('run~z1 + z2 + z3', data = df, return_type = 'dataframe')
print (y.head())
print (X.head())
```

得到如下结果:

```
     run
0  1178.0
1   902.0
2   849.0
3   386.0
4  2024.0
   Intercept   z1     z2    z3
0        1.0  47.0  230.0  49.0
1        1.0  31.0  164.0  38.0
2        1.0  24.0  102.0  67.0
3        1.0  10.0   50.0  38.0
4        1.0  74.0  365.0  63.0
```

下面用 OLS 作普通最小二乘,fit 方法对回归方程进行估计,summary 保存计算的结果。

```
from pandas.core import datetools
import statsmodels.api as sm
model = sm.OLS(y, X)
fit = model.fit()
print (fit.summary())
```

得到如下结果:

```
                        OLS Regression Results
==============================================================================
Dep. Variable:              run   R - squared:                     0.949
Model:                      OLS   Adj. R - squared:                0.940
Method:           Least Squares   F - statistic:                   99.56
Date:          Thu, 26 Sep 2019   Prob (F - statistic):         1.46e - 10
```

Time:			15:34:37	Log-Likelihood:		-120.12
No. Observations:			20	AIC:		248.2
Df Residuals:			16	BIC:		252.2
Df Model:			3			
Covariance Type:			nonrobust			

	coef	std err	t	P>|t|	[0.025	0.975]
Intercept	185.3854	63.250	2.931	0.010	51.302	319.469
z1	18.0136	5.333	3.377	0.004	6.707	29.320
z2	1.1559	0.963	1.201	0.247	-0.885	3.197
z3	-1.2557	0.458	-2.739	0.015	-2.228	-0.284

Omnibus:		0.126	Durbin-Watson:	2.447
Prob(Omnibus):		0.939	Jarque-Bera (JB):	0.241
Skew:		0.158	Prob(JB):	0.887
Kurtosis:		2.565	Cond. No.	687.

从上可见,在 0.05 的水平下,仅有变量 z2 的系数是不显著的,其他变量的系数都是显著的。

下面看一下 z_1,z_2,z_3 的方差膨胀因子,Python 代码如下:

```python
## 计算 z1 方差膨胀因子
y,X = dmatrices('z1~z2 + z3',data = df,return_type = 'dataframe')
model = sm.OLS(y, X)
fit1 = model.fit()
vif1 = (1 - fit1.rsquared) ** (-1)
## 计算 z2 方差膨胀因子
y,X = dmatrices('z2~z1 + z3',data = df,return_type = 'dataframe')
model = sm.OLS(y, X)
fit2 = model.fit()
vif2 = (1 - fit2.rsquared) ** (-1)
## 计算 z3 方差膨胀因子
y,X = dmatrices('z3~z1 + z2',data = df,return_type = 'dataframe')
model = sm.OLS(y, X)
fit3 = model.fit()
vif3 = (1 - fit3.rsquared) ** (-1)
## 输出 z1,z2,z3 方差膨胀因子
print (vif1,vif2,vif3)
```

得到 z_1,z_2,z_3 膨胀因子结果如下:

```
16.5039264653  16.1500076459  1.25339314669
```

从上面输出结果可见 z_1、z_2 方差膨胀因子分别为 16.5039264653、16.1500076459,所以模型存在严重的多重共线性。

7.7 多重共线性消除的 Python 应用

从前面的相关系数矩阵可以看到,企业利润 run 和 z_1, z_2 多个变量之间存在着较强的相关性,而 z_1 和 z_2 的相关系数则达到了 0.968524,这一点违背了多元回归其中的一个假设:自变量之间无共线性。自变量共线性会导致我们的结果不能反映真实情况。这也是在我们上面的回归分析模型中 z_2 的系数不显著的原因。所以,我们剔除 z_2 这个变量,重新进行回归分析,为此执行如下命令:

```
y, X = dmatrices('run~z1 + z3', data = df, return_type = 'dataframe')
model = sm.OLS(y, X)
fit4 = model.fit()
print (fit4.summary())
```

得到如下结果:

```
                         OLS Regression Results
==============================================================================
Dep. Variable:                    run   R - squared:                    0.945
Model:                            OLS   Adj. R - squared:               0.938
Method:                 Least Squares   F - statistic:                  144.9
Date:                Thu, 26 Sep 2019   Prob (F - statistic):        2.10e - 11
Time:                        15:35:36   Log - Likelihood:             - 120.98
No. Observations:                  20   AIC:                            248.0
Df Residuals:                      17   BIC:                            251.0
Df Model:                           2
Covariance Type:            nonrobust
==============================================================================
                 coef    std err          t      P>|t|      [0.025      0.975]
------------------------------------------------------------------------------
Intercept    178.1580     63.775      2.794      0.012      43.605     312.711
z1            24.1689      1.488     16.240      0.000      21.029      27.309
z3           - 1.2700      0.464     - 2.736      0.014     - 2.249     - 0.291
==============================================================================
Omnibus:                        1.335   Durbin - Watson:                 2.701
Prob(Omnibus):                  0.513   Jarque - Bera (JB):             0.975
Skew:                          - 0.255   Prob(JB):                      0.614
Kurtosis:                       2.046   Cond. No.                       286.
==============================================================================
```

从上面的结果说明如下关系式成立:

$$run = 178.1580 + 24.1689z1 - 1.2700z3$$

下面计算 z_1, z_3 的方差膨胀因子,Python 代码如下:

```
y, X = dmatrices('z1~z3', data = df, return_type = 'dataframe')
model = sm.OLS(y, X)
fit1 = model.fit()
vif1 = (1 - fit1.rsquared) ** ( - 1)
```

```
y,X = dmatrices('z3~z1',data = df,return_type = 'dataframe')
model = sm.OLS(y, X)
fit3 = model.fit()
vif3 = (1 - fit3.rsquared) ** (-1)
print (vif1,vif3)
```

得到如下 z_1, z_3 的方差膨胀因子结果：

1.25254357511　1.25254357511

两个变量的方差膨胀因子都小于 10。因此，消除了多重共线性的影响。

练 习 题

1. 根据分析，我国在计划经济时代的钢材产量 Y 主要与以下各因素有关：原油产量 X_1，生铁产量 X_2，原煤产量 X_3，电力产量 X_4，固定资产投资 X_5，国民收入消费额 X_6，铁路运输量 X_7。按表 7-2 所给资料，用 E-Views 软件对以下钢材产量的回归模型

$$Y = \beta_0 + \beta_1 X_1 + \beta_2 X_2 + \beta_3 X_3 + \beta_4 X_4 + \beta_5 X_5 + \beta_6 X_6 + \beta_7 X_7 + \varepsilon$$

进行分析：

(1) 对回归模型进行参数估计，并由运行结果判断是否存在多重共线性。

(2) 采用逐步回归方法，求出关于钢材产量的最优回归方程。

表 7-2　我国计划经济时代钢材产量与相关变量数据

年份	钢材/万吨	原油/万吨	生铁/万吨	原煤/亿吨	电力/亿千瓦	固定资产投资/亿元	国民收入消费/亿元	铁路运输/亿吨公里
1975	1622	7706	2449	4.82	1958	544.94	2541	88955
1976	1466	8716	2233	4.83	2031	523.94	2424	84066
1977	1633	9364	2505	5.50	2234	548.30	2573	95309
1978	2208	10405	3479	6.18	2566	668.72	2975	110119
1979	2497	10615	3673	6.35	2820	699.36	3356	111893
1980	2716	10595	3802	6.20	3006	745.90	3696	111279
1981	2670	10122	3417	6.22	3093	667.51	3905	107673
1982	2920	10212	3551	6.66	3277	945.31	4290	113532
1983	3072	10607	3738	7.15	3514	951.96	4779	118784
1984	3372	11461	4001	7.89	3770	1185.18	5701	124074
1985	3793	12490	4384	8.72	4107	1680.51	7498	130708
1986	4058	13069	5064	8.94	4495	1978.50	8312	135636

2. 理论上认为影响能源消费需求总量的因素主要有经济发展水平、收入水平、产业发展、人民生活水平提高、能源转换技术等因素。为此，收集了中国能源消费总量 y、国内生产总值（GDP）X_1（代表经济发展水平）、国民总收入 X_2（代表收入水平）、工业增加值 X_3、建筑业增加值 X_4、交通运输邮电业增加值 X_5（代表产业发展水平及产业结构）、人均生活电力消费（千瓦小时）X_6（代表人民生活水平提高）、能源加工转换效率（%）X_7（代表能源转换技

术)在 1985—2002 年期间的统计数据,具体如表 7-3 所示。

表 7-3 统 计 数 据

年 份	能源消费 /万吨标准煤	GDP /亿元	国民总收入/亿元	工业增加值/亿元	建筑业增加值/亿元	交通运输邮电业增加值/亿元	人均生活电力消费/千瓦小时	能源加工转换效率/%
	y	X_1	X_2	X_3	X_4	X_5	X_6	X_7
1985	76682	8989.1	8964.4	3448.7	417.9	406.9	21.3	68.29
1986	80850	10201.4	10202.2	3967.0	525.7	475.6	23.2	68.32
1987	86632	11954.5	11962.5	4585.8	665.8	544.9	26.4	67.48
1988	92997	14922.3	14928.3	5777.2	810.0	661.0	31.2	66.54
1989	96934	16917.8	16909.2	6484.0	794.0	786.0	35.3	66.51
1990	98703	18598.4	18547.9	6858.0	859.4	1147.5	42.4	67.2
1991	103783	21662.5	21617.8	8087.1	1015.1	1409.7	46.9	65.9
1992	109170	26651.9	26638.1	10284.5	1415.0	1681.8	54.6	66.0
1993	115993	34560.5	34634.4	14143.8	2284.7	2123.2	61.2	67.32
1994	122737	46670.0	46759.4	19359.6	3012.6	2685.9	72.7	65.2
1995	131176	57494.9	58478.1	24718.3	3819.6	3054.7	83.5	71.05
1996	138948	66850.5	67884.6	29082.6	4530.5	3494.0	93.1	71.5
1997	137798	73142.7	74462.6	32412.1	4810.6	3797.2	101.8	69.23
1998	132214	76967.2	78345.2	33387.9	5231.4	4121.3	106.6	69.44
1999	130119	80579.4	82067.5	35087.2	5470.6	4460.3	118.1	70.45
2000	130297	88254.0	89468.1	39047.3	5888.0	5408.6	132.4	70.96
2001	134914	95727.9	97314.8	42374.6	6375.4	5968.3	144.6	70.41
2002	148222	103935.3	105172.3	45975.2	7005.0	6420.3	156.3	69.78

要求:

(1) 建立对数线性多元回归模型;

(2) 如果决定用表中全部变量作为解释变量,你预料会遇到多重共线性的问题吗? 为什么?

(3) 如果有多重共线性,你准备怎样解决这个问题? 明确你的假设并说明全部计算。

第8章 异方差及其 Python 应用

8.1 异方差的概念

设线性回归模型为

$$y_i = \beta_0 + \beta_1 x_{i1} + \beta_2 x_{i2} + \cdots + \beta_p x_{ip} + \varepsilon_i, \quad i = 1, 2, \cdots, N$$

假定模型中的随机误差项序列满足

$$\varepsilon_i = N(0, \sigma^2), \quad \text{且相互独立}, i = 1, 2, \cdots, N$$

即要求各 ε_i 是同方差的。

例如,储蓄与收入的关系模型:$y_i = \beta_1 + \beta_2 x_i + \varepsilon_i$,其中 y_i 是储蓄,x_i 是收入。如图 8-1 所示。

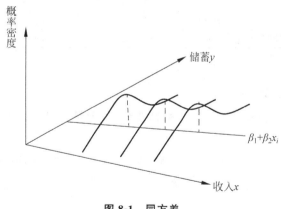

图 8-1 同方差

但在计量模型中经常会出现违背上述同方差假定的情况,即

$$\varepsilon_i = N(0, \sigma_i^2), \quad \text{且相互独立}, \quad i = 1, 2, \cdots, N$$

其中各 σ_i^2 不完全相同,此时就称为该回归模型具有异方差性。

如图 8-2 所示。

[**例 8-1**] 使用横截面资料(指同一时期)研究居民家庭的储蓄模型

$$y_i = \beta_0 + \beta_1 x_i + \varepsilon_i, \quad i = 1, 2, \cdots, N$$

其中,y_i 为第 i 个家庭的年储蓄额;x_i 为第 i 个家庭的年可支配收入;ε_i 为除收入外影响储蓄的其他因素,如家庭人口及其构成情况,消费观念和偏好,文化背景,过去的收入水平,对将来的收入预期和支出预期,社会的经济景气状况,存款利率,股市状况,社会保险和社会

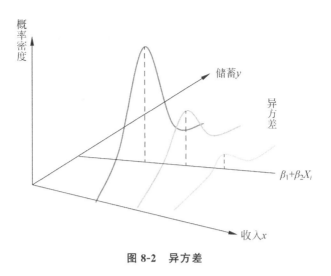

图 8-2 异方差

福利状况对储蓄的影响。

显然在这一模型中,关于随机误差项 ε_i 序列是同方差的假定无法满足的。这是因为对于高收入家庭而言,在满足基本生活费支出后,尚有很大剩余,因此在改善生活质量等有很大的可选择余地。其中有些家庭倾向于购置高档商品住宅、购买家庭轿车、购买高档家用电器和生活用品,以及出门旅游、上餐馆、玩保龄球、上舞厅、夜总会,听歌剧、音乐会等文化娱乐活动,也有的热衷于证券投资等。这些高收入家庭的储蓄额占其收入的比例就相对较低,甚至通过贷款途径达到超前消费。而另一些高收入家庭则或者由于工作繁忙,或者由于文化素质较高、生活上一贯俭朴等原因,因而很少涉足高消费领域,他们的储蓄额就必然较高。由此可见,对于收入越高的家庭,家庭储蓄之间的差异也就必然越大,反映在模型中就是 ε_i 的方差越大。而对于低收入家庭,其收入除去必要的生活费开支之外就所剩无几,为了预防或准备今后的特殊需要而参加储蓄,故储蓄较有规律,差异必然较小,也即 ε_i 的方差较小。

[例 8-2] 以某一时间截面上不同地区的数据为样本,研究某行业的产出随投入要素的变化关系,建立如下的生产函数模型

$$y_i = f(K_i, L_i) + \varepsilon_i, \quad i = 1, 2, \cdots, N$$

其中,ε_i 包含了除资本 K 与劳动 L 以外的其他因素对产出 y_i 的影响,如采用的技术水平、管理水平、创新能力、地理交通条件、市场信息、人才素质以及政府的政策因素等等。显然,对资本规模 K 大的企业,在采用的工艺装备水平、R&D(研究与开发)的投入及管理水平、营销网络等方面都会存在较大的差异。因而其产出也就必然存在较大的差异性,反映在模型中随机误差项 ε_i 的方差通常就会随 K_i 的增大而增加,产生异方差性。

[例 8-3] 在以分组的平均值作为各组的样本数据时,如果对不同的组别的抽样数 $n_i (i = 1, 2, \cdots, N)$ 不完全相同,则由于样本均值方差的性质可知,数据量多的组的平均值的方差就越小。设 y_{ij} 为第 i 组中抽取的第 j 个观察值,并设各 y_{ij} 是同方差的,即 $D(y_{ij}) = \sigma^2, i = 1, 2, \cdots, N, j = 1, 2, \cdots, n$,则 $D(\bar{y}_i) = D\left(\dfrac{1}{n}\sum_{i=1}^{n_i} y_{ij}\right) = \dfrac{\sigma^2}{n_i}$,故在以组内平均值作为样本数据时,如果各组所含观察值数量不相同,也会导致异方差性。

8.2 异方差产生的原因

了解异方差产生的原因，就可以在研究计量经济模型时，有针对性地对样本数据进行检验，发现存在异方差后，采取有效措施消除模型中的异方差，使模型的参数估计更精确，显著性检验结果更具有说服力，预测和控制分析更有使用价值。

异方差产生的原因主要有以下几项。

8.2.1 由问题的经济背景所产生的异方差

如前面的例 8-1 和例 8-2 所举的例子，就是产生异方差的最主要的原因。

8.2.2 由于模型中忽略了某些重要的解释变量

例如，假定实际问题的回归模型应当为

$$y_i = \beta_0 + \beta_1 x_{i1} + \cdots \beta_2 x_{i2} + \beta_3 x_{i3} + \varepsilon_i, \quad i = 1, 2, \cdots, N$$

但在建立模型时忽略了对 Y 有重要影响的解释变量 x_3，所建模型为

$$y_i = \beta_0 + \beta_1 x_{i1} + \beta_2 x_{i2} + \varepsilon_i, \quad i = 1, 2, \cdots, N$$

则随机误差项 ε_i 中就含有 x_3 的不同取值 x_{i3} 对 y_i 的影响部分，当对应于各样本数据中的 x_3 呈有规律的变化时，随机误差项 ε_i 也就会呈现相应的有规律性的变化，使 ε_i 出现异方差现象。

8.2.3 因模型的函数形式设定不当而产生的异方差

例如，假定两个变量之间正确的相关关系为指数函数形式，回归模型应设定为

$$y_i = \beta_0 e^{\beta_1 x_i} \varepsilon_i, \quad i = 1, 2, \cdots, N$$

但在建立模型时错误地将其设为线性模型

$$y_i = \beta_0 + \beta_1 x_i + \varepsilon_i, \quad i = 1, 2, \cdots, N$$

则用线性回归方程对样本数据进行拟合时将产生系统性偏差，从而导致异方差现象。

8.2.4 经济结构的变化所引起异方差性

由于经济结构的变化，使经济变量之间的关系在不同时期有较大差异。例如，设经济变量 y 和 x 在计划经济时期和市场经济时期的关系有所不同，应分别建立两个模型：

$$y_i = \beta_0^{(0)} + \beta_1^{(1)} x_t + \varepsilon_t^{(1)}, \quad 1 \leqslant t \leqslant t_0$$

$$y_i = \beta_0^{(2)} + \beta_1^{(2)} x_t + \varepsilon_t^{(2)}, \quad t_0 \leqslant t \leqslant T$$

即使两个模型中的随机误差项 $\varepsilon_t^{(1)}$ 和 $\varepsilon_t^{(2)}$ 是同方差的，但若将它们统一在一个模型中处理，也会引起异方差现象。

8.3 异方差的后果

当存在异方差时，如果仍使用普通最小二乘法（OLS）估计模型中的参数，将会引起以下后果。

8.3.1　参数的 OLS 估计不再具有最小方差性

由于在异方差条件下,OLS 不再具有最小方差性,因此也就不是参数 β 的优良估计。如果仍使用 OLS 进行参数估计,就将导致估计的误差增大。

8.3.2　显著性检验失效

在建立回归模型时,我们是在各 $\varepsilon_i \sim N(0,\sigma^2)$,且相互独立的条件下,得到用以检验回归方程的 F 统计量和检验回归系数的 t 统计量的分布。当存在异方差时,在原假设为真时统计量就不再服从原来的分布,从而使假定的显著性检验方法失效。

8.3.3　预测的精度降低

由于异方差使普通最小二乘法估计所得到的 $\hat{\beta}_j(j=0,1,2,\cdots,p)$ 的方差增大,估计精度降低,因此在使用由 OLS 方法所得回归方程进行预测时,必然降低点预测和区间预测的精度,使预测结果变得不可靠,也就失去了应用价值。基于同样原因,在将回归方程应用于控制时,也会产生同样的不良后果。

8.4　异方差的识别检验

由于异方差的存在导致上述不良后果,所以对于计量经济模型,在进行参数估计之前就应当对是否存在异方差进行识别。若确实存在异方差,就需要采取措施消除数据中的异方差性。异方差的识别与检验主要有以下几类方法:

8.4.1　根据问题的经济背景,分析是否可能存在异方差

如前面 8.1 节的例 8-1 和例 8-2,就是运用经济常识来判断模型中将会出现异方差的。这通常是判断是否存在异方差的第一个步骤,具体确认还需要进一步借助以下方法。

8.4.2　图示法

通常可以借助以下两种图示法判断是否存在异方差。

(1) 分别对各解释变量 $x_j(j=1,2,\cdots,p)$,作出 (x_j,y) 的散点图。这一方法可以分析异方差与哪些解释变量有关。如果 y_i 的离散程度基本上不随 x_j 的取值不同而改变,则说明同异方差;如果 y_i 的离散程度随 x_j 的取值不同而呈现有规律性的变化,则说明存在异方差。

(2) 分别作出各解释变量 x_j 与残差平方 (x_j,e_j^2) 的散点图。其中 $e_i^2=(y_i-\hat{y}_i)^2$ 称为残差平方项,可将残差平方项 e_i^2 视为 σ_i^2 的估计,具体步骤如下。

① 用 OLS 对模型进行参数估计,求出回归方程,并计算各残差平方项 $e_i^2=(y_i-\hat{y}_i)^2$;

② 作 (x_j,e_i^2) 的散点图。

如果残差平方项的大小基本上不随 x_j 的取值不同而变化,则说明不存在异方差;如果残差平方项的大小随 x_j 的增减而呈现有规律性的变化,则可以判定存在异方差。

图示法简单直观,在 SPSS 软件中能很方便地根据要求作出各种散点图。但图示法也有其局限性,在多元回归模型中,在考察 σ_i^2 是否随某一解释变量 x_j 而变化的上述图示法中,当 x_j 取不同值时,其他解释变量的取值也会变化,因而显示的异方差性并不一定就是该 x_j 所引起的。此外图示法也难以反映由于两个或多个解释变量的共同作用所产生的异方差。

8.4.3 统计检验方法

检验是否存在异方差最有效的方法是统计检验方法,以下介绍的 2 种检验方法的基本思想都是相同的。所谓的异方差,是指对不同的样本观察值,ε_i 具有不同的方差 σ_i^2,也即随机误差项 ε_i 与某些解释变量之间存在着相关性。各种统计检验方法,都是检验 σ_i^2 与解释变量是否存在显著的相关性。由于 σ_i^2 未知,故都采用其点估计残差平方项 e_i^2 近似替代 σ_i^2 进行检验。

(1) Park(伯克)检验

Park 认为,如果存在异方差,则 σ_i^2 应是某个解释变量的函数,因而可以假定

$$\sigma_i^2 = \sigma^2 x_{ij}^{\beta} e^{V_i}, \quad i = 1, 2, \cdots, N \tag{1}$$

将其线性化后,可得

$$\ln \sigma_i^2 = \ln \sigma^2 + \beta \ln x_{ij} + V_i, \quad i = 1, 2, \cdots, N \tag{2}$$

由于 σ_i^2 未知,可用其估计值 e_i^2 代替。具体检验步骤如下:

① 用 OLS 对原模型进行回归,并求得各 e_i^2(统计软件都有返回残差 e_i 的功能)。

② 将 e_i^2 对各解释变量分别进行如下一元回归。

$$\ln e_i^2 = \ln \sigma^2 + \beta \ln x_{ij} + V_i = \alpha + \beta x_{ij}, \quad i = 1, 2, \cdots, N \tag{3}$$

③ 检验假设 $H_0: \beta = 0$。若结果为显著的,则判定存在异方差;如果有多个显著的回归方程,则取临界显著性水平最高的作为 σ_i^2 与解释变量之间的相关关系,并由此得到 σ_i^2 的具体形式。

由(1)式可知,Park 检验所采取的函数形式可以是解释变量的任意次幂,因此适应性很广,同时还可得到 σ_i^2 的具体形式

$$\sigma_i^2 = \sigma^2 f(x_{ij}) \tag{4}$$

这对消除异方差将是非常有用的。

(2) White(怀特)检验

这一方法是由 H. White 在 1980 年提出的,其步骤如下。

① 用 OLS 对原模型进行回归,并求得各 e_i^2;

② 将 e_i^2 对各解释变量、它们的平方项及交叉乘积项进行一元线性回归,并检验各回归方程的显著性;

③ 若存在显著的回归方程,则认为存在异方差,并取临界显著水平最高的回归方程作为 σ_i^2 与解释变量之间的相关关系。

例如,设原模型为

$$y_i = \beta_0 + \beta_1 x_{i1} + \beta_2 x_{i2} + \beta_3 x_{i3} + \varepsilon_i$$

则将 e_i^2 分别对 $x_{i1}, x_{i2}, x_{i3}, x_{i1}^2, x_{i2}^2, x_{i3}^2, x_{i1}, x_{i2}, x_{i1}, x_{i3}, x_{i2}, x_{i3}$ 进行一元回归。

White 检验可适用于 σ_i^2 与两个解释变量同时相关的情况。

（3）Spearman 等级相关系数检验

检验模型是否存在异方差问题，除了使用残差图外，Spearman 等级相关系数也是常用的检验方法，Spearman 等级相关系数的检验步骤如下：

① 使用最小二乘对回归模型进行拟合，求出残差 ε_i，$i=1,\cdots,n$。

② 针对每个 X_i，将 X_i 的 n 个观察值和 ε_i 的绝对值按照递增或递减顺序求出相对应的秩。

③ 针对每个 X_i，计算 Spearman 等级相关系数的 r_i^s，$i=1,\cdots,p$。

④ 检验 Spearman 等级相关系数 r_i^s 的显著性，$i=1,2\cdots,p$。

若在 r_i^s，$i=1,\cdots,p$ 中存在一个 r_i^s 显著相关，则回归方程存在异方差。

（4）Goldfeld-Quandt 检验

Goldfeld-Quandt 检验方法是 Goldfeld 和 Quandt 于 1965 年提出的，可用于检验递增性或递减性异方差，此检验的基本思想是将样本分为两部分，然后分别对两个样本进行回归，并计算比较两个回归的剩余平方和是否有明显差异，以此判断是否存在异方差。

检验的前提条件是：此检验只适用于大样本；除了同方差假定不成立外，其他假定均满足；检验的具体做法是：

① 将观测值按解释变量 X_i 的大小顺序排序；

② 将排序在中间的 c 个（约 1/4）的观察值删除掉，再将剩余的观测值分为两个部分，每部分观测值的个数为：$(n-c)/2$。

③ 提出假设，即 H_0：两部分数据的方差相等；H_1：两部分数据的方差不相等。

④ 构造 F 统计量。分别对上述两个部分的观察值作回归，由此得到的两个部分的残差平方和，以 $\sum e_{1i}^2$ 表示前一部分样本回归产生的残差平方和，以 $\sum e_{2i}^2$ 表示后一部分样本回归产生的残差平方和，它们的自由度均为 $[(n-c)/2]-k$，k 为参数的个数。在原假设成立的条件下，因 $\sum e_{1i}^2$ 和 $\sum e_{2i}^2$ 分别服从自由度均为 $[(n-c)/2]-k$ 的 χ^2 分布，可导出

$$F^* = \frac{\sum e_{2i}^2 \Big/ \left[\dfrac{n-c}{2}-k\right]}{\sum e_{1i}^2 \Big/ \left[\dfrac{n-c}{2}-k\right]} = \frac{\sum e_{2i}^2}{\sum e_{1i}^2} \sim F\left(\frac{n-c}{2}-k, \frac{n-c}{2}-k\right)$$

⑤ 判断，给定显著性水平 α，查 F 分布表，得到临界值

$$F_{(\alpha)} = F_{(\alpha)}\left(\frac{n-c}{2}-k, \frac{n-c}{2}-k\right)$$

计算统计量 F^*，如果 $F^* > F_{(\alpha)}$，则拒绝原假设，不拒绝备择假设，即认为模型中的随机误差存在异方差，反之，如果 $F^* < F_{(\alpha)}$，则不拒绝原假设，认为模型中的随机误差不存在异方差。Goldfeld-Quandt 检验的功效，一是与对观测值的正确排序有关；二是与删除数据个数 c 的大小有关。经验认为，当 $n=30$ 时，可以取 $c=4$；当 $n=60$ 时，可以取 $c=10$。该方法得到的只是异方差是否存在的判断，在多个解释变量的情况下，对判断是哪一个变量引起异方差还存在局限。

除了以上介绍的检验方法外，还有其他检验异方差的方法，在此不作一一介绍了。

8.5   消除异方差的方法

当使用某种方法确定存在异方差后,就不能简单地采用 OLS 进行参数估计了,否则将产生严重的后果。

如果是由于模型设定不当而产生的异方差现象,则应根据问题的经济背景和有关经济学理论,重新建立更为合理的回归模型,否则即使采用了以下介绍的方法进行处理,从表面上对现有的样本数据消除了异方差,但由于模型自身存在的缺陷,所得到的回归方程仍不可能正确反映经济变量之间的关系,用它来进行预测和控制,仍会产生较大的误差。以下介绍的消除异方差的方法,是以模型设定正确为前提的。

8.5.1   模型(数据)变换法

设原模型存在异方差,为

$$y_i = \beta_0 + \beta_1 x_{i1} + \beta_2 x_{i2} + \cdots + \beta_p x_{ip} + \varepsilon_i \tag{5}$$

$\varepsilon_i \sim N(0, \sigma_i^2)$ 且相互独立,$i = 1, 2, \cdots, N$。

如果经由 Park 检验或其他方法,已经得到 σ_i^2 随解释变量变化的基本关系:

$$\sigma_i^2 = \sigma^2 f(x_{i1}, x_{i2}, \cdots, x_{ip}) = \sigma^2 z_i \tag{6}$$

其中,$z_i = f(x_{i1}, x_{i2}, \cdots, x_{ip}) > 0$,$\sigma^2$ 为常数。用 $\sqrt{z_i}$ 去除(5)式两边,得

$$\frac{y_i}{\sqrt{z_i}} = \beta_0 \frac{1}{\sqrt{z_i}} + \beta_1 \frac{x_{i1}}{\sqrt{z_i}} + \beta_2 \frac{x_{i2}}{\sqrt{z_i}} + \cdots + \beta_p \frac{x_{ip}}{\sqrt{z_i}} + \frac{\varepsilon_i}{\sqrt{z_i}} \tag{7}$$

显然式(7)与式(5)是等价的。令

$$\begin{cases} y_i' = y_i / \sqrt{z_i}, & x_{i0}' = 1 / \sqrt{z_i} \\ x_{ij}' = x_{ij} / \sqrt{z_i}, & j = 1, 2, \cdots, p \\ V_i = \varepsilon_i / \sqrt{z_i} \end{cases} \tag{8}$$

则式(7)可以表示为

$$y_i' = \beta_0 x_{i0}' + \beta_1 x_{i1}' + \beta_2 x_{i2}' + \cdots + \beta_p x_{ip}' + V_i, \quad i = 1, 2, \cdots, N \tag{9}$$

此时

$$D(V_i) - D(\varepsilon_i / \sqrt{Z_i}) = \frac{1}{Z_i} D(\varepsilon_i) = \frac{1}{Z_i} \sigma^2 Z_i = \sigma^2, \quad i = 1, 2, \cdots, N \tag{10}$$

式(10)说明模型(7)或式(9)已是同方差的,因此可以用普通最小二乘法(OLS)进行参数估计,得到线性回归方程

$$\hat{y}_i' = \hat{\beta}_0 x_0' + \hat{\beta}_1 x_1' + \hat{\beta}_2 x_2' + \cdots + \hat{\beta}_p x_p' \tag{11}$$

若对(11)式的回归方程和回归系数显著性检验结果都是显著的,就可以用来进行预测和控制。但要指出的是,在进行预测和控制时,必须将数据按式(8)进行变换后使用式(11)的回归方程,得到预测或控制结论后再由式(8)的关系变换为原来的数值。

8.5.2   加权最小二乘法(WLS)

对于多元回归模型

$$Y_i = \beta_0 + \beta_1 X_{i1} + \cdots + \beta_p X_{ip} + \varepsilon_i, \quad i = 1, \cdots, n$$

最小二乘法是寻找参数 $\beta_0,\cdots,\beta_p$ 的估计值 $\hat{\beta}_0,\cdots,\hat{\beta}_p$，使离差平方和达到最小值，及找出 $\hat{\beta}_0,\cdots,\hat{\beta}_p$，满足 $Q(\hat{\beta}_0,\cdots,\hat{\beta}_p)=\sum\limits_{i=1}^{n}(y_i-\hat{\beta}_0-\hat{\beta}_1 x_{i1}-\cdots-\hat{\beta}_p x_{ip})^2=\min$。

当模型存在异方差问题时，上述平方和中每一项的地位是不同的，随机误差 ε_i 方差较大的项在平方和中的作用较大。为了调整各平方和的作用，使其离差平方和的贡献基本相同，常采用加权的方法，即对每个样本的观察值构造一个权 $w_k,k=1,\cdots,n$，即找出 $\hat{\beta}_{w0},\cdots,$ $\hat{\beta}_{wp}$，满足 $Q(\hat{\beta}_{w0},\cdots,\hat{\beta}_{wp})=\sum\limits_{i=1}^{n}w_i(y_i-\hat{\beta}_0-\hat{\beta}_1 x_{i1}-\cdots-\hat{\beta}_p x_{ip})^2=\min$。

令 $\hat{\boldsymbol{\beta}}_w=(\hat{\beta}_{w0},\cdots,\hat{\beta}_{wp})'$，$\boldsymbol{W}=\mathrm{diag}(w_1,\cdots,w_n)$，则 $\hat{\boldsymbol{\beta}}_w=(\hat{\beta}_{w0},\cdots,\hat{\beta}_{wp})'$ 的加权最小二乘估计公式为

$$\hat{\boldsymbol{\beta}}_w=(\boldsymbol{x}'\boldsymbol{W}\boldsymbol{x})^{-1}\boldsymbol{x}'\boldsymbol{W}\boldsymbol{y}$$

如何确定权系数呢？ 检验异方差时，计算 Spearman 等级相关系数的 $r_i^s,i=1,\cdots,p$，选取最大 $r_i^s,i=1,\cdots,p$ 对应的变量 X_i 所对应的观察值序列 $x_{i1},\cdots,x_{in}$ 构造权数，即令 $w_k=1/x_{ik}^m$，其中 m 为待定参数。

8.6　异方差诊断的 Python 应用

[例 8-4]　随机抽取 15 家企业的人力和财力投入对企业产值的影响，具体数据如表 8-1 所示。

表 8-1　企业产值、人力和财力投入数据

产值 y_1/万元	人力 z_1/人	财力 z_2/万元
244	170	287
123	136	73
51	41	61
1035	6807	169
418	3570	133
93	48	54
540	3618	232
212	510	94
52	272	70
128	1272	54
1249	5610	272
205	816	65
75	190	42
365	830	73
1291	503	287

在目录 F:\2glkx\data1 下建立 al8-1.xlsx 数据文件后，使用的命令如下：

```
import pandas as pd
```

```
import numpy as np
#读取数据并创建数据表,名称为 df.
df = pd.DataFrame()
df = pd.DataFrame(pd.read_excel('F:/2glkx/data1/al8-1.xlsx'))
#查看数据表前5行的内容
df.head()
```

得到如下结果：

```
     y1    z1    z2
0   244   170   287
1   123   136    73
2    51    41    61
3  1035  6807   169
4   418  3570   133
```

下面生成设计矩阵。由于要建立的模型是 y＝BX，因此需要分别求得 y 和 X 矩阵，而 dmatrices 就是做这个的，命令如下：

```
from patsy import dmatrices
y, X = dmatrices('y1~z1 + z2', data = df, return_type = 'dataframe')
print (y.head())
print (X.head())
```

得到如下结果：

```
        y1
0    244.0
1    123.0
2     51.0
3   1035.0
4    418.0
   Intercept     z1     z2
0        1.0  170.0  287.0
1        1.0  136.0   73.0
2        1.0   41.0   61.0
3        1.0  6807.0  169.0
4        1.0  3570.0  133.0
```

下面用 OLS 作普通最小二乘，得到残差结果。

```
import statsmodels.api as sm
y, X = dmatrices('y1~z1 + z2', data = df, return_type = 'dataframe')
model = sm.OLS(y, X)
fit1 = model.fit()
res = fit1.resid
cc = abs(res)
Df1 = pd.DataFrame()
Df1[['z1', 'z2']] = df[['z1','z2']]
Df1['cc'] = cc
print(Df1.corr())
```

	z1	z2	cc
z1	1.00000	0.439980	0.029810
z2	0.43998	1.000000	0.822974
cc	0.02981	0.822974	1.000000

根据上面的相关系数矩阵,财力投入 z2 和残差绝对值 cc 相关系数为 0.822974,显著相关,因此该回归模型存在异方差问题。

8.7　异方差消除的 Python 语言应用

根据相关系数,我们选取 z2 构造权重矩阵,假定 $m = 2.5$。在 Python 中,输入如下命令:

```
from patsy import dmatrices
y, X = dmatrices('y1~z1 + z2', data = df, return_type = 'dataframe')
import statsmodels.api as sm
wk = 1/(df[['z2']] ** 2.5)
wls_model = sm.WLS(y, X, weights = wk)
results = wls_model.fit()
print(results.summary())
```

得到如下结果:

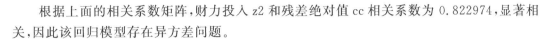

```
                          WLS Regression Results
==============================================================================
Dep. Variable:                     y1   R-squared:                       0.748
Model:                            WLS   Adj. R-squared:                  0.707
Method:                 Least Squares   F-statistic:                     17.85
Date:                Sat, 03 Mar 2018   Prob (F-statistic):           0.000253
Time:                        09:39:58   Log-Likelihood:                -92.359
No. Observations:                  15   AIC:                             190.7
Df Residuals:                      12   BIC:                             192.8
Df Model:                           2
Covariance Type:            nonrobust
==============================================================================
                 coef    std err          t      P>|t|      [0.025      0.975]
------------------------------------------------------------------------------
Intercept    -59.0349     53.822     -1.097      0.294    -176.302      58.232
z1             0.0815      0.030      2.706      0.019       0.016       0.147
z2             2.4887      0.931      2.672      0.020       0.459       4.518
==============================================================================
Omnibus:                        2.626   Durbin-Watson:                   1.165
Prob(Omnibus):                  0.269   Jarque-Bera (JB):                1.438
Skew:                           0.758   Prob(JB):                        0.487
Kurtosis:                       2.969   Cond. No.                     2.64e+03
==============================================================================
```

根据上面 Python 的输出结果,变量 z_1, z_2 的系数显著。异方差问题得到解决。

8.8　异方差应用实例的 Python 应用

[**例 8-5**]　表 8-2 列出了 2016 年中国各个省市居民人均可支配收入 x 与居民消费水平 y 的统计数据。(1)作图并利用 OLS 法建立人均消费支出与可支配收入的线性模型；(2)检验模型是否存在异方差？(3)如果存在异方差，试采用适当的方法加以消除。

表 8-2　2016 年中国各个省市居民人均可支配收入与居民消费水平的统计数据

省或自治区	居民人均可支配收入(元)x	指标：居民消费水平(元)y
北京市	52530.38	48883
天津市	34074.46	36257
河北省	19725.42	14328
山西省	19048.88	15065
内蒙古	24126.64	22293
辽宁省	26039.70	23670
吉林省	19966.99	13786
黑龙江	19838.50	17393
上海市	54305.35	49617
江苏省	32070.10	35875
浙江省	38529.00	30743
安徽省	19998.10	15466
福建省	27607.93	23355
江西省	20109.56	16040
山东省	24685.27	25860
河南省	18443.08	16043
湖北省	21786.64	19391
湖南省	21114.79	17490
广东省	30295.80	28495
广西	18305.08	15013
海南省	20653.44	18431
重庆市	22034.14	21032
四川省	18808.26	16013
贵州省	15121.15	14666
云南省	16719.90	14534
西藏	13639.24	9743
陕西省	18873.74	16657
甘肃省	14670.31	13086
青海省	17301.76	16751
宁夏	18832.28	18570
新疆	18354.65	15247

在目录 F:\2glkx\data1 下建立 al8-2.xls 数据文件后，使用的命令如下：

```
import pandas as pd
import numpy as np
import statsmodels.api as sm
```

```
import matplotlib.pyplot as plt
#读取数据并创建数据表
df = pd.DataFrame()
df = pd.DataFrame(pd.read_excel('F:/2glkx/data1/al8 - 2.xls'))
x = np.array(df[['x']])
y = np.array(df[['y']])
X = sm.add_constant(x)
model = sm.OLS(y, X)
fit1 = model.fit()
print(fit1.summary())
plt.xlabel("x")
plt.ylabel("y")
plt.plot(x,y,'ob')
plt.plot(x,fit1.fittedvalues,'r')
```

得到如下回归结果和如图 8-3 所示的结果。

<pre>
                      OLS Regression Results
==
Dep. Variable: y   R - squared: 0.944
Model: OLS   Adj. R - squared: 0.942
Method: Least Squares   F - statistic: 484.3
Date: Sat, 10 Mar 2018   Prob (F - statistic):   1.21e - 19
Time: 07:10:32   Log - Likelihood: - 283.89
No. Observations: 31   AIC: 571.8
Df Residuals: 29   BIC: 574.6
Df Model: 1
Covariance Type: nonrobust
==
                 coef   std err   t   P > |t| [0.025   0.975]
----
const   - 2001.7894   1140.733   - 1.755   0.090   - 4334.851   331.272
x1   0.9786   0.044   22.007   0.000   0.888   1.070
==
Omnibus: 5.234   Durbin - Watson: 1.559
Prob(Omnibus):   0.073   Jarque - Bera (JB):   3.629
Skew: 0.629   Prob(JB):   0.163
Kurtosis: 4.107   Cond. No.   6.87e + 04
==
</pre>

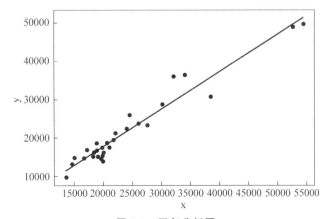

图 8-3　回归分析图

因此,可得到模型方程: $y = -2001.7894 + 0.9786x$

下面计算残差并作残差图,如图 8-4 所示的图形。

```
yf = - 2001.7894 + 0.9786 * x
plt.plot(x, y - yf, 'ob')
model = sm.OLS(y - yf, X)
result = model.fit()
plt.xlabel("x")
plt.ylabel("y")
plt.plot(x, result.fittedvalues, 'r')
```

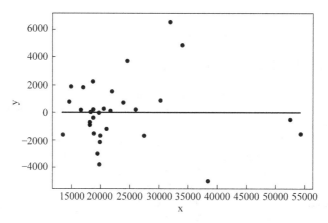

图 8-4　残差图

下面作 (x, e^2) 的散点图。

```
e = fit1.resid
model = sm.OLS(e * e, X)
result = model.fit()
# print(result.summary())
plt.xlabel("x")
plt.ylabel("e^2")
plt.plot(x, e * e, 'ob')
plt.plot(x, result.fittedvalues, 'r')
```

得到如图 8-5 所示的图形。

下面作 Goldfeld-Quandt 检验,代码如下。

```
df = pd.DataFrame(pd.read_excel('F:/2glkx/data1/al8 - 2.xls'))
x1 = np.array(df.ix[0:10, 0])
y1 = np.array(df.ix[0:10, 1])
X1 = sm.add_constant(x1)
model = sm.OLS(y1, X1)
fit2 = model.fit()
e1 = fit2.resid
sum1 = sum(e1 * e1)
x2 = np.array(df.ix[19:30, 0])
y2 = np.array(df.ix[19:30, 1])
X2 = sm.add_constant(x2)
```

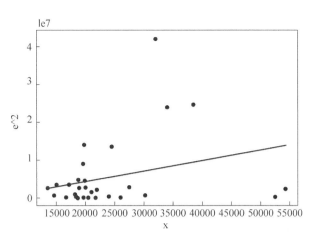

图 8-5　(x, e^2) 的散点图

```
model = sm.OLS(y2, X2)
fit3 = model.fit()
e2 = fit3.resid
sum2 = sum(e2 * e2)
F = sum2/sum1
print('F = ',F)
```

得到 $F = 6.40867184800101$

$$F = 6.4087 > F_{0.05}(11, 10) = 2.943$$

因此,存在异方差。

最后我们修正模型:用加权最小二乘法。

```
from patsy import dmatrices
y, X = dmatrices('y~x', data = df, return_type = 'dataframe')
import statsmodels.api as sm
wk = 1/(df[['x']] ** 2)
#wk = 1/df[['x']]
#wk = 1/(df[['x']] ** (1/50))
wls_model = sm.WLS(y, X, weights = wk)
results = wls_model.fit()
print(results.summary())
```

得到如下结果:

```
                    WLS Regression Results
=============================================================================
Dep. Variable:                 y    R − squared:               0.898
Model:                       WLS    Adj. R − squared:          0.895
Method:            Least Squares    F − statistic:             255.8
Date:          Sat, 31 Mar 2018    Prob (F − statistic):    6.36e − 16
Time:                   08:33:49    Log − Likelihood:        − 280.07
No. Observations:             31    AIC:                       564.1
Df Residuals:                 29    BIC:                       567.0
Df Model:                      1
Covariance Type:       nonrobust
```

```
====================================================================
                 coef    std err       t      P>|t|     [0.025      0.975]
--------------------------------------------------------------------
Intercept   -2691.8449  1298.119    -2.074    0.047   -5346.796   -36.894
x              1.0089     0.063     15.993    0.000      0.880      1.138
====================================================================
Omnibus:                0.267   Durbin-Watson:                 1.493
Prob(Omnibus):          0.875   Jarque-Bera (JB):              0.434
Skew:                   0.168   Prob(JB):                      0.805
Kurtosis:               2.528   Cond. No.                   7.71e+04
```

练 习 题

1. 表 8-3 是对某地区 1998 年 30 个家庭的人均年收入 X 与人均年服装费支出 Y 的调查数据。

表 8-3　人均收入与人均服装费支出数据

人均收入	人均服装费	人均收入	人均服装费	人均收入	人均服装费
3280	418	6500	860	18600	1260
3300	522	7900	910	20000	880
3480	480	8950	850	22300	1580
3890	640	9700	760	25000	1120
4050	590	11500	1320	26750	1800
4189	760	12300	915	28000	1200
4560	720	14800	735	29000	1050
5260	886	15400	876	30000	860
5890	890	16500	1100	35500	2200
6250	820	17200	930	38000	3450

现建立该地区人均服装费支出 y_t 与人均年收入 x_t 之间的线性回归模型如下:
$$y_i = \beta_0 + \beta_1 x_i + \varepsilon, \quad i = 1, 2, \cdots, 30$$
使用 Python 软件对该模型进行如下分析:

(1) 用图示法判断该模型是否存在异方差;

(2) 用 Park 检验法检验该模型是否存在异方差;

(3) 若存在异方差,以残差序列 e_i^2 项作为加权变量,采用加权最小二乘法对原模型进行参数估计;

(4) 比较 WLS 与 OLS 两种方法的参数估计精度(即比较两种方法的 $\sqrt{D(\hat{\beta}_0)}$ 和 $\sqrt{D(\hat{\beta}_1)}$ 的大小)。

2. 由表 8-4 中给出消费 Y 与收入 X 的数据,试根据所给数据资料完成以下问题:

(1) 估计回归模型 $Y = \beta_1 + \beta_2 X + u$ 中的未知参数 β_1 和 β_2,并写出样本回归模型的书写格式;

(2) 试用 Goldfeld-Quandt 法和 White 法检验模型的异方差性;

(3) 选用合适的方法修正异方差。

表 8-4 消费 Y 与收入 X 的数据 百元

Y	X	Y	X	Y	X
55	80	152	220	95	140
65	100	144	210	108	145
70	85	175	245	113	150
80	110	180	260	110	160
79	120	135	190	125	165
84	115	140	205	115	180
98	130	178	265	130	185
95	140	191	270	135	190
90	125	137	230	120	200
75	90	189	250	140	205
74	105	55	80	140	210
110	160	70	85	152	220
113	150	75	90	140	225
125	165	65	100	137	230
108	145	74	105	145	240
115	180	80	110	175	245
140	225	84	115	189	250
120	200	79	120	180	260
145	240	90	125	178	265
130	185	98	130	191	270

3. 由表 8-5 中给出 1985 年我国北方几个省市农业总产值、农用化肥量、农用水利、农业劳动力、每日生产性固定生产原值以及农机动力数据。

要求:(1) 试建立我国北方地区农业产出线性模型;

(2) 选用适当的方法检验模型中是否存在异方差;

(3) 如果存在异方差,采用适当的方法加以修正。

表 8-5 我国北方部分省市产值、劳动力、灌溉面积、化肥用量、户均固定、农机动力数据

地 区	农业总产值/亿元	农业劳动力/万人	灌溉面积/万公顷	化肥用量/万吨	户均固定资产/元	农机动力/万马力
北京	19.64	90.1	33.84	7.5	394.3	435.3
天津	14.4	95.2	34.95	3.9	567.5	450.7
河北	149.9	1639.0	357.26	92.4	706.89	2712.6
山西	55.07	562.6	107.9	31.4	856.37	1118.5
内蒙古	60.85	462.9	96.49	15.4	1282.81	641.7
辽宁	87.48	588.9	72.4	61.6	844.74	1129.6
吉林	73.81	399.7	69.63	36.9	2576.81	647.6
黑龙江	104.51	425.3	67.95	25.8	1237.16	1305.8
山东	276.55	2365.6	456.55	152.3	5812.02	3127.9
河南	200.02	2557.5	318.99	127.9	754.78	2134.5
陕西	68.18	884.2	117.9	36.1	607.41	764
新疆	49.12	256.1	260.46	15.1	1143.67	523.3

4. 表 8-6 中的数据是 1988 年美国研究与开发(R&D)支出费用(Y)与不同部门产品销售量(X)。试根据资料建立一个回归模型,运用 Glejser 方法和 White 方法检验异方差,由此决定异方差的表现形式并选用适当方法加以修正。

表 8-6　1988 年美国 R&D 支出费用与不同部门产品销售量数据　　　百万美元

序　号	工 业 群 体	销售量 X	R&D 费用 Y	利润 Z
1	容器与包装	6375.3	62.5	185.1
2	非银行业金融	11626.4	92.9	1569.5
3	服务行业	14655.1	178.3	276.8
4	金属与采矿	21869.2	258.4	2828.1
5	住房与建筑	26408.3	494.7	225.9
6	一般制造业	32405.6	1083	3751.9
7	休闲娱乐	35107.7	1620.6	2884.1
8	纸张与林木产品	40295.4	421.7	4645.7
9	食品	70761.6	509.2	5036.4
10	卫生保健	80552.8	6620.1	13869.9
11	宇航	95294	3918.6	4487.8
12	消费者用品	101314.3	1595.3	10278.9
13	电器与电子产品	116141.3	6107.5	8787.3
14	化工产品	122315.7	4454.1	16438.8
15	五金	141649.9	3163.9	9761.4
16	办公设备与计算机	175025.8	13210.7	19774.5
17	燃料	230614.5	1703.8	22626.6
18	汽车	293543	9528.2	18415.4

5. 由表 8-7 中给出了收入和住房支出样本数据,建立住房支出模型。

表 8-7　收入和住房支出样本数据　　　万元

住 房 支 出	收　入	住 房 支 出	收　入
1.8	5	4.2	15
2	5	4.2	15
2	5	4.5	15
2	5	4.8	15
2.1	5	5	15
3	10	4.8	20
3.2	10	5	20
3.5	10	5.7	20
3.5	10	6	20
3.6	10	6.2	20

假设模型为 $Y_i = \beta_1 + \beta_2 X_i + u_i$,其中 Y 为住房支出,X 为收入。试求解下列问题:

(1) 用 OLS 求参数的估计值、标准差、拟合优度;

(2) 用 Goldfeld-Quandt 方法检验异方差(假设分组时不去掉任何样本值);

(3) 如果模型存在异方差,假设异方差的形式是 $\sigma_i^2 = \sigma^2 X_i^2$,试用加权最小二乘法重新

估计 β_1 和 β_2 的估计值、标准差、拟合优度。

6. 表 8-8 中给出 1969 年 20 个国家的股票价格（Y）和消费者价格年百分率变化（X）的一个横截面数据。

表 8-8　1969 年 20 个国家股票价格和消费者价格年百分率变化数据　　　　　　　　%

序号	国　　家	股票价格变化率 Y	消费者价格变化率 X
1	澳大利亚	5	4.3
2	奥地利	11.1	4.6
3	比利时	3.2	2.4
4	加拿大	7.9	2.4
5	智利	25.5	26.4
6	丹麦	3.8	4.2
7	芬兰	11.1	5.5
8	法国	9.9	4.7
9	德国	13.3	2.2
10	印度	1.5	4
11	爱尔兰	6.4	4
12	以色列	8.9	8.4
13	意大利	8.1	3.3
14	日本	13.5	4.7
15	墨西哥	4.7	5.2
16	荷兰	7.5	3.6
17	新西兰	4.7	3.6
18	瑞典	8	4
19	英国	7.5	3.9
20	美国	9	2.1

试根据资料完成以下问题：

（1）将 Y 对 X 回归并分析回归中的残差；

（2）因智利的数据出现了异常，去掉智利数据后，重新作回归并再次分析回归中的残差；

（3）如果根据第（1）条的结果你将得到有异方差性的结论，而根据第（2）条的结论你又得到相反的结论，对此你能得出什么样的结论？

7. 表 8-9 中给出了 1998 年我国重要制造业销售收入与销售利润的数据资料。

表 8-9　1998 年我国重要制造业销售收入与销售利润　　　　　　　　万元

行业名称	销售收入	销售利润	行业名称	销售收入	销售利润
食品加工业	187.25	3180.44	皮革羽绒制品	81.73	1081.77
食品制造业	111.42	1119.88	木材加工业	35.67	443.74
饮料制造业	205.42	1489.89	家具制造业	31.06	226.78
烟草加工业	183.87	1328.59	造纸及纸制品	134.40	1124.94
纺织业	316.79	3862.90	印刷业	90.12	499.83
服装制造业	157.70	1779.10	文教体育用品	54.40	504.44

续表

行 业 名 称	销 售 收 入	销 售 利 润	行 业 名 称	销 售 收 入	销 售 利 润
石油加工业	194.45	2363.80	有色金属冶炼	144.29	1535.16
化学原料制品	502.61	4195.22	金属制品业	201.42	1948.12
医药制造业	238.71	1264.10	普通机械制造	354.69	2351.68
化学纤维制造	81.57	779.46	专用设备制造	238.16	1714.73
橡胶制品业	77.84	692.08	交通运输设备	511.94	4011.53
塑料制品业	144.34	1345.00	电子机械制造	409.83	3286.15
非金属矿制品	339.26	2866.14	电子通信设备	508.15	4499.19
黑色金属冶炼	367.47	3868.28	仪器仪表设备	72.46	663.68

试完成以下问题：

(1) 求销售利润对销售收入的样本回归函数，并对模型进行经济意义检验和统计检验；

(2) 分别用图形法、Glejser 方法、White 方法检验模型是否存在异方差；

(3) 如果模型存在异方差，选用适当的方法对异方差性进行修正。

自相关及其 Python 应用

9.1 自相关的概念

在经典回归模型中,我们假定随机误差项满足

$$\varepsilon_i \sim N(0, \sigma^2), \quad \text{且相互独立}, i = 1, 2, \cdots, N$$

但在实际问题中,若各 ε_i 之间不独立,即

$$\text{cov}(\varepsilon_i, \varepsilon_j) \neq 0, \quad i \neq j, i, j = 1, 2, \cdots, N \tag{1}$$

则称随机误差项 ε_i 序列之间存在自相关,也称为序列相关。

在计量经济模型中,自相关现象是普遍存在的。如果模型中存在自相关,则用普通最小二乘法进行参数估计同样会产生严重的不良后果。因此在研究计量经济模型时必须对自相关现象进行有效的识别,并采取适当方法消除模型中自相关性。

9.2 产生自相关的原因

了解自相关产生的原因,有助于我们在研究计量经济模型时,有针对性地对样本数据进行识别和检验,避免自相关性对分析结果的不良影响。产生自相关的原因主要有以下几个方面。

9.2.1 经济惯性所导致的自相关

由于许多经济变量的发展变化往往在时间上存在一定的趋势性,使某些经济变量在前后期之间存在明显的相关性,因此在以时间序列数据为样本建立计量经济模型时,就可能存在自相关性。例如:

(1) 在时间序列的消费模型中,由于居民的消费需求与以往的消费水平有很大关系,因此本期的消费量与上期消费量之间会存在正相关性。

(2) 在以时间序列数据研究投资规模的计量经济模型时,由于大量基本建设投资是需要跨年度实施的,因此本期投资规模不仅与本期的市场需求、利率以及宏观经济景气指数等因素有关,而且与前期甚至前几期的投资规模有关,这就会导致各期投资规模之间的自相关性。

(3) 在以时间序列数据研究农业生产函数的计量经济模型中,由于当期许多农产品的价格在很大程度上取决于前期这些农产品的产量,从而会影响当期该农产品的播种面积。因此当期农产品产量必然会受到前期农产品产量的负面影响,使某些农产品产量在前后之间出现负相关性。

(4) 在宏观经济领域中,由于社会经济发展过程中不可避免地存在着周期性发展趋势,从而使国民生产总值、价格指数、就业水平等宏观经济指标也就必然存在周期性的前后相关性。因此在时间序列的许多宏观计量经济模型中会产生自相关性。

经济惯性是使时间序列的计量经济模型产生自相关性的最主要的原因。因此对于这类模型要特别注意识别是否存在显著的自相关性。自相关的线性回归模型通常表示为

$$y_t = \beta_0 + \beta_1 x_{t1} + \beta_2 x_{t2} + \cdots + \beta_p x_{tp} + \varepsilon_t$$
$$\mathrm{cov}(\varepsilon_t, \varepsilon_{t-s}) \neq 0, \quad t = 1, 2, \cdots, N, \quad s = 1, 2, \cdots, t-1 \qquad (2)$$

9.2.2　由于模型设定不当而产生的自相关

(1) 模型中遗漏了重要的解释变量

例如:在实际问题的正确模型应当为

$$y_t = \beta_0 + \beta_1 x_{t1} + \beta_2 x_{t2} + \varepsilon_t$$
$$\mathrm{cov}(\varepsilon_t, \varepsilon_{t-s}) \neq 0, \quad t = 1, 2, \cdots, N, s = 1, 2, \cdots, t-1$$

但建立模型时仅考虑了一个解释变量:

$$y_t = \beta_0 + \beta_1 x_{t1} + V_t$$

这样 $V_t = \beta_2 x_{t2} + \varepsilon_t$,使解释变量 X_2 对 Y 产生的影响归入了随机误差项 V_t 中,此时如果 X_2 在不同时期之间的值是高度相关的,就会导致上述模型中的 V_t 出现自相关性。例如在时间序列的生产函数模型中,设 X_2 为劳动量的投入,则无论是对单个企业还是多个行业或地区,劳动要素的投入量在相邻年份之间是高度相关的。

(2) 模型的数学形式设定不当

例如:设正确的模型应当为

$$y_t = \beta_0 + \beta_1 x_t + \beta_2 x_t^2 + \varepsilon_t$$
$$\mathrm{cov}(\varepsilon_t, \varepsilon_{t-s}) \neq 0, \quad t = 1, 2, \cdots, N, s = 1, 2, \cdots, t-1$$

但建立模型时却将 Y 与 X 之间的相关关系表示为线性模型

$$y_t = \beta_0 + \beta_1 x_t + V_t$$

则 $V_t = \beta_2 x_t^2 + \varepsilon_t$,$V_t$ 中含有 x_t^2 项对 y_t 产生的影响,随着 t 的变化,x_t^2 项会引起 V_t 呈现某种系统性的变化趋势,导致该线性回归模型出现自相关现象。

9.2.3　某些重大事件所引起的自相关

通常在建立计量经济模型时,往往将一些难以定量化的环境因素对被解释变量的影响都归入随机误差项中。但当发生重大自然灾害、战争、地区或全球性的经济金融危机,以及政府的重大经济政策调整时,这些环境因素对被解释变量的影响通常会在同一方向上延续很长时期。当以时间序列为样本数据的计量经济模型中含有发生重大事件年份中的数据时,就会使随机误差项产生自相关。例如 20 世纪 90 年代末的亚洲金融危机就对亚洲各国经济产生了长期影响。

9.3　自相关的后果

与存在异方差的情况类似,当模型中存在自相关时,若仍使用普通最小二乘法进行参数估计,同样会产生严重的不良后果。

(1) 参数的 OLS 估计不再具有最小方差性,从而不再是参数 β 的有效估计,使估计的精度大大降低。

(2) 显著性检验方法失效。这是由于第 1 章给出的对回归方程和回归系数的显著性检验的统计量分布时,是以各 $\varepsilon_i \sim N(0,\sigma^2)$,且相互独立为依据的。当存在自相关时,各 ε_i 之间不再独立,因而原来导出的统计量的分布就不再成立。

(3) 预测和控制的精度降低,由于 OLS 估计不再具有最小方差性,使参数估计的误差增大,就必然导致预测和控制的精度降低,失去应用价值。

9.4　自相关的识别和检验

当存在自相关时,就不能再用 OLS 进行参数估计,否则会产生严重的不良后果。因此,对时间序列的计量经济模型,应特别注意模型中是否存在自相关性。识别和检验自相关性主要有以下方法。

9.4.1　图示法

由于 ε_t 是不可观察的随机误差,与检验异方差类似,可以利用残差序列 e_t 来分析 ε_t 之间是否存在自相关,方法如下:

(1) 用 OLS 对原模型进行回归,求出残差 $e_t (t=1,2,\cdots,N)$;

(2) 做关于 $(e_{t-1},e_t),t=2,3,\cdots,N$ 或 $(t,e_t),t=1,2,\cdots,N$ 的散点图。

在 (e_{t-1},e_t) 的散点图中,如果 (e_{t-1},e_t) 的大部分点落在 1、3 象限中,就说明 e_t 与 e_{t-1} 之间存在正相关性;若大部分点落在 2、4 象限中,则说明 e_t 与 e_{t-1} 之间存在负相关性;若各点比较均匀地散布于 4 个象限中,则说明不存在自相关。

在 (t,e_t) 的散点图中,如果 e_t 随时间 t 呈某种周期性的变化趋势,则说明存在正相关;若呈现锯齿形的震荡变化规律,则说明存在负相关。

9.4.2　DW 检验法(Durbin-Watson)

检验模型是否存在自相关问题,除了使用残差图外,DW 检验是常用的检验方法,DW检验方法的基本思想如下:

D-W 检验适用于检验随机误差项之间是否存在一阶自相关的情况。所谓一阶自相关,是指 ε_t 序列之间有如下相关关系:

$$\varepsilon_t = \rho\varepsilon_{t-1} + V_t, \quad t=2,3,\cdots,N \tag{3}$$

其中,$|\rho| \leqslant 1$ 为自相关系数,它反映了 ε_t 与 ε_{t-1} 之间的线性相关程度。$\rho > 0$ 为正相关,$\rho < 0$ 为负相关,$\rho = 0$ 为无自相关。V_t 是满足经典假设条件的随机误差项,即 $V_t \sim N(0,\sigma_V^2)$,且相互独立;而且 $\mathrm{cov}(\varepsilon_{t-1},V_t)=0$。由式(3)知,要检验是否存在一阶自相关,也即要

检验假设 $H_0: \rho=0, H_1: \rho\neq0$。

杜宾和瓦森构造了检验一阶自相关的杜宾-瓦森统计量 DW：

$$DW = \frac{\sum\limits_{t=2}^{N}(e_t - e_{t-1})^2}{\sum\limits_{t=1}^{N}e_t^2} \tag{4}$$

为什么式(4)能检验 ε_t 的一阶自相关性呢？从直观上分析，如果存在一阶正自相关，则相邻两个样本点的 $(e_t - e_{t-1})^2$ 就较小，从而 DW 值也就较小；若存在一阶负相关，则 $(e_t - e_{t-1})^2$ 就较大，DW 值也就越大；若无自相关，则 e_t 与 e_{t-1} 之间就呈随机关系，DW 值就应采取一个较为适中的值。可以证明

$$DW \approx 2(1-\hat{\rho}) \tag{5}$$

其中

$$\hat{\rho} = \frac{\sum\limits_{t=2}^{N}e_t e_{t-1}}{\sum\limits_{t=1}^{N}e_t^2} \tag{6}$$

由(5)式知

(1) 若存在一阶完全正自相关，即 $\hat{\rho}\approx1$，则 $DW\approx0$；

(2) 若存在一阶完全负自相关，即 $\hat{\rho}\approx-1$，则 $DW\approx4$；

(3) 若不存在自相关，即 $\hat{\rho}\approx0$，则 $DW\approx2$。

以上分析说明，DW 值越接近 2，ε_t 序列的自相关性就越小；DW 值越接近 0，ε_t 序列就越呈现正相关；DW 值越接近 4，ε_t 序列就越呈负相关。杜宾-瓦森根据不同的样本容量 N 和解释变量的个数 P，在给定的不同显著性水平 α 下，建立了 DW 统计量的下临界值 d_L 和上临界值 d_U 的 DW 统计量临界值表。

检验方法如下：

(1) $DW<d_L$，则在显著性水平 α 下判定存在正自相关；

(2) $DW>4-d_L$，则在显著性水平 α 下判定存在负自相关；

(3) $d_U<DW<4-d_U$，则在显著性水平 α 下判定不存在自相关；

(4) $d_L<DW<d_U$ 或 $4-d_U<DW<4-d_L$，则在显著性水平 α 下不能判定是否存在自相关。

可以证明 DW 的取值范围为 $0\leqslant DW\leqslant4$。

根据样本容量 n，指标数量 p、显著性水平 α 和 DW 统计分布表，可以确定临界值的上界和下界 d_L、d_U，然后根据表 9-1 可以确定回归模型的自相关情况。

表 9-1   使用 DW 统计量判断自相关

DW 范围	残差项存在正相关关系
$0\leqslant DW\leqslant d_L$	存在正相关
$d_L\leqslant DW\leqslant d_U$ 或 $4-d_U\leqslant DW\leqslant4-d_L$	无法确定
$d_U<DW<4-d_U$	不存在相关
$4-d_L\leqslant DW\leqslant4$	存在负相关

DW 检验具有计算简单的优点,因而是最常用的自相关检验方法,但在应用时存在一定的局限性。这主要是由于 DW 统计量的精确分布未知,DW 是用某种 β 分布加以近似的,因此运用时需要满足一定的条件。

　　(1) 只适用于一阶自相关检验,不适合具有高阶自相关的情况。

　　(2) 存在两个不能判定的区域。当样本容量 N 较小时,这两个区域就较大,反之这两个区域就较小。例如当 $P=1,N=15,\alpha=0.05$ 时,$d_L=1.08,d_U=1.36$;而当 $N=50$ 时,$d_L=1.50,d_U=1.59$;故当 DW 落在不能判定区域时,如能增加样本容量,通常就可以得到解决。

　　(3) 当模型中含有滞后被解释变量时,DW 检验失效。例如

$$y_t = \beta_0 + \beta_1 x_t + \beta_2 y_{t-1} + \varepsilon_t$$

　　(4) 需要比较大的样本容量($N \geqslant 15$)。

9.4.3　回归检验法

　　由于自相关就是模型中的随机误差项之间存在某种相关关系,而回归分析就是用来研究变量之间相关关系的方法,因此可以用回归分析方法来检验随机误差项之间是否存在自相关。虽然 ε_t 是不可观察的,但可以用残差序列 e_t 来近似代替。回归检验法的步骤如下。

　　(1) 用 OLS 对原模型进行参数估计,并求出各 e_t;

　　(2) 根据经验或通过对残差序列的分析,采用相应的回归模型对自相关的形式进行拟合,常用的模型有

$$e_t = \rho e_{t-1} + V_t$$
$$e_t = \rho e_{t-1}^2 + V_t$$
$$e_t = \rho_1 e_{t-1} + \rho_2 e_{t-2} + V_t$$
$$\cdots$$

　　以上第一个模型就是一阶线性自回归模型;而第三个模型就是二阶线性自回归模型。

　　(3) 对所有自回归方程及其回归系数进行显著性检验。若存在显著性的回归形式,则可以认为存在自相关;当有多个形式的回归均为显著时,则取最优的拟合形式(临界显著性水平最高者)作为自相关的形式。若各个回归形式都不显著,则可以判定原模型不存在自相关。

　　由上可知,回归检验方法比 DW 检验方法的适用性要广,它适用于各种自相关的情况,而且检验方法也具理论依据,但计算量要大些。

9.5　自相关的处理方法

　　如果是由于模型设定不当而产生的自相关现象,则应根据问题的经济背景和有关经济理论知识,重新建立更为合理的计量经济模型。以下介绍的消除模型中的自相关的方法,是以模型设定正确为前提的。

　　由前所述,如果模型的随机误差项间存在自相关,就不能直接使用 OLS 进行参数估计,否则将产生严重的不良后果。此时必须采用适当方法消除模型中的自相关性。

9.5.1　广义差分法

设原模型存在一阶自相关

$$y_t = \beta_0 + \beta_1 x_t + \varepsilon_t, \quad t = 1, 2, \cdots, N \tag{7}$$

$$\varepsilon_t = \rho \varepsilon_{t-1} + V_t, V_t \sim N(0, \sigma_V^2), \quad \text{且相互独立}$$

其中,相关系数 ρ 为已知(可用式(6)估计,或由回归检验法得到),由式(7)可得

$$\rho y_{t-1} = \rho \beta_0 + \rho \beta_1 x_{t-1} + \rho \varepsilon_{t-1} \tag{8}$$

将式(7)减去式(8),得

$$y_t - \rho y_{t-1} = \beta_0(1 - \rho) + \beta_1(x_t - \rho x_{t-1}) + \varepsilon_t - \rho \varepsilon_{t-1}$$

$$= \beta_0(1 - \rho) + \beta_1(x_t - \rho x_{t-1}) + V_t, \quad t = 2, 3, \cdots, N \tag{9}$$

做如下广义差分变换,令

$$\begin{cases} y_t^* = y_t - \rho y_{t-1} \\ x_t^* = x_t - \rho x_{t-1} \end{cases} \quad t = 2, 3, \cdots, N \tag{10}$$

则式(9)可改写为

$$y_t^* = \beta_0(1 - \rho) + \beta_1 x_t^* + V_t \tag{11}$$

$V_t \sim N(0, \sigma_V^2)$,且相互独立,$t = 2, 3, \cdots, N$

式(9)或式(11)就称为广义差分模型。由于模型中的随机误差项 V_t 满足经典假设条件,不存在自相关,因此可以用 OLS 进行参数估计。上述通过对原模型进行广义差分变换后再进行参数估计的方法,就称为广义差分法。

由于式(9)和式(11)中的 t 是从 2 开始的,故经过广义差分变换后将损失一个观察值,为了不减少自由度,可对 y_1 和 x_1 作如下变换,令

$$y_1^* = \sqrt{1 - \rho^2}\, y_1, \quad x_1^* = \sqrt{1 - \rho^2}\, x_1 \tag{12}$$

则式(11)

$$y_t^* = \beta_0(1 - \rho) + \beta_1 x_t^* + V_t, \quad t = 1, 2, 3, \cdots, N \tag{13}$$

以上是以一元线性回归模型为例来讨论的。对于多元线性回归模型,处理方法是完全相同的。

9.5.2　杜宾两步法

广义差分法要求 ρ 是已知的,但实际应用中 ρ 往往是未知的。杜宾两步法的基本思想是先求出 ρ 的估计值 $\hat{\rho}$,然后再用广义差分法求解,其步骤如下。

(1) 将式(9)改写为

$$y_t = \beta_0(1 - \rho) + \rho y_{t-1} + \beta_1 x_t - \beta_1 \rho x_{t-1} + V_t \tag{14}$$

令 $b_0 = \beta_0(1 - \rho), b_1 = \beta_1, b_2 = -\beta_1 \rho$,则式(14)可改写为

$$y_t = b_0 + \rho y_{t-1} + b_1 x_t + b_2 x_{t-1} + V_t, \quad t = 2, 3, \cdots, N \tag{15}$$

则 OLS 对式(15)进行参数估计,求得 ρ 的估计值 $\hat{\rho}$。

(2) 用 $\hat{\rho}$ 代替 ρ,对原模型作广义差分变换,令

$$\begin{cases} y_t^* = y_t - \hat{\rho}\, y_{t-1}, \\ x_t^* = x_t - \hat{\rho}\, x_{t-1}, \quad t = 2,3,\cdots,N \\ y_1^* = \sqrt{1-\hat{\rho}^2}\, y_1, \quad x_1^* = \sqrt{1-\hat{\rho}^2}\, x_1 \end{cases}$$

得广义差分模型

$$y_t^* = b_0 + \beta_1 x_t^* + V_t, \quad t = 1,2,\cdots,N \tag{16}$$

用 OLS 求得式(16)的参数估计 $\hat{b}_0$ 和 $\hat{\beta}_1$,再由 $\hat{\beta}_0 = \hat{b}/(1-\hat{\rho})$ 求得 $\hat{\beta}_0$。

杜宾两步法的优点是还能应用于高阶自相关的场合,例如:

$$\varepsilon_t = \rho_1 \varepsilon_{t-1} + \rho_2 \varepsilon_{t-2} + V_t \tag{17}$$

完全类似地可以先求得 $\hat{\rho}_1$ 和 $\hat{\rho}_2$,然后再用广义差分法求得原模型的参数估计。

由式(5),还可以得到

$$\hat{\rho} \approx 1 - \mathrm{DW}/2 \tag{18}$$

它也可替代杜宾两步法中的第一步作为 ρ 的估计,并应用于广义差分模型。

9.5.3　科克兰内-奥克特(Cochrance-Orcutt)法

以上介绍的各种求 $\hat{\rho}$ 的方法的缺点是精度较低,有可能无法完全消除广义差分模型中的自相关性。科克兰内-奥克特提出的方法实际上是一种迭代的广义差分方法,它能有效地消除自相关性,其步骤如下。

(1) 用 OLS 对原模型进行参数估计,求得残差序列 $e_t^{(1)}$, $t = 1,2,\cdots,N$。

(2) 对残差的一阶自回归模型

$$e_t^{(1)} = \rho e_{t-1}^{(1)} + V_t, \quad t = 2,3,\cdots,N \tag{19}$$

用 OLS 进行参数估计,得到 ρ 的初次估计值 $\hat{\rho}^{(1)}$。

(3) 用 $\hat{\rho}^{(1)}$ 对原模型进行广义差分模型变换,得广义差分模型

$$y_t^* = b_0 + \beta_1 x_t^* + \varepsilon_t^* \tag{20}$$

其中,$b_0 = \beta_0(1-\hat{\rho}^{(1)})$。

(4) 用 OLS 对(20)式进行参数估计,得到 $\hat{\beta}_0^{(1)}$, $\hat{\beta}_1^{(1)}$, $\hat{y}_t^{(1)}$;并计算残差序列 $e_t^{(2)}$, $e_t^{(2)} = y_t - \hat{y}_t^{(1)}$, $t = 1,2,\cdots,N$。

(5) 利用 $e_t^{(2)}$ 序列对模型(20)进行自相关检验,若无自相关,则迭代结束,已得原模型的一致最小方差无偏估计 $\hat{\beta}_0^{(1)}$, $\hat{\beta}_1^{(1)}$。若仍存在自相关,则进行第二次迭代,返回步骤(2),用 $e_t^{(2)}$ 代替式(19)中的 $e_t^{(1)}$,求得 ρ 的第二次估计值 $\hat{\rho}^{(2)}$,再利用 $\hat{\rho}^{(2)}$ 对原模型进行广义差分变换,并进而用 OLS 求得 $\hat{\beta}_0^{(2)}$, $\hat{\beta}_1^{(2)}$,并计算残差序列 $e_t^{(3)}$ 后再次进行自相关检验,如仍存在自相关,则再重复上述迭代过程,直至消除自相关为止。

通常情况下,只需进行二次迭代即可消除模型中的自相关性,故科克兰内-奥克特法又称为二步迭代法。该方法能有效地消除自相关性,提高模型参数估计的精度。

9.6 自相关诊断的 Python 应用

[**例 9-1**] 某公司 1991—2005 年的开发经费和新产品利润数据如表 9-2 所示,分析开发经费对新产品利润的影响。

表 9-2 开发经费和新产品利润数据   万元

开 发 费 用	新产品利润	开 发 费 用	新产品利润
35	690	103	2033
38	734	113	2268
42	788	119	2451
45	870	133	2819
52	1038	159	3431
65	1280	198	4409
72	1434	260	5885
81	1656		

在目录 F:\2glkx\data1 下建立 a19-1.xls 数据文件后,使用如下命令读取数据。

```
import statsmodels.api as sm
import pandas as pd
import numpy as np
#读取数据并创建数据表,名称为 data.
data = pd.DataFrame()
data = pd.DataFrame(pd.read_excel('F:\\2glkx\\data1\\a19 - 5.xls'))
data.head()
data.head()
    kf    lr
0   35   690
1   38   734
2   42   788
3   45   870
4   52  1038
```

做 OLS 一元线性回归分析:

```
x = np.array(data[['lr']])
y = np.array(data[['kf']])
# model matrix with intercept
X = sm.add_constant(x)
# least squares fit
model = sm.OLS(y, X)
fit = model.fit()
print (fit.summary())
```

得到如下结果:

```
                            OLS Regression Results
==============================================================================
Dep. Variable:                      y   R - squared:                    0.998
Model:                            OLS   Adj. R - squared:               0.997
Method:                 Least Squares   F - statistic:                  5535.
Date:                Mon, 05 Aug 2019   Prob (F - statistic):        1.74e - 18
Time:                        08:29:20   Log - Likelihood:             - 37.996
No. Observations:                  15   AIC:                            79.99
Df Residuals:                      13   BIC:                            81.41
Df Model:                           1
Covariance Type:            nonrobust
==============================================================================
                 coef    std err          t      P>|t|      [0.025      0.975]
------------------------------------------------------------------------------
const          9.2478      1.495      6.186      0.000       6.018      12.477
x1             0.0433      0.001     74.400      0.000       0.042       0.045
==============================================================================
Omnibus:                        1.182   Durbin - Watson:                0.474
Prob(Omnibus):                  0.554   Jarque - Bera (JB):             1.011
Skew:                           0.515   Prob(JB):                       0.603
Kurtosis:                       2.255   Cond. No.                    4.54e + 03
==============================================================================
```

由上可见,Durbin-Watson 统计量为 0.474,所以存在自相关。

9.7　自相关消除的 Python 应用

下面使用差分法来解决自相关问题。当模型存在自相关问题时,可以采用差分法来解决自相关问题。差分法的具体计算过程如下:

令 $\Delta y_i = y_i - y_{i-1}, \Delta x_{ij} = x_{ij} - x_{i-1j}, i = 1, \cdots, n, j = 1, \cdots, p$。利用 Δy_i 和 Δx_{ij} 数据,采取最小二乘法对下述回归模型的参数进行拟合,可以求出经验回归参数 $\beta_j, j = 1, \cdots, p$。

$$\Delta y_i = \beta_0 + \beta_1 \Delta x_{i1} + \cdots + \beta_p \Delta x_{ip} + \varepsilon_i, \quad i = 1, \cdots, n$$

下面给出差分法消除自相关的 Python 代码。

```
data = data.diff()
data = data.dropna()
x = np.array(data[['lr']])
y = np.array(data[['kf']])
# model matrix with intercept
X = sm.add_constant(x)
# least squares fit
model = sm.OLS(y, X)
fit = model.fit()
print (fit.summary())
```

得到如下结果:

```
                          OLS Regression Results
=================================================================
Dep. Variable:                    y   R - squared:             0.985
Model:                          OLS   Adj. R - squared:        0.984
Method:               Least Squares   F - statistic:           777.9
Date:              Mon, 05 Aug 2019   Prob (F - statistic):  2.79e - 12
Time:                      08:30:03   Log - Likelihood:      - 29.448
No. Observations:                14   AIC:                     62.90
Df Residuals:                    12   BIC:                     64.17
Df Model:                         1
Covariance Type:          nonrobust
=================================================================
               coef    std err        t     P>|t|    [0.025    0.975]
-----------------------------------------------------------------
const        0.8469      0.791    1.071     0.305   - 0.876    2.570
x1           0.0410      0.001   27.890     0.000    0.038     0.044
=================================================================
Omnibus:                     12.469   Durbin - Watson:          2.194
Prob(Omnibus):                0.002   Jarque - Bera (JB):       8.230
Skew:                         1.508   Prob(JB):               0.0163
Kurtosis:                     5.239   Cond. No.                 743.
=================================================================
```

由上可见，Durbin-Watson 统计量为 2.194，自相关问题消除，说明采取差分法能够解决自相关问题。

9.8　金融市场数据自相关性实例的 Python 应用

当某个资本市场出现大幅波动的时候，投资者在另外的资本市场的投资行为容易发生改变，从而将这种波动传递到其他的资本市场。这就是所谓的"溢出效应"。我国沪深股市地理位置接近，有相同的经济、政治、法律、社会基础，监管环境、投资者结构、上市公司质量、治理结构都相同或类似，故而两市之间的波动或存在溢出效应。又因深圳的地理位置原因，与海外市场联系更密切，所以海外市场变化的信息能够最先传递和影响到深圳市场，进而影响蔓延到内陆地区。因此在进行沪深股市波动溢出效应的实证研究时，选取深市波动作为影响变量，沪市波动作为被影响变量。下面用 Python 进行实证分析。

9.8.1　数据采集与处理

（1）研究时期：2015 年 1 月 1 日至 2017 年 12 月 31 日。
（2）研究对象：采用上证指数和深证指数的周收盘价作为检验样本，各含 153 个数据。

9.8.2　实证检验

（1）从 tushare 获取数据

```python
import pandas as pd
import numpy as np
```

```
from pandas.core import datetools
import statsmodels.api as sm
import tushare as ts
sd = ts.get_k_data('sz', ktype = 'W', start = '2015 - 01 - 01', end = '2017 - 12 - 31')
s1 = sd[['close']]
hd = ts.get_k_data('sh', ktype = 'W', start = '2015 - 01 - 01', end = '2017 - 12 - 31')
s2 = hd[['close']]
df1 = pd.DataFrame(s1).reset_index()
df1.columns = ['date', 'SZ_close']
df2 = pd.DataFrame(s2).reset_index()
df2.columns = ['date', 'SH_close']
df = pd.merge(df2, df1)
df.tail()
```

输出结果：

	date	SH_close	SZ_close
148	148	3317.62	11013.15
149	149	3289.99	10935.06
150	150	3266.14	10998.12
151	151	3297.06	11094.16
152	152	3307.17	11040.45

（2）以深证指数作为影响变量、上证指数作为被影响变量进行普通最小二乘回归

```
x = np.array(df[['SZ_close']])
y = np.array(df[['SH_close']])
X = sm.add_constant(x)
model = sm.OLS(y, X)
fit = model.fit()
print(fit.summary())
```

回归分析结果如下：

```
                          OLS Regression Results
==============================================================================
Dep. Variable:                      y   R - squared:                   0.934
Model:                            OLS   Adj. R - squared:              0.934
Method:                 Least Squares   F - statistic:                  2140.
Date:                Thu, 26 Sep 2019   Prob (F - statistic):        4.56e - 91
Time:                        10:33:02   Log - Likelihood:             - 935.51
No. Observations:                 153   AIC:                           1875.
Df Residuals:                     151   BIC:                           1881.
Df Model:                           1
Covariance Type:            nonrobust
==============================================================================
                 coef    std err          t      P>|t|      [0.025      0.975]
------------------------------------------------------------------------------
const        312.2566     65.588      4.761      0.000     182.668     441.845
x1             0.2682      0.006     46.258      0.000       0.257       0.280
==============================================================================
Omnibus:                       13.590   Durbin - Watson:                 0.191
```

Prob(Omnibus):	0.001	Jarque – Bera (JB):	5.009
Skew:	0.098	Prob(JB):	0.0817
Kurtosis:	2.136	Cond. No.	8.33e + 04

==

从上面的回归结果可见,Durbin-Watson 统计量为 0.191,所以存在自相关。由于 DW 值接近于 0,由 $\hat{\rho} = 1 - \dfrac{DW}{2}$ 可得,残差序列相关系数接近于 1。因此下面使用差分法来解决自相关问题。

（3）采用一阶差分消除自相关性

```
df1 = df[['SZ_close','SH_close']].diff()
df1 = df1.dropna()
x = np.array(df1['SZ_close'])
y = np.array(df1['SH_close'])
X = sm.add_constant(x)
model = sm.OLS(y, X)
fit = model.fit()
print(fit.summary())
```

OLS Regression Results

==

Dep. Variable:	y	R – squared:	0.879
Model:	OLS	Adj. R – squared:	0.878
Method:	Least Squares	F – statistic:	1087.
Date:	Thu, 26 Sep 2019	Prob (F – statistic):	1.29e – 70
Time:	10:34:05	Log – Likelihood:	– 799.78
No. Observations:	152	AIC:	1604.
Df Residuals:	150	BIC:	1610.
Df Model:	1		
Covariance Type:	nonrobust		

==

	coef	std err	t	P>|t|	[0.025	0.975]
const	0.6045	3.809	0.159	0.874	– 6.923	8.132
x1	0.2466	0.007	32.975	0.000	0.232	0.261

==

Omnibus:	56.254	Durbin – Watson:	2.231
Prob(Omnibus):	0.000	Jarque – Bera (JB):	430.745
Skew:	1.061	Prob(JB):	2.92e – 94
Kurtosis:	10.969	Cond. No.	509.

==

由上可见,Durbin-Watson 统计量为 2.231,自相关问题消除。

（4）采用增长率的方法消除自相关

若对上证指数和深证指数取周收益率的方法进行回归分析,可以发现也能够消除自相关性。

这里的周收益率的计算公式为：$R_t = \dfrac{(P_t - P_{t-1})}{P_{t-1}}$,其实质为增长率。

```
SZ_df = ((df['SZ_close'] - df['SZ_close'].shift(1))/df['SZ_close'].shift(1)).dropna()
SH_df = ((df['SH_close'] - df['SH_close'].shift(1))/df['SH_close'].shift(1)).dropna()
rate = pd.concat([SZ_df, SH_df], axis = 1)
rate.columns = ['SZ_return', 'SH_return']
x = np.array(rate[['SZ_return']])
y = np.array(rate[['SH_return']])
X = sm.add_constant(x)
model = sm.OLS(y, X)
fit = model.fit()
print(fit.summary())
```

```
                          OLS Regression Results
==============================================================================
Dep. Variable:                      y   R - squared:                     0.855
Model:                            OLS   Adj. R - squared:                0.854
Method:                 Least Squares   F - statistic:                   886.1
Date:                Thu, 26 Sep 2019   Prob (F - statistic):         7.90e - 65
Time:                        10:34:43   Log - Likelihood:                442.48
No. Observations:                 152   AIC:                          - 881.0
Df Residuals:                     150   BIC:                          - 874.9
Df Model:                           1
Covariance Type:            nonrobust
==============================================================================
                 coef    std err          t      P>|t|      [0.025      0.975]
------------------------------------------------------------------------------
const          0.0001      0.001      0.137      0.891      - 0.002       0.002
x1             0.8138      0.027     29.768      0.000       0.760       0.868
==============================================================================
Omnibus:                       48.150   Durbin - Watson:                  2.220
Prob(Omnibus):                  0.000   Jarque - Bera (JB):            251.489
Skew:                           0.995   Prob(JB):                     2.45e - 55
Kurtosis:                       8.979   Cond. No.                         25.4
==============================================================================
```

由上可见，Durbin-Watson 统计量为 2.220，也不存在自相关问题。

9.8.3 结论

对沪深指数一阶差分后进行回归分析得到：
$$\Delta \mathrm{SH}_t = -0.6045 + 0.2466 \Delta \mathrm{SZ}_t, \quad t = 1, 2, \cdots, 152$$
对沪深指数收益率回归分析得到：
$$\mathrm{SHR}_t = -0.0001 + 0.8138 \mathrm{SZR}_t, \quad t = 1, 2, \cdots, 152$$
可见沪深股市之间存在正的溢出效应。

练　习　题

1. 表 9-3 给出了我国 1953—1985 年的工业总产值 y_t 和固定资产总额 x_t 的统计资料。

表 9-3　工业总产值和固定资产投资　　　　　　　　亿元

年　份	固定资产投资	工业总产值	年　份	固定资产投资	工业总产值
1953	91.59	450	1970	368.08	2080
1954	102.68	515	1971	417.31	2375
1955	105.24	534	1972	412.81	2517
1956	160.84	642	1973	438.12	2741
1957	151.23	704	1974	436.19	2730
1958	279.06	1083	1975	544.94	3124
1959	368.02	1483	1976	523.94	3158
1960	416.58	1637	1977	548.30	3578
1961	156.06	1067	1978	668.72	4067
1962	87.28	920	1979	699.36	4483
1963	116.66	993	1980	745.90	4897
1964	165.89	1164	1981	667.51	5120
1965	216.90	1402	1982	845.31	5506
1966	254.80	1624	1983	951.96	6088
1967	187.72	1382	1984	1185.18	7042
1968	151.57	1285	1985	1680.51	8756
1969	246.92	1665			

对我国工业总产值 Y 和固定资产投资 X 之间的如下线性回归模型。试用 E-Views 软件进行分析：

（1）用杜宾-瓦森检验法检验该模型是否存在自相关；

（2）若存在自相关，用公式 $\hat{\rho}=1-DW/2$ 求出相关系数的估计值 $\hat{\rho}$，并利用广义差分方法对原模型进行广义差分变换并进行参数估计和 DW 检验，是否能够消除自相关性？

（3）试用科克兰内-奥克特迭代法处理原模型中的自相关性，问：能否消除模型中的自相关性（迭代 3 次为止）？

（4）若对原来模型作如下变换，令 $x_t^*=x_t/x_{t-1}$（固定资产投资指数），$y_t^*=y_t/y_{t-1}$（工业总产值指数），得新模型：$y_t^*=b_0+b_1x_t^*+V_t, t=2,3,\cdots,33$。试用 OLS 方法对该模型进行参数估计并检验是否存在自相关。

2. 表 9-4 给出了美国 1960—1995 年 36 年间个人实际可支配收入 X 和个人实际消费支出 Y 的数据。

表 9-4　美国个人实际可支配收入和个人实际消费支出　　　　百亿美元

年　份	个人实际可支配收入 X	个人实际消费支出 Y	年　份	个人实际可支配收入 X	个人实际消费支出 Y
1960	157	143	1966	211	190
1961	162	146	1967	220	196
1962	169	153	1968	230	207
1963	176	160	1969	237	215
1964	188	169	1970	247	220
1965	200	180	1971	256	228

续表

年　份	个人实际可支配收入 X	个人实际消费支出 Y	年　份	个人实际可支配收入 X	个人实际消费支出 Y
1972	268	242	1984	384	341
1973	287	253	1985	396	357
1974	285	251	1986	409	371
1975	290	257	1987	415	382
1976	301	271	1988	432	397
1977	311	283	1989	440	406
1978	326	295	1990	448	413
1979	335	302	1991	449	411
1980	337	301	1992	461	422
1981	345	305	1993	467	434
1982	348	308	1994	478	447
1983	358	324	1995	493	458

注：资料来源于 Economic Report of the President，数据为 1992 年价格。

要求：（1）用普通最小二乘法估计收入—消费模型：$Y_t = \beta_1 + \beta_2 X_2 + u_t$；

（2）检验收入—消费模型的自相关状况（5% 显著水平）；

（3）用适当的方法消除模型中存在的问题。

3. 在研究生产中劳动所占份额的问题时，古扎拉蒂采用如下模型。

模型 1：$Y_t = \alpha_0 + \alpha_1 t + u_t$

模型 2：$Y_t = \alpha_0 + \alpha_1 t + \alpha_2 t^2 + u_t$

其中，Y 为劳动投入，t 为时间。据 1949—1964 年数据，对初级金属工业得到如下结果。

模型 1：$\hat{Y}_t = 0.4529 - 0.0041t$

　　　　$t = \qquad (-3.9608)$

　　　　$R^2 = 0.5284 \qquad \text{DW} = 0.8252$

模型 2：$\hat{Y}_t = 0.4786 - 0.0127t + 0.0005t^2$

　　　　$t = \qquad (-3.2724)(2.7777)$

　　　　$R^2 = 0.6629 \qquad \text{DW} = 1.82$

其中，括号内的数字为 t 统计量。

问：（1）模型 1 和模型 2 中是否有自相关？

（2）如何判定自相关的存在？

（3）怎样区分虚假自相关和真正的自相关。

4. 表 9-5 是北京市连续 19 年城镇居民家庭人均收入与人均支出的数据。

表 9-5　北京市 19 年来城镇居民家庭收入与支出数据表

年份顺序	人均收入 /元	人均生活消费 支出/元	商品零售物 价指数/%	人均实际 收入/元	人均实际 支出/元
1	450.18	359.86	100.00	450.18	359.86
2	491.54	408.66	101.50	484.28	402.62

年份顺序	人均收入/元	人均生活消费支出/元	商品零售物价指数/%	人均实际收入/元	人均实际支出/元
3	599.40	490.44	108.60	551.93	451.60
4	619.57	511.43	110.20	562.22	464.09
5	668.06	534.82	112.30	594.89	476.24
6	716.60	574.06	113.00	634.16	508.02
7	837.65	666.75	115.40	725.87	577.77
8	1158.84	923.32	136.80	847.11	674.94
9	1317.33	1067.38	145.90	902.90	731.58
10	1413.24	1147.60	158.60	891.07	723.58
11	1767.67	1455.55	193.30	914.47	753.00
12	1899.57	1520.41	229.10	829.14	663.64
13	2067.33	1646.05	238.50	866.81	690.17
14	2359.88	1860.17	258.80	911.85	718.77
15	2813.10	2134.65	280.30	1003.60	761.56
16	3935.39	2939.60	327.70	1200.91	897.04
17	5585.88	4134.12	386.40	1445.62	1069.91
18	6748.68	5019.76	435.10	1551.06	1153.70
19	7945.78	5729.45	466.90	1701.82	1227.13

要求：（1）建立居民收入—消费函数；

（2）检验模型中存在的问题，并采取适当的补救措施予以处理；

（3）对模型结果进行经济解释。

5. 表 9-6 给出了日本工薪家庭实际消费支出与可支配收入数据。

表 9-6 日本工薪家庭实际消费支出与实际可支配收入   千日元

年　份	个人实际可支配收入 X	个人实际消费支出 Y	年　份	个人实际可支配收入 X	个人实际消费支出 Y
1970	239	300	1983	304	384
1971	248	311	1984	308	392
1972	258	329	1985	310	400
1973	272	351	1986	312	403
1974	268	354	1987	314	411
1975	280	364	1988	324	428
1976	279	360	1989	326	434
1977	282	366	1990	332	441
1978	285	370	1991	334	449
1979	293	378	1992	336	451
1980	291	374	1993	334	449
1981	294	371	1994	330	449
1982	302	381			

注：资料来源于日本银行《经济统计年报》，数据为 1990 年价格。

要求：(1) 建立日本工薪家庭的收入—消费函数；

(2) 检验模型中存在的问题,并采取适当的补救措施予以处理；

(3) 对模型结果进行经济解释。

6. 表 9-7 给出了中国实际进口额(Y)与国内生产总值(X)的数据。

表 9-7　1985—2003 年中国实际 GDP、进口需求　　　　　　　　　　亿元

年　　份	国内生产总值(GPD)(X)	实际进口额(Y)
1985	8964.40	2543.2
1986	9753.27	2983.4
1987	10884.65	3450.1
1988	12114.62	3571.6
1989	12611.32	3045.9
1990	13090.55	2950.4
1991	14294.88	3338.0
1992	16324.75	4182.2
1993	18528.59	5244.4
1994	20863.19	6311.9
1995	23053.83	7002.2
1996	25267.00	7707.2
1997	27490.49	8305.4
1998	29634.75	9301.3
1999	31738.82	9794.8
2000	34277.92	10842.5
2001	36848.76	12125.6
2002	39907.21	14118.8
2003	43618.58	17612.2

注：表中数据来源于《中国统计年鉴 2004》光盘。实际 GDP 和实际进口额均为 1985 年可比价指标。

要求：(1) 检测进口需求模型 $Y_t = \beta_1 + \beta_2 X_t + u_t$ 的自相关性；

(2) 采用科克伦-奥克特迭代法处理模型中的自相关问题。

7. 表 9-8 给出了某地区 1980—2000 年的地区生产总值(Y)与固定资产投资额(X)的数据。

表 9-8　区生产总值(Y)与固定资产投资额(X)　　　　　　　　　　亿元

年　　份	地区生产总值(Y)	固定资产投资额(X)
1980	1402	216
1981	1624	254
1982	1382	187
1983	1285	151
1984	1665	246
1985	2080	368
1986	2375	417
1987	2517	412

续表

年　份	地区生产总值(Y)	固定资产投资额(X)
1988	2741	438
1989	2730	436
1990	3124	544
1991	3158	523
1992	3578	548
1993	4067	668
1994	4483	699
1995	4897	745
1996	5120	667
1997	5506	845
1998	6088	951
1999	7042	1185
2000	8756	1180

要求：(1) 使用对数线性模型 $\ln Y_t = \beta_1 + \beta_2 \ln X_t + u_t$ 进行回归，并检验回归模型的自相关性；

(2) 采用广义差分法处理模型中的自相关问题；

(3) 令 $X_t^* = X_t / X_{t-1}$(固定资产投资指数)，$Y_t^* = Y_t / Y_{t-1}$(地区生产总值增长指数)，使用模型 $\ln Y_t^* = \beta_1 + \beta_2 \ln X_t^* + v_t$，该模型中是否有自相关？

财经大数据时间序列分析 ARMA 模型及其 Python 应用

10.1 时间序列分析的基础知识

10.1.1 时间序列的概念及其特征

对某一个或者一组变量 $x(t)$ 进行观察测量,将在一系列时刻 $t_1, t_2, \cdots, t_n$ 所得到的离散数字组成的序列集合,称之为时间序列。例如:某股票 A 从 2015 年 6 月 1 日到 2016 年 6 月 1 日之间各个交易日的收盘价,可以构成一个时间序列;某地每天的最高气温可以构成一个时间序列。

时间序列具有以下特征。

(1) 趋势:在长时期内呈现出持续向上或持续向下的变动。

(2) 季节变动:在一年内重复出现的周期性波动。如气候条件、生产条件、节假日或人们的风俗习惯等各种因素影响的结果。

(3) 循环波动:呈现非固定长度的周期性变动。循环波动的周期可能会持续一段时间,但与趋势不同,它不是朝着单一方向的持续变动,而是涨落相同的交替波动。

(4) 不规则波动:除去趋势、季节变动和周期波动之后的随机波动的时间序列。不规则波动通常总是夹杂在时间序列中,致使时间序列产生一种波浪形或震荡式的变动。只含有随机波动的序列也称为平稳序列。

10.1.2 平稳性

如果一个时间序列,其均值没有系统的变化(无趋势)、方差没有系统变化,且严格消除了周期性变化,就称其是平稳的。

我们先通过如下代码来看图 10-1 到图 10-4。

```python
import tushare as ts                    #财经数据接口包 tushare
import matplotlib.pyplot as plt
import pandas as pd
IndexData = ts.get_k_data(code = 'sh', start = '2013 - 01 - 01', end = '2014 - 08 - 01')
IndexData.index = pd.to_datetime(IndexData.date)
close = IndexData.close
closeDiff_1 = close.diff(1)             #close 的 1 阶差分处理
closeDiff_2 = close.diff(2)             #close 的 2 阶差分处理
rate = (close - close.shift(1))/close.shift(1)
```

```
data = pd.DataFrame()
data['close'] = close
data['closeDiff_1'] = closeDiff_1
data['closeDiff_2'] = closeDiff_2
data['rate'] = rate
data = data.dropna()
fig = plt.figure(1,figsize = (16,4))
data['close'].plot()
plt.title('close')
fig = plt.figure(2,figsize = (16,4))
data['rate'].plot(color = 'b')
plt.title('rate')
fig = plt.figure(3,figsize = (16,4))
data['closeDiff_1'].plot(color = 'r')
plt.title('closeDiff_1')
fig = plt.figure(4,figsize = (16,4))
data['closeDiff_2'].plot(color = 'y')
plt.title('closeDiff_2')
```

图 10-1　close 非平稳序列

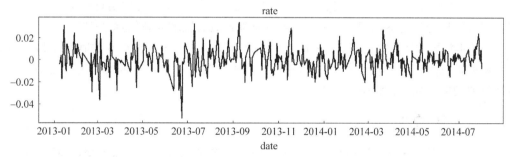

图 10-2　rate 平稳序列

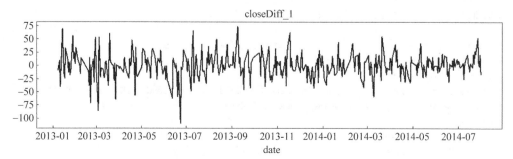

图 10-3　closeDiff_1 平稳序列

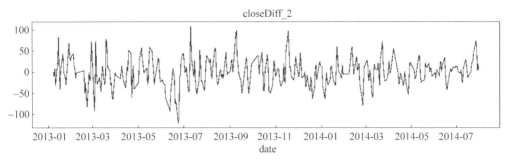

图 10-4　closeDiff_2 平稳序列

图 10-1 中第一张图为上证指数部分年份的收盘指数,是一个非平稳时间序列;而下面的 3 个图为平稳时间序列。

我们会发现,图 10-3 和图 10-4,实际上是对第一个序列做了差分处理,方差和均值基本平稳,成为了平稳时间序列,后面我们会讲这种处理。

下面我们给出平稳性的定义。

严平稳: 如果对所有的时刻 t,任意正整数 k 和任意 k 个正整数

$$(t_1, t_2, \cdots, t_k), (r_{t_1}, r_{t_2}, \cdots, r_{t_k})$$

的联合分布与

$$(r_{t_1+t}, r_{t_2+t}, \cdots, r_{t_k+t})$$

的联合分布相同,我们称时间序列 $\{r_t\}$ 是严平稳的。

也就是

$$(r_{t_1}, r_{t_2}, \cdots, r_{t_k})$$

的联合分布在时间的平移变换下保持不变,这是个很强的条件。而我们经常假定的是平稳性的一个较弱的方式。

弱平稳: 若时间序列 $\{r_t\}$ 满足下面两个条件: $E(r_i) = \mu$,μ 是常数,$\mathrm{Cov}(r_t, r_{t-1}) = \gamma_l$,$\gamma_l$ 只依赖于 l。则时间序列 $\{r_t\}$ 为弱平稳的。即该序列的均值和 r_t 与 r_{t-l} 的协方差不随时间而改变,l 为任意整数。

在金融数据中,通常我们所说的平稳序列,是弱平稳的。

差分: 就是求时间序列 $\{r_t\}$ 在 t 时刻的值 r_t 与 $t-1$ 时刻的值 $r_{(t-1)}$ 的差,不妨记做 d_t,则我们得到了一个新序列 $\{d_t\}$,为一阶差分,对新序列 $\{d_t\}$ 再做同样的操作,则为二阶差分。通常非平稳序列可以经过 d 次差分,处理成弱平稳或者近似弱平稳时间序列。如图 10-3 和图 10-4 所示,我们发现二阶差分得到的序列比一阶差分效果更好。

10.1.3　相关系数和自相关函数

(1) 相关系数

对于两个向量,我们希望定义它们是不是相关。一个很自然的想法,就是用向量与向量的夹角作为距离的定义,夹角小,距离就小,夹角大,距离就大。

在中学数学中,我们就经常使用余弦公式来计算角度:

$$\cos <\vec{a}, \vec{b}> = \frac{\vec{a} \cdot \vec{b}}{|\vec{a}||\vec{b}|}$$

对于 $\vec{a},\vec{b}$，我们叫作内积，例如：$(x_1,y_1) \cdot (x_2,y_2)=x_1x_2+y_1y_2$

我们再来看相关系数的定义公式，X 和 Y 的相关系数为

$$\rho_{xy} = \frac{\mathrm{Cov}(\boldsymbol{X},\boldsymbol{Y})}{\sqrt{\mathrm{Var}(\boldsymbol{X})\mathrm{Var}(\boldsymbol{Y})}}$$

而根据样本估计的计算公式为

$$\rho_{xy} = \frac{\sum_{t=1}^{T}(x_t-\overline{x})(y_t-\overline{y})}{\sum_{t=1}^{T}(x_t-\overline{x})^2\sum_{t=1}^{T}(y_t-\overline{y})^2} = \frac{\overrightarrow{(\boldsymbol{X}-\overline{x})} \cdot \overrightarrow{(\boldsymbol{Y}-\overline{y})}}{|\overrightarrow{(\boldsymbol{X}-\overline{x})}| \, |\overrightarrow{(\boldsymbol{Y}-\overline{y})}|}$$

我们发现，相关系数实际上就是计算了向量空间中两个向量的夹角，协方差是去均值后两个向量的内积。

如果两个向量平行，相关系数等于 1 或者 -1，同向的时候是 1，反向的时候就是 -1。如果两个向量垂直，则夹角的余弦就等于 0，说明二者不相关。两个向量夹角越小，相关系数绝对值越接近 1，相关性越高。只不过这里计算的时候对向量做了去均值处理，即中心化操作。而不是直接用向量 $\boldsymbol{X},\boldsymbol{Y}$ 计算。对于减去均值操作，并不影响角度计算，是一种"平移"效果，我们通过如下代码得到如图 10-5 所示的图形。

```python
import numpy as np
import pandas as pd
import matplotlib.pyplot as plt
a = pd.Series([9,8,7,5,4,2])
b = a - a.mean()                    #去均值
plt.figure(figsize = (10,4))
a.plot(label = 'a')
b.plot(label = 'mean removed a')
plt.legend()
```

得到如图 10-5 所示的图形。

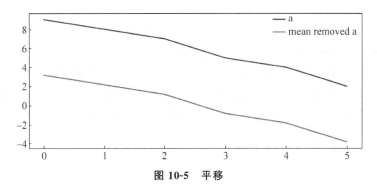

图 10-5　平移

（2）自相关函数（auto-correlation function，ACF）

相关系数度量了两个向量的线性相关性，而在平稳时间序列 $\{r_t\}$ 中，我们有时候很想知道，r_t 与它的过去值 r_{t-i} 的线性相关性。这时候我们把相关系数的概念推广到自相关系数。

r_t 与 r_{t-i} 的相关系数称为 r_t 的间隔为 l 的自相关系数，通常记为 ρ_l。具体定义为

$$\rho_l = \frac{\text{Cov}(r_t, r_{t-1})}{\sqrt{\text{Var}(r_t)\text{Var}(r_{t-1})}} = \frac{\text{Cov}(r_t, r_{t-1})}{\text{Var}(r_t)}$$

这里用到了弱平稳序列的性质:

$$\text{Var}(r_t) = \text{Var}(r_{t-l})$$

对一个平稳时间序列的样本 $\{r_t\}$,$1 \leqslant t \leqslant T$,则间隔为 1 的样本自相关系数的估计为

$$\hat{\rho}_l = \frac{\sum_{t=l+1}^{T}(r_t - \bar{r})(r_{t-l} - \bar{r})}{\sum_{t=1}^{T}(r_t - \bar{r})^2}, \quad 0 \leqslant l \leqslant T-1$$

则函数

$$\hat{\rho}_1, \hat{\rho}_2, \hat{\rho}_3 \cdots$$

称为 r_t 的样本自相关函数(ACF)。

当自相关函数中所有的值都为 0 时,我们认为该序列是完全不相关的。因此,我们经常需要检验多个自相关系数是否为 0。

混成检验:

原假设:$H_0: \rho_1 = \cdots = \rho_m = 0$;

备择假设:$H_1: \exists i \in 1, \cdots, m, \rho_l \neq 0$。

混成检验统计量:

$$Q(m) = T(T+2)\sum_{l=1}^{m}\frac{\hat{\rho}_l^2}{T-l}$$

$Q(m)$ 渐进服从自由度为 m 的 γ_t 分布。

决策规则:

$$Q(m) > \chi_\alpha^2, \quad \text{拒绝 } H_0$$

即,$Q(m)$ 的值大于自由度为 m 的卡方分布 $100(1-\alpha)$ 分位点时,我们拒绝 H_0。

大部分软件会给出 $Q(m)$ 的 P-value,则当 P-value 小于等于显著性水平 α 时拒绝 H_0。

下面通过代码给出示例。

```
from scipy import  stats
import statsmodels.api as sm                        #统计相关的库
m = 10                                              #我们检验 10 个自相关系数
acf,q,p = sm.tsa.acf(data['close'],nlags = m,qstat = True)   ##计算自相关系数 及 p-value
out = np.c_[range(1,11), acf[1:], q, p]
output = pd.DataFrame(out, columns = ['lag', "AC", "Q", "P-value"])
output = output.set_index('lag')
Output
          AC          Q          P-value
lag
1.0   0.977016    364.649631    2.736264e-81
2.0   0.951390    711.338472    3.426206e-155
3.0   0.926487   1040.990163    2.306419e-225
4.0   0.903179   1355.099163    3.762710e-292
5.0   0.877278   1652.243495    0.000000e+00
6.0   0.853557   1934.289721    0.000000e+00
7.0   0.833148   2203.731714    0.000000e+00
```

```
8.0    0.810319   2459.297051    0.000000e + 00
9.0    0.786565   2700.749322    0.000000e + 00
10.0   0.761624   2927.745615    0.000000e + 00
```

我们取显著性水平为 0.05,可以看出,所有的 P-value 都小于 0.05;则我们拒绝原假设 H_0。因此,我们认为该序列,即上证指数序列,是序列相关的。

我们再来看看同期上证指数的日收益率序列:

```
m = 10                        # 我们检验 10 个自相关系数
acf,q,p = sm.tsa.acf(data['rate'],nlags = m,qstat = True)    ## 计算自相关系数 及 p - value
out = np.c_[range(1,11), acf[1:], q, p]
output = pd.DataFrame(out, columns = ['lag', "AC", "Q", "P - value"])
output = output.set_index('lag')
output
              AC          Q      P - value
lag
1.0      0.065258   1.626814    0.202144
2.0    - 0.014282   1.704946    0.426359
3.0    - 0.022427   1.898111    0.593821
4.0      0.009321   1.931564    0.748344
5.0    - 0.050420   2.913066    0.713387
6.0    - 0.067368   4.670052    0.586772
7.0      0.080340   7.175494    0.410839
8.0      0.012591   7.237201    0.511270
9.0      0.027481   7.531934    0.581914
10.0     0.079175   9.985005    0.441810
```

可以看出,P-value 均大于显著性水平 0.05。我们选择假设 H_0,即上证指数日收益率序列没有显著的相关性。

10.1.4　白噪声序列和线性时间序列

(1) 白噪声序列

随机变量 $X(t)(t=1,2,3,\cdots)$,如果是由一个不相关的随机变量的序列构成的,即对于所有 S 不等于 T,随机变量 X_t 和 X_s 的协方差为零,则称其为纯随机过程。

对于一个纯随机过程来说,若其期望和方差均为常数,则称之为白噪声过程。白噪声过程的样本称为白噪声序列,简称白噪声。之所以称为白噪声,是因为它和白光的特性类似,白光的光谱在各个频率上有相同的强度,白噪声的谱密度在各个频率上的值相同。

(2) 线性时间序列

时间序列 $\{r_t\}$,如果能写成:

$$r_t = \mu + \sum_{i=0}^{\infty} \psi_i a_{t-i}$$

μ 为 r_t 的均值,$\psi_0 = 1$,a_t 为白噪声序列。

则我们称 $\{r_t\}$ 为线性序列。其中 a_t 称为在 t 时刻的新信息(innovation)或扰动(shock)。

很多时间序列具有线性性,即是线性时间序列,相应地有很多线性时间序列模型,例如接下来要介绍的 AR、MA、ARMA,都是线性模型,但并不是所有的金融时间序列都是线性的。

对于弱平稳序列,我们利用白噪声的性质很容易得到 r_t 的均值和方差:

$$E(r_t) = \mu, \quad \text{Var}(r_t) = \sigma_a^2 \sum_{i=0}^{\infty} \psi_i^2, \quad \sigma_a^2 \text{ 为 } a_t \text{ 的方差}。$$

因为 $\text{Var}(r_t)$ 一定小于正无穷,因此 ψ_i^2 必须是收敛序列,因此满足

$$i \to \infty \text{ 时}, \quad \psi_i^2 \to 0$$

即随着 i 的增大,远处的扰动 a_{t-i} 对 r_t 的影响会逐渐消失。

到目前为止介绍了时间序列的一些基本知识和概念,如平稳性、相关性、白噪声、线性序列。下面开始介绍一些线性模型。

10.2　自回归(AR)模型

在 10.1 中,我们计算了上证指数部分数据段的 ACF,看表可知间隔为 1 时自相关系数是显著的。这说明在 $t-1$ 时刻的数据 r_{t-1},在预测 t 时刻时的 r_t 时可能是有用的!

根据这点我们可以建立下面的模型:

$$r_t = \phi_0 + \phi_1 r_{t-1} + a_t$$

其中,$\{a_t\}$ 是白噪声序列,这个模型与简单线性回归模型有相同的形式,这个模型也叫作一阶自回归(AR)模型,简称 AR(1)模型。

从 AR(1)很容易推广到 AR(p)模型:

$$r_t = \phi_0 + \phi_1 r_{t-1} + \cdots + \phi_p r_{t-p} + a_t$$

10.2.1　AR(p)模型的特征根及平稳性检验

我们先假定序列是弱平稳的,则有

$$E(r_t) = \mu, \quad \text{Var}(r_t) = \gamma_0, \quad \text{Cov}(r_t, r_{t-j}) = \gamma_j, \quad \text{其中 } \mu, \gamma_0 \text{ 是常数}。$$

因为 $\{a_t\}$ 是白噪声序列,因此有

$$E(a_t) = 0, \quad \text{Var}(a_t) = \sigma_a^2$$

所以有

$$E(r_t) = \phi_0 + \phi_1 E(r_{t-1}) + \phi_2 E(r_{t-2}) + \cdots + \phi_p E(r_{t-p})$$

根据平稳性的性质,又有

$$E(r_t) = E(r_{t-1}) = \cdots = \mu,$$

从而

$$\mu = \phi_0 + \phi_1 \mu + \phi_2 \mu + \cdots + \phi_p \mu E(r_t) = \mu = \frac{\phi_0}{1 - \phi_1 - \phi_2 - \cdots - \phi_p}$$

对于上式,假定分母不为 0,我们将下面的方程称为特征方程:

$$1 - \phi_1 x - \phi_2 x - \cdots - \phi_p x = 0$$

该方程所有解的倒数称为该模型的特征根,如果所有的特征根的模都小于 1,则该 AR(p)序列是平稳的。

下面我们就用该方法检验上证指数日收益率序列的平稳性。代码如下:

```
temp = np.array(data['rate'])  #载入收益率序列
model = sm.tsa.AR(temp)
results_AR = model.fit()
```

```
plt.figure(figsize = (10,4))
plt.plot(temp,'b',label = 'rate')
plt.plot(results_AR.fittedvalues, 'r',label = 'AR model')
plt.legend()
```

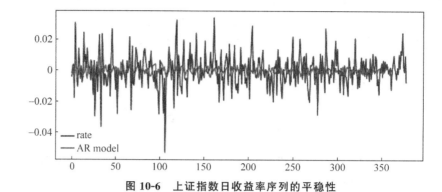

扫码看彩图

图 10-6   上证指数日收益率序列的平稳性

我们可以看看模型有多少阶。

```
print (len(results_AR.roots))
17
```

可以看出,自动生成的 AR 模型是 17 阶的。关于阶次的讨论在下节内容,我们画出模型的特征根,来检验平稳性:

```
pi,sin,cos = np.pi,np.sin,np.cos
r1 = 1
theta = np.linspace(0,2 * pi,360)
x1 = r1 * cos(theta)
y1 = r1 * sin(theta)
plt.figure(figsize = (6,6))
plt.plot(x1,y1,'k')    ♯画单位圆
roots = 1/results_AR.roots    ♯注意,这里 results_AR.roots 是计算的特征方程的解,特征根应该取倒数
for i in range(len(roots)):
    plt.plot(roots[i].real,roots[i].imag,'.r',markersize = 8)    ♯画特征根
plt.show()
```

由图 10-7 可以看出,所有特征根都在单位圆内,则序列为平稳的。

10.2.2   AR(p)模型的定阶

一般有两种方法来决定 p。

第一种:利用偏相关函数(partial auto-correlation function,PACF)。

第二种:利用信息准则函数。

(1) 偏相关函数判断 p

对于偏相关函数的介绍,这里不详细展开,只重点介绍一个性质:

AR(p)序列的样本偏相关函数是 p 步截尾的。

所谓截尾,就是快速收敛,应该是快速地降到几乎为 0 或者在置信区间以内。

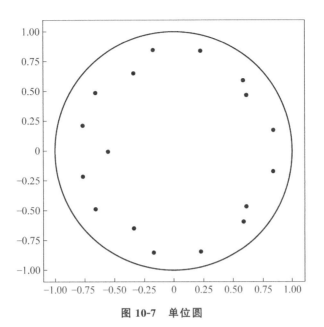

图 10-7　单位圆

具体我们看下面的例子,还是以前面的上证指数日收益率序列为例。

扫码看彩图

```
fig = plt.figure(figsize = (20,5))
ax1 = fig.add_subplot(111)
fig = sm.graphics.tsa.plot_pacf(temp,ax = ax1)
```

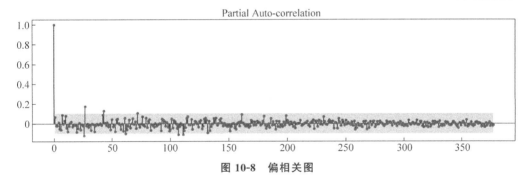

图 10-8　偏相关图

我们看出,按照截尾来看,模型阶次 p 在 110+,但是之前调用的自动生成 AR 模型,阶数为 17,当然,我们很少会用这么高的阶次。

(2) 信息准则——AIC、BIC、HQ

现在有以上这么多可供选择的模型,我们通常采用 AIC 法则。我们知道:增加自由参数的数目提高了拟合的优良性,AIC 鼓励数据拟合的优良性但是尽量避免出现过度拟合(overfitting)的情况。所以优先考虑的模型应是 AIC 值最小的那一个。赤池信息准则的方法是寻找可以最好地解释数据但包含最少自由参数的模型。目前选择模型常用如下准则:

$AIC = -2\ln(L) + 2k$　　(赤池信息量,Akaike information criterion)

$BIC = -2\ln(L) + \ln(n) * k$　　(贝叶斯信息量,Bayesian information criterion)

$$HQ = -2\ln(L) + \ln(\ln(n)) * k \quad (\text{汉南-奎恩准则,Hannan-Quinn criterion})$$

下面我们来测试 3 种准则下确定的 p,仍然用上证指数日收益率序列。为了减少计算量,我们只计算前 10 个间隔,看看效果。

```
aicList = []
bicList = []
hqicList = []
for i in range(1,11):        #从 1 阶开始算
    order = (i,0)    #这里使用了 ARMA 模型,order 代表了模型的(p,q)值,我们令 q 始终为 0,就只
考虑了 AR 情况.
    tempModel = sm.tsa.ARMA(temp,order).fit()
    aicList.append(tempModel.aic)
    bicList.append(tempModel.bic)
    hqicList.append(tempModel.hqic)
plt.figure(figsize = (15,6))
plt.plot(aicList,'r',label = 'aic value')
plt.plot(bicList,'b',label = 'bic value')
plt.plot(hqicList,'k',label = 'hqic value')
plt.legend(loc = 0)
```

扫码看彩图

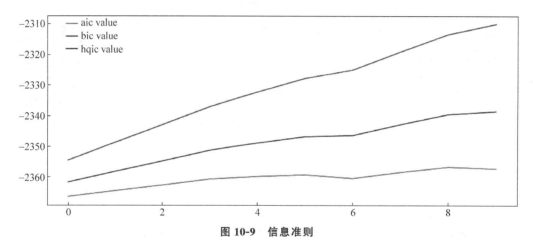

图 10-9　信息准则

可以看出,3 个准则在第一点均取到最小值,也就是说,p 的最佳取值应该在 1,我们只计算了前 10 个,结果未必正确。

当然,利用上面的方法逐个计算是很耗时间的,实际上,有函数可以直接按照准则计算出合适的 order,这个是针对 ARMA 模型的,我们后续再讨论。

10.2.3　模型的检验

根据式

$$r_t = \phi_0 + \phi_1 r_{t-1} + \cdots + \phi_p r_{t-p} + a_t$$

如果模型满足充分条件,其残差序列应该是白噪声,根据前面介绍的混成检验,可以用来检验残差与白噪声的接近程度。

我们先求出残差序列:

```
delta = results_AR.fittedvalues  - temp[17:]   #残差
```

```
plt.figure(figsize = (10,6))
# plt.plot(temp[17:],label = 'original value')
# plt.plot(results_AR.fittedvalues,label = 'fitted value')
plt.plot(delta,'r',label = 'residual error')
plt.legend(loc = 0)
```

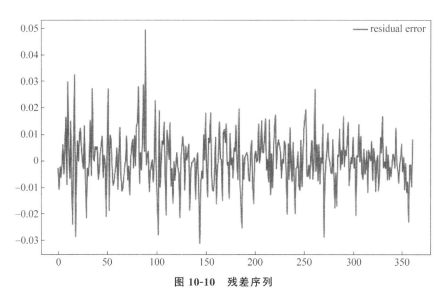

图 10-10　残差序列

我们检查它是不是接近白噪声序列,代码如下:

```
acf,q,p = sm.tsa.acf(delta,nlags = 10,qstat = True)    # #计算自相关系数 及 p-value
out = np.c_[range(1,11), acf[1:], q, p]
output = pd.DataFrame(out, columns = ['lag', "AC", "Q", "P-value"])
output = output.set_index('lag')
Output
            AC          Q      P-value
lag
1.0   -0.001149   0.000482   0.982482
2.0   -0.004135   0.006742   0.996635
3.0   -0.005099   0.016286   0.999450
4.0   -0.012264   0.071646   0.999373
5.0   -0.000408   0.071707   0.999929
6.0   -0.000137   0.071714   0.999993
7.0   -0.005574   0.083247   0.999999
8.0   -0.000707   0.083433   1.000000
9.0   -0.009415   0.116520   1.000000
10.0   0.001164   0.117028   1.000000
```

观察 P-value 可知,该序列可以认为没有相关性,近似得可以认为残差序列接近白噪声。

10.2.4　拟合优度及预测

(1) 拟合优度

我们使用下面的统计量来衡量拟合优度:

$$R^2 = 1 - \frac{残差的平方和}{总的平方和}$$

但是,对于一个给定的数据集,R^2 是用参数个数的非降函数,为了克服该缺点,推荐使用调整后的 R^2:

$$\mathrm{Adj}R^2 = 1 - \frac{残差的平方}{r_t \text{ 的方差}}$$

它的值在 0~1 之间,越接近 1,拟合效果越好。

下面我们计算之前对上证指数日收益率的 AR 模型的拟合优度。

```
score = 1 - delta.var()/temp[17:].var()
print (score)
0.04082742495107772
```

可以看出,模型的拟合程度并不好,当然,这并不重要,也许是这个序列并不适合用 AR 模型拟合。

(2)预测

我们首先得把原来的样本分为训练集和测试集,再来看预测效果,还是以之前的数据为例。

```
train = temp[:-10]
test = temp[-10:]
output = sm.tsa.AR(train).fit()
output.predict()
predicts = output.predict(355, 364, dynamic = True)
print (len(predicts))
comp = pd.DataFrame()
comp['original'] = temp[-10:]
comp['predict'] = predicts
comp
     original    predict
0  - 0.002229  - 0.001687
1    0.010222  - 0.002190
2    0.001450  - 0.000487
3    0.012783    0.000282
4    0.010237    0.001469
5    0.024142  - 0.001095
6    0.002406  - 0.000011
7  - 0.000893  - 0.000108
8    0.009316    0.000254
9  - 0.007386  - 0.000345
```

该模型的预测结果不太好。我们是不是可以通过其他模型获得更好的结果呢?我们将在下一部分介绍。

10.3　移动平均(MA)模型

这里我们直接给出 MA(q)模型的形式:

$$r_t = c_0 + a_t - \theta_1 a_{t-1} - \cdots - \theta_q a_{t-q}$$

c_0 为一个常数项。这里的 a_t 是 AR 模型 t 时刻的扰动或者说新息，可以发现，该模型使用了过去 q 个时期的随机干扰或预测误差来线性表达当前的预测值。

10.3.1　MA 模型的性质

（1）平稳性

MA 模型总是弱平稳的，因为他们是白噪声序列（残差序列）的有限线性组合。因此，根据弱平稳的性质可以得出两个结论：

$$E(r_t) = c_0$$
$$\text{Var}(r_t) = (1 + \theta_1^2 + \theta_2^2 + \cdots + \theta_q^2)\sigma_a^2$$

（2）自相关函数

对 q 阶的 MA 模型，其自相关函数 ACF 总是 q 步截尾的。因此 MA(q) 序列只与其前 q 个延迟值线性相关，从而它是一个"有限记忆"的模型。

这一点可以用来确定模型的阶次，后面会介绍。

（3）可逆性

当满足可逆条件的时候，MA(q) 模型可以改写为 AR(p) 模型。这里不进行推导，只给出 1 阶和 2 阶 MA 的可逆性条件。

1 阶：$\qquad\qquad\qquad |\theta_1| < 1$

2 阶：$\qquad\qquad\qquad |\theta_2| < 1, \quad \theta_1 + \theta_2 < 1$

10.3.2　MA 的阶次判定

我们通常利用上面介绍的第二条性质：MA(q) 模型的 ACF 函数 q 步截尾来判断模型阶次。示例如下：使用上证指数的日涨跌数据（2013 年 1 月至 2014 年 8 月）来进行分析，先取数据，取数和画图代码如下。

```
import numpy as np
import pandas as pd
import matplotlib.pyplot as plt
import tushare as ts                        ♯财经数据接口包 tushare
from scipy import  stats
import statsmodels.api as sm                ♯统计相关的库
IndexData = ts.get_k_data(code = 'sh',start = '2013 - 01 - 01',end = '2014 - 08 - 01')
IndexData.index = pd.to_datetime(IndexData.date)
close = IndexData.close
rate = (close - close.shift(1))/close.shift(1)
data = pd.DataFrame()
data['close'] = close
data['rate'] = rate
data = data.dropna()
data1 = np.array(data['rate'])          ♯上证指数日涨跌
data['rate'].plot(figsize = (15,5))
```

由图 10-11 可以看出，序列看上去是弱平稳的。下面我们画出序列的 ACF，如图 10-12 所示。

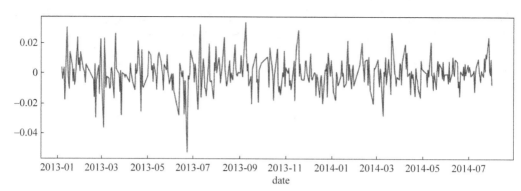

图 10-11   上证指数的日涨跌数据

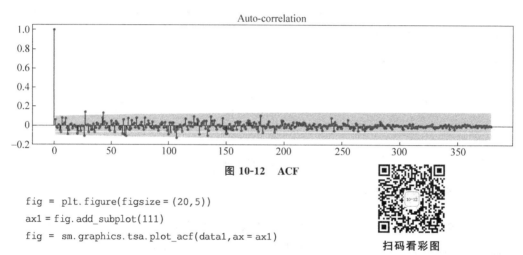

图 10-12   ACF

扫码看彩图

```
fig = plt.figure(figsize = (20,5))
ax1 = fig.add_subplot(111)
fig = sm.graphics.tsa.plot_acf(data1,ax = ax1)
```

我们发现 ACF 函数在 43 处截尾，之后的 acf 函数均在置信区间内，我们判定该序列 MA 模型阶次为 43 阶。

10.3.3   建模和预测

由于 sm.tsa 中没有单独的 MA 模块，我们利用 ARMA 模块，只要将其中 AR 的阶 p 设为 0 即可。

函数 sm.tsa.ARMA 中的输入参数中的 order(p,q)，代表了 AR 和 MA 的阶次。模型阶次增高，计算量急剧增长，因此这里就建立 10 阶的模型作为示例，如果按上一节的判断阶次来建模，计算时间过长。

我们用最后 10 个数据作为 out-sample 的样本，用来对比预测值。

```
order = (0,10)
train = data1[:-10]
test = data1[-10:]
tempModel = sm.tsa.ARMA(train,order).fit()
```

我们先来看看拟合效果，计算

$$\text{Adj}R^2 = 1 - \frac{残差的平方}{r_t \text{ 的方差}}$$

```
delta = tempModel.fittedvalues - train
score = 1 - delta.var()/train.var()
print (score)
0.02762900229624965
```

可以看出,score 远小于 1,拟合效果不好。

然后我们用建立的模型进行预测最后 10 个数据。

```
predicts = tempModel.predict(370, 379, dynamic = True)
print (len(predicts))
comp = pd.DataFrame()
comp['original'] = test
comp['predict'] = predicts
comp.plot()
```

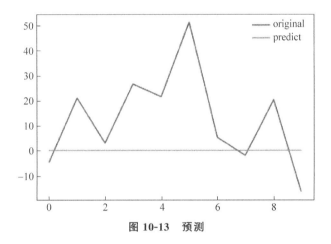

图 10-13　预测

可以看出,建立的模型效果很差,预测值明显小了 1 到 2 个数量级。就算只看涨跌方向,正确率也不足 50%。该模型不适用于原数据。

关于 MA 的内容只做了简单介绍,下面主要介绍 ARMA 模型。

10.4　自回归移动平均(ARMA)模型

在有些应用中,我们需要高阶的 AR 或 MA 模型才能充分地描述数据的动态结构,这样问题会变得很烦琐。为了克服这个困难,提出了自回归滑动平均(ARMA)模型。

基本思想是把 AR 和 MA 模型结合在一起,使所使用的参数个数保持很小。

模型的形式为

$$r_t = \phi_0 + \sum_{i=1}^{p} \phi_i r_{t-i} + a_t + \sum_{i=1}^{q} \theta_i a_{t-i}$$

其中,$\{a_t\}$ 为白噪声序列,p 和 q 都是非负整数。AR 和 MA 模型都是 ARMA(p, q)的特殊形式。

利用向后推移算子 B,上述模型可写成:

$$(1 - \phi_1 B - \cdots - \phi_p B^p) r_t = \phi_0 + (1 - \theta_1 B - \cdots - \theta_q B^q) a_t$$

（后移算子 B，即上一时刻）

这时候我们求 r_t 的期望，得到

$$E(r_t) = \frac{\phi_0}{1 - \phi_1 - \cdots - \phi_p}$$

和上期我们的 AR 模型一样。因此有着相同的特征方程：

$$1 - \phi_1 x - \phi_2 x^2 - \cdots - \phi_p x^p = 0$$

该方程所有解的倒数称为该模型的特征根，如果所有的特征根的模都小于 1，则该
ARMA 模型是平稳的。

有一点很关键：ARMA 模型的应用对象应该为平稳序列。我们下面的步骤都是建立
在假设原序列平稳的条件下的。

10.4.1　识别 ARMA 模型阶次

（1）PACF、ACF 判断模型阶次

我们通过观察 PACF 和 ACF 截尾，分别判断 p、q 的值（限定滞后阶数 50）。

```
fig = plt.figure(figsize = (20,10))
ax1 = fig.add_subplot(211)
fig = sm.graphics.tsa.plot_acf(data1,lags = 30,ax = ax1)
ax2 = fig.add_subplot(212)
fig = sm.graphics.tsa.plot_pacf(data1,lags = 30,ax = ax2)
```

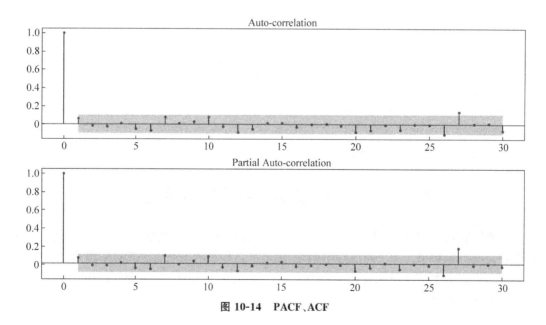

图 10-14　PACF、ACF

可以看出，模型的阶次应该为（27,27）。然而，这么高的阶次建模的计算量是巨大的。

为什么不再限制滞后阶数小一些？如果 lags 设置为 25,20 或者更小时，阶数为（0,0），
显然不是我们想要的结果。

综合来看，由于计算量太大，在这里就不使用（27,27）建模了。采用另外一种方法确定
阶数。

（2）信息准则定阶

关于信息准则，前面有过一些介绍：

目前选择模型常用如下准则：（其中 L 为似然函数，k 为参数数量，n 为观察数）

AIC$=-2\ln(L)+2k$　（赤池信息量，Akaike information criterion）

BIC$=-2\ln(L)+\ln(n)*k$　（贝叶斯信息量，Bayesian information criterion）

HQ$=-2\ln(L)+\ln(\ln(n))*k$　（汉南-奎恩准则，Hannan-Quinn criterion）

我们常用的是 AIC 准则，AIC 鼓励数据拟合的优良性但是尽量避免出现过度拟合（overfitting）的情况。所以优先考虑的模型应是 AIC 值最小的那一个模型。

下面，我们分别应用以上 3 种法则，为我们的模型定阶，数据仍然是上证指数日涨跌幅序列：

为了控制计算量，我们限制 AR 最大阶不超过 6，MA 最大阶不超过 4。但是这样带来的坏处是可能为局部最优。

```
sm.tsa.arma_order_select_ic(data['rate'],max_ar = 6,max_ma = 4,ic = 'aic')['aic_min_order']
# AIC
(3, 3)
sm.tsa.arma_order_select_ic(data['rate'],max_ar = 6,max_ma = 4,ic = 'bic')['bic_min_order']
# BIC
(0, 0)
sm.tsa.arma_order_select_ic(data['rate'],max_ar = 6,max_ma = 4,ic = 'hqic')['hqic_min_order']
# HQIC
(0, 0)
```

可以看出，AIC 求解的模型阶次为（3，3）。我们这里就以 AIC 准则为准。至于到底哪种准则更好，我们可以分别建模进行对比。

10.4.2　模型的建立及预测

我们使用上面 AIC 准则求解的模型阶次（3，3）来建立 ARMA 模型，源数据为上证指数日涨跌幅数据，最后 10 个数据用于预测。

```
order = (3,3)
train = data1[:-10]
test = data1[-10:]
tempModel = sm.tsa.ARMA(train,order).fit()
```

同样地，先来看看拟合效果：

```
delta = tempModel.fittedvalues - train
score = 1 - delta.var()/train.var()
print (score)
0.04903929982793831
```

如果对比之前建立的 AR、MA 模型，可以发现拟合精度上有所提升，但仍然是不够看的级别。

```
predicts = tempModel.predict(370, 379, dynamic = True)
print (len(predicts))
```

```
comp = pd.DataFrame()
comp['original'] = test
comp['predict'] = predicts
comp.plot()
```

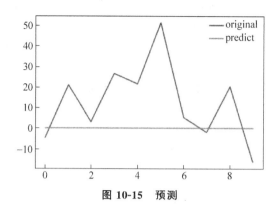

图 10-15　预测

可以看出,虽然还是准确度很低,不过相比之前的 MA 模型,只看涨跌的话,胜率为
55.6%,效果还是好了不少。

10.5　差分自回归移动平均(ARIMA)模型

到目前为止,我们研究的序列都集中在平稳序列,即 ARMA 模型研究的对象为平稳序
列。如果序列是非平稳的,就可以考虑使用 ARIMA 模型。

ARIMA 比 ARMA 仅多了个"I",代表着其比 ARMA 多一层内涵:也就是差分。

一个非平稳序列经过 d 次差分后,可以转化为平稳时间序列。d 的具体取值,我们对
差分 1 次后的序列进行平稳性检验,若是非平稳的,则继续差分,直到 d 次后检验为平稳
序列。

10.5.1　单位根检验

ADF 是一种常用的单位根检验方法,它的原假设为序列具有单位根,即非平稳,对于一
个平稳的时序数据,就需要在给定的置信水平上显著,拒绝原假设。

下面给出示例,我们先看上证综指的日指数序列。

```
data2 = data['close']  #上证指数
data2.plot(figsize = (15,5))
```

由图 10-16 可见,这里显然是非平稳的。下面进行 ADF 单位根检验。

```
temp = np.array(data2)
t = sm.tsa.stattools.adfuller(temp)   #ADF 检验
output = pd.DataFrame(index = ['Test Statistic Value', "p - value", "Lags Used", "Number of
Observations Used","Critical Value(1%)","Critical Value(5%)","Critical Value(10%)"],
columns = ['value'])
output['value']['Test Statistic Value'] = t[0]
output['value']['p - value'] = t[1]
```

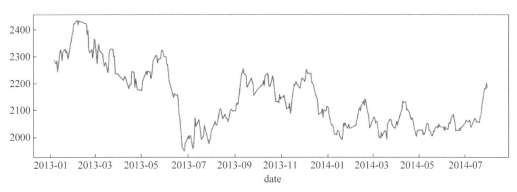

图 10-16　上证指数

```
output['value']['Lags Used'] = t[2]
output['value']['Number of Observations Used'] = t[3]
output['value']['Critical Value(1%)'] = t[4]['1%']
output['value']['Critical Value(5%)'] = t[4]['5%']
output['value']['Critical Value(10%)'] = t[4]['10%']
Output
                                  value
Test Statistic Value           -2.27913
p-value                         0.178787
Lags Used                              1
Number of Observations Used          378
Critical Value(1%)             -3.44777
Critical Value(5%)             -2.86922
Critical Value(10%)            -2.57086
```

可以看出,P-value 为 0.178787,大于显著性水平。原假设"序列具有单位根即非平稳"不能被拒绝。因此上证指数日指数序列为非平稳的。我们将序列进行 1 次差分后再次检验。

```
data2Diff = data2.diff()                ♯差分
data2Diff.plot(figsize = (15,5))
```

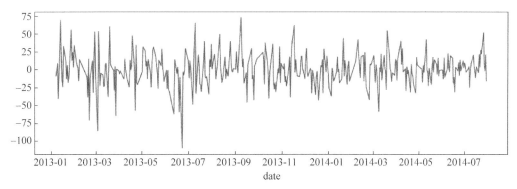

图 10-17　差分序列

由图 10-17 可见,序列近似平稳序列,我们来进行 ADF 检验。

```
temp = np.array(data2Diff)[1:]          ♯差分后第一个值为 NaN,舍去
t = sm.tsa.stattools.adfuller(temp)     ♯ADF 检验
```

```
print ("p-value:    ",t[1])
p-value:    2.346451382047225e-30
```

可以看出,P-value 非常接近于 0,拒绝原假设,因此,该序列为平稳的。

可见,经过 1 次差分后的序列是平稳的,对于原序列,d 的取值为 1 即可。

10.5.2　ARIMA(p,d,q)模型阶次确定

上面一小节我们确定了差分次数 d,接下来,我们就可以将差分后的序列建立 ARMA 模型。

首先,我们还是尝试 PACF 和 ACF 来判断 p、q。

```
temp = np.array(data2Diff)[1:]  #差分后第一个值为 NaN,舍去
fig = plt.figure(figsize = (20,10))
ax1 = fig.add_subplot(211)
fig = sm.graphics.tsa.plot_acf(temp,lags = 30,ax = ax1)
ax2 = fig.add_subplot(212)
fig = sm.graphics.tsa.plot_pacf(temp,lags = 30,ax = ax2)
```

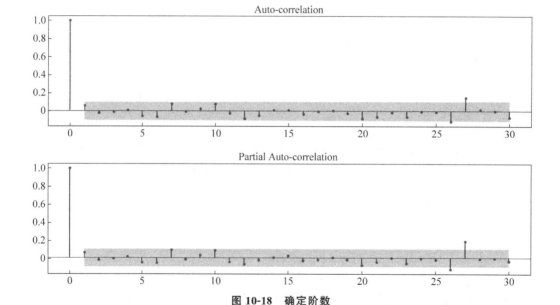

图 10-18　确定阶数

可以看出,模型的阶次为(27,27),还是太高了。经建模计算太大。我们再看看 AIC 准则。

```
sm.tsa.arma_order_select_ic(temp,max_ar = 6,max_ma = 4,ic = 'aic')['aic_min_order']   #AIC
(2, 2)
```

根据 AIC 准则,差分后的序列的 ARMA 模型阶次为(2,2)。因此,我们要建立的 ARIMA 模型阶次(p,d,q)=(2,1,2)。

10.5.3　ARIMA 模型建立及预测

根据上一节确定的模型阶次,我们对差分后序列建立 ARMA(2,2)模型。

```
order = (2,2)
data = np.array(data2Diff)[1:]  #差分后,第一个值为 NaN
rawdata = np.array(data2)
train = data[:-10]
test = data[-10:]
model = sm.tsa.ARMA(train,order).fit()
```

我们先看差分序列的 ARMA 拟合值(结果如图 10-19 所示)。

```
plt.figure(figsize = (15,5))
plt.plot(model.fittedvalues, label = 'fitted value')
plt.plot(train[1:], label = 'real value')
plt.legend(loc = 0)
delta = model.fittedvalues - train
score = 1 - delta.var()/train[1:].var()
print (score)
0.039807992106372314
```

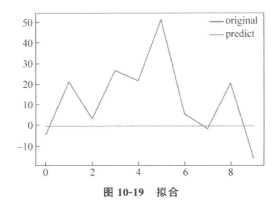

图 10-19　拟合

再看对差分序列的预测情况(结果如图 10-20 所示)。

```
predicts = model.predict(10,381, dynamic = True)[-10:]
print (len(predicts))
comp = pd.DataFrame()
comp['original'] = test
comp['predict'] = predicts
comp.plot(figsize = (8,5))
```

扫码看彩图

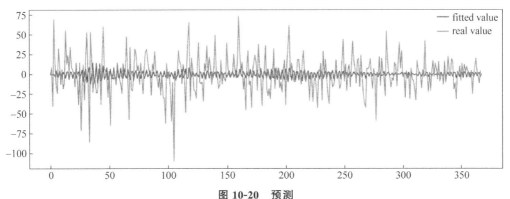

图 10-20　预测

可以看出,差分序列 ARMA 模型的拟合效果和预测结果并不好,预测值非常小,这代表什么? 这代表对于新的值,这里认为它很接近上一时刻的值。

这个影响可能来自模型阶次,看来模型阶次还是得尝试更高阶的。这里就不建模了(计算时间太长),大家有兴趣可以试试高阶的模型。

最后我们将预测值还原(即在上一时刻指数值的基础上加上差分差值的预估)(结果如图 10-21 所示)。

```
rec = [rawdata[ - 11]]
pre = model.predict(370, 379, dynamic = True) #差分序列的预测
for i in range(10):
    rec.append(rec[i] + pre[i])
plt.figure(figsize = (10,5))
plt.plot(rec[ - 10:],'r',label = 'predict value')
plt.plot(rawdata[ - 10:],'blue',label = 'real value')
plt.legend(loc = 0)
```

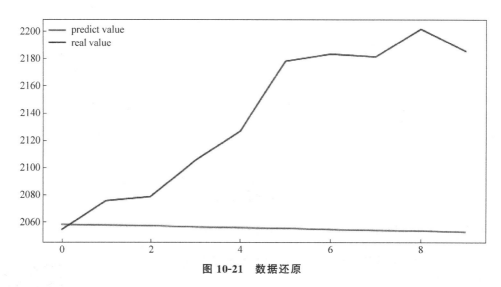

图 10-21　数据还原

我们发现,由于对差分序列的预测很差,还原到原序列后,预测值几乎在预测前一个值上小幅波动。模型仍然不够好。

练　习　题

对本章中例题的数据文件,使用 Python 重新操作一遍。

财经大数据广义自回归条件异方差模型（GARCH）及其 Python 应用

11.1　自回归条件异方差模型（ARCH）及预测

在前面的章节中,我们介绍了 ARMA、ARIMA 等模型,这些模型一般都假设干扰项的方差为常数,然而在很多情况下,时间序列的波动有集聚性等特征,使得方差并不为常数。因此,如何刻画方差是十分有必要研究的。本节介绍的 ARCH、GARCH 模型可以刻画出随时间变化的条件异方差。

11.1.1　波动率的特征

对于金融时间序列,波动率往往具有以下特征:
(1) 存在波动率聚集现象,即波动率在一段时间上高,一段时间上低。
(2) 波动率以连续时间变化,很少发生跳跃。
(3) 波动率不会发散到无穷,波动率往往是平稳的。
(4) 波动率对价格大幅上升和大幅下降的反应是不同的,这个现象为杠杆效应。

11.1.2　自回归条件异方差模型 ARCH 的基本原理

在传统计量经济学模型中,干扰项的方差被假设为常数。但是许多经济时间序列呈现出波动的集聚性,在这种情况下假设方差为常数是不恰当的。

ARCH 模型将当前一切可利用信息作为条件,并采用某种自回归形式来刻画方差的变异,对于一个时间序列而言,在不同时刻可利用的信息不同,而相应的条件方差也不同,利用 ARCH 模型,可以刻画出随时间而变异的条件方差。

(1) ARCH 模型思想
① 资产收益率序列的扰动 $\{a_t\}$ 是序列不相关的,但是不独立。
② $\{a_t\}$ 的不独立性可以用其延迟值的简单二次函数来描述。
具体而言,一个 ARCH(m) 模型为

$$a_t = \sigma_t \varepsilon_t, \quad \sigma_t^2 = \alpha_0 + \alpha_1 \sigma_{t-1}^2 + \cdots + \alpha_m \sigma_{t-m}^2 > 0; \quad \forall i > 0, \alpha_i \geqslant 0$$

其中,ε_t 为均值为 0,方差为 1 的独立同分布（iid）的随机变量序列。通常假定其服从标准正态分布。σ_t^2 为条件异方差。

(2) ARCH 模型效应
从上面模型的结构看,过去较大值的平方"扰动"会导致信息 a_t 大的条件异方差。从而

a_t 有取绝对值较大的值的倾向。这意味着：在 ARCH 的框架下，大的"扰动"会倾向于紧接着出现另一个大的"扰动"。这与波动率聚集的现象相似。

所谓 ARCH 模型效应，也就是条件异方差序列的序列相关性。

11.1.3　ARCH 模型建立

上面我们尽可能简单地介绍了 ARCH 的原理，下面主要介绍如何 Python 实现。ARCH 模型建立大致分为以下几步：

（1）通过检验数据的序列相关性建立一个均值方程，如有必要，对收益率序列建立一个计量经济模型（如 ARMA）来消除任何线性依赖；

（2）对均值方程的残差进行 ARCH 效应检验；

（3）如果具有 ARCH 效应，则建立波动率模型；

（4）检验拟合的模型，如有必要则进行改进。

Python 的 ARCH 库其实提供了现成的方法（后面会介绍），但是为了理解 ARCH，我们按流程来建模。

（1）均值方程的建立

这里的均值方程可以简单认为建立 ARMA（或 ARIMA）模型，ARCH 其实是在此基础上的一些"修正"。我们以上证指数日涨跌幅序列（如图 11-1 所示）为例。

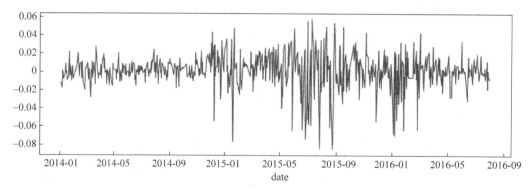

图 11-1　上证指数日涨跌幅序列

注意：本章中代码要在优矿环境中进行才能通过。

由于后面的 ARCH 库均值方程只支持常数、零均值、AR 模型，我们这里建立 AR 模型，方便对照。

```
# 相关库
from scipy import    stats
import statsmodels.api as sm          # 统计相关的库
import numpy as np
import pandas as pd
import matplotlib.pyplot as plt
import arch                            # 条件异方差模型相关的库
import tushare as ts                   # 财经数据接口包 tushare
IndexData = ts.get_k_data(code = 'sh', start = '2014 - 01 - 01', end = '2016 - 08 - 01')
IndexData.index = pd.to_datetime(IndexData.date)
close = IndexData.close
```

```
rate = (close – close.shift(1))/close.shift(1)
data = pd.DataFrame()
data['rate'] = rate
data = data.dropna()
data1 = np.array(data['rate'])                  ♯上证指数日涨跌
data['rate'].plot(figsize = (15,5))
```

首先检验平稳性,是否需要差分。

原假设 H_0:序列为非平稳的;

备择假设 H_1:序列是平稳的。

```
t = sm.tsa.stattools.adfuller(data1)        ♯ADF 检验
print ("p – value:    ",t[1])
P – value:    1.435655263267842e – 07
```

P-value 小于显著性水平,拒绝原假设,因此序列是平稳的,接下来我们建立 AR(p) 模型,先判定阶次,如图 11-2 所示。

```
fig = plt.figure(figsize = (20,5))
ax1 = fig.add_subplot(111)
fig = sm.graphics.tsa.plot_pacf(data1,lags = 20,ax = ax1)
```

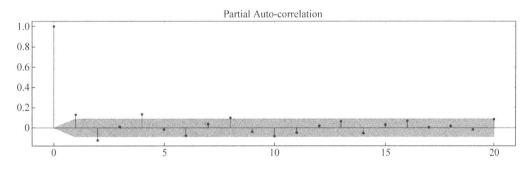

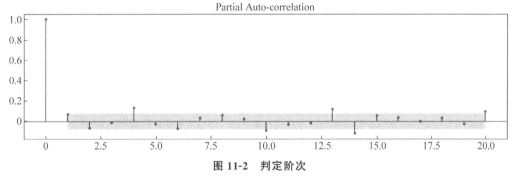

图 11-2　判定阶次

于是我们建立 AR(8)模型,即均值方程:

```
order = (8,0)
model = sm.tsa.ARMA(data1,order).fit()
```

(2) ARCH 效应的检验

我们利用前面的金融时间序列中的混成检验(Ljung-Box),检验序列 $\{a_t^2\}$ 的相关性,来判断是否具有 ARCH 效应。

计算均值方程残差：$a_t = r_t - \mu_t$

画出残差及残差的平方图，如图 11-3 所示。

```python
at = data1 - model.fittedvalues
at2 = np.square(at)
plt.figure(figsize = (10,6))
plt.subplot(211)
plt.plot(at,label = 'at')
plt.legend()
plt.subplot(212)
plt.plot(at2,label = 'at^2')
plt.legend(loc = 0)
```

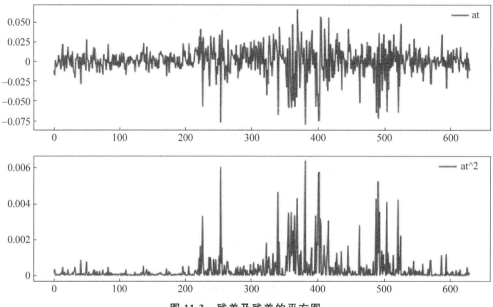

图 11-3　残差及残差的平方图

然后对 $\{a_t^2\}$ 序列进行混成检验。

原假设 H_0：序列没有相关性；备择假设 H_1：序列具有相关性。

```python
m = 25                                          ♯我们检验 25 个自相关系数
acf,q,p = sm.tsa.acf(at2,nlags = m,qstat = True)   ♯ ♯计算自相关系数 及 p - value
out = np.c_[range(1,26), acf[1:], q, p]
output = pd.DataFrame(out, columns = ['lag', "AC", "Q", "P - value"])
output = output.set_index('lag')
output
           AC          Q         P - value
lag
1.0    0.200409   25.423850   4.601934e - 07
2.0    0.254697   66.552518   3.534308e - 15
3.0    0.229164   99.901493   1.631835e - 21
4.0    0.202345   125.943156  2.869314e - 26
5.0    0.176140   145.707911  1.093663e - 29
```

6.0	0.112663	153.807001	1.211685e − 30
7.0	0.125756	163.914113	4.810370e − 32
8.0	0.091965	169.328002	1.783669e − 32
9.0	0.093151	174.891416	5.899043e − 33
10.0	0.118975	183.981678	3.489324e − 34
11.0	0.093479	189.602446	1.061803e − 34
12.0	0.116481	198.343881	7.164142e − 36
13.0	0.190268	221.705527	4.634816e − 40
14.0	0.110656	229.620070	4.616119e − 41
15.0	0.109458	237.376812	4.898256e − 42
16.0	0.182471	258.968076	7.461350e − 46
17.0	0.114394	267.467803	5.553750e − 47
18.0	0.084826	272.149114	2.479542e − 47
19.0	0.106258	279.506811	3.103670e − 48
20.0	0.141347	292.547457	2.680622e − 50
21.0	0.169358	311.299631	1.586277e − 53
22.0	0.060355	313.685125	2.029692e − 53
23.0	0.068169	316.733305	1.873993e − 53
24.0	0.047035	318.186853	3.585283e − 53
25.0	0.110365	326.202946	3.195305e − 54

P-value 小于显著性水平 0.05，我们拒绝原假设，即认为序列具有相关性。因此具有 ARCH 效应。

（3）ARCH 模型的建立

首先来确定 ARCH 模型的阶次，可以用 $\{a_t^2\}$ 序列的偏自相关函数 PACF 来确定：

```
fig = plt.figure(figsize = (20,5))
ax1 = fig.add_subplot(111)
fig = sm.graphics.tsa.plot_pacf(at2,lags = 30,ax = ax1)
```

由图 11-4 我们可以粗略定为 4 阶。然后建立 AR(4) 模型：

$$\sigma_t^2 = \alpha_0 + \alpha_1 a_{t-1}^2 + \cdots + \alpha_4 a_{t-4}^2$$
$$\eta_t = a_t^2 - \sigma_t^2$$
$$a_t^2 = \alpha_0 + \alpha_1 a_{t-1}^2 + \cdots + \alpha_4 a_{t-4}^2 + \eta_t$$

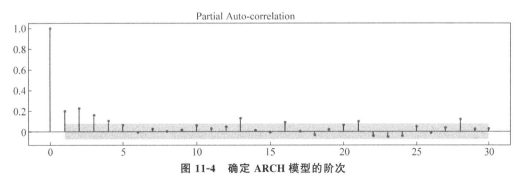

图 11-4　确定 ARCH 模型的阶次

后续的 AR 模型就不建立了。当然，按照上述流程走下来非常麻烦。事实上 ARCH 库可以一步到位。根据我们之前的分析，可以粗略选择均值模型为 AR(8) 模型，波动率模型选择 ARCH(4) 模型。

```
train = data[: - 10]
test = data[ - 10:]
am = arch. arch_model(train, mean = 'AR', lags = 8, vol = 'ARCH', p = 4)
res = am. fit()
```

得到如下结果：

```
Iteration:      1,   Func. Count:    16,   Neg. LLF: - 1642.164586118623
Iteration:      2,   Func. Count:    39,   Neg. LLF: - 1642.502127711002
Iteration:      3,   Func. Count:    59,   Neg. LLF: - 1649.7594588746579
Iteration:      4,   Func. Count:    78,   Neg. LLF: - 1649.8547797892948
Iteration:      5,   Func. Count:    97,   Neg. LLF: - 1650.0175340140272
Iteration:      6,   Func. Count:   115,   Neg. LLF: - 1650.6823929451143
Iteration:      7,   Func. Count:   138,   Neg. LLF: - 1650.6855598149089
Iteration:      8,   Func. Count:   157,   Neg. LLF: - 1650.7812954324838
Iteration:      9,   Func. Count:   176,   Neg. LLF: - 1650.9787933951834
Iteration:     10,   Func. Count:   199,   Neg. LLF: - 1650.9833193680308
Iteration:     11,   Func. Count:   218,   Neg. LLF: - 1651.077077713258
Iteration:     12,   Func. Count:   241,   Neg. LLF: - 1651.0909529040819
Iteration:     13,   Func. Count:   260,   Neg. LLF: - 1651.1210413445692
Iteration:     14,   Func. Count:   283,   Neg. LLF: - 1651.1453235309011
Positive directional derivative for linesearch    (Exit mode 8)
         Current function value: - 1651.1453233835132
         Iterations: 18
         Function evaluations: 283
         Gradient evaluations: 14
res. summary()
```

得到如下结果：

```
< class 'statsmodels. iolib. summary. Summary'>
                    AR - ARCH Model Results
===================================================================
Dep. Variable:              rate   R - squared:                  0.012
Mean Model:                   AR   Adj. R - squared:            - 0.001
Vol Model:                  ARCH   Log - Likelihood:            1651.15
Distribution:             Normal   AIC:                      - 3274.29
Method:       Maximum Likelihood   BIC:                      - 3212.46
                                   No. Observations:              612
Date:            Mon, Jul 09 2018   Df Residuals:                  598
Time:                  09:35:54   Df Model:                       14
                            Mean Model
===================================================================
              coef    std err        t     P>|t|      95.0 % Conf. Int.
-------------------------------------------------------------------
Const    1.5344e - 03  5.965e - 04    2.572  1.010e - 02 [3.653e - 04, 2.704e - 03]
rate[1]      0.0953  5.412e - 02    1.762  7.815e - 02  [ - 1.074e - 02,  0.201]
rate[2]    - 0.0919  5.921e - 02  - 1.553    0.120  [ - 0.208, 2.411e - 02]
rate[3]    - 0.0635  5.528e - 02  - 1.148    0.251  [ - 0.172, 4.487e - 02]
rate[4]      0.0313  7.706e - 02    0.406    0.685    [ - 0.120,  0.182]
```

	coef	std err	t	P>|t|	95.0% Conf. Int.
rate[5]	$-1.8116e-03$	$5.239e-02$	$-3.458e-02$	0.972	$[-0.104, 0.101]$
rate[6]	-0.1001	$5.777e-02$	-1.733	$8.312e-02$	$[-0.213, 1.312e-02]$
rate[7]	-0.0495	$5.247e-02$	-0.943	0.346	$[-0.152, 5.337e-02]$
rate[8]	0.0211	$4.778e-02$	0.442	0.658	$[-7.252e-02, 0.115]$

```
                          Volatility Model
===============================================================
              coef      std err      t        P>|t|      95.0% Conf. Int.
---------------------------------------------------------------
omega       1.2300e-04  2.827e-05  4.350    1.360e-05  [6.758e-05,1.784e-04]
alpha[1]    0.1564      0.276      0.566    0.571      [  -0.385,   0.698]
alpha[2]    0.1939      8.845e-02  2.192    2.838e-02  [2.052e-02,   0.367]
alpha[3]    0.1564      8.463e-02  1.848    6.456e-02  [-9.451e-03,  0.322]
alpha[4]    0.1564      0.138      1.132    0.257      [  -0.114,   0.427]
===============================================================
Covariance estimator: robust


res.params
Const        0.001534
rate[1]      0.095342
rate[2]     -0.091945
rate[3]     -0.063484
rate[4]      0.031257
rate[5]     -0.001812
rate[6]     -0.100110
rate[7]     -0.049460
rate[8]      0.021125
omega        0.000123
alpha[1]     0.156412
alpha[2]     0.193875
alpha[3]     0.156412
alpha[4]     0.156412
Name: params, dtype: float64
```

可以看出,我们的模型为

$$r_t = 0.001534 + 0.095342a_1 + \cdots + 0.021125a_{t-8}$$
$$\sigma_t^2 = 0.000123 + 0.156412\sigma_{t-1}^2 + \cdots + 0.156412\sigma_{t-4}^2$$

从上述模型我们可以看出,上证指数的日收益率期望大约在 0.16%。模型的 R-squared 较小,拟合效果一般。

(4) ARCH 模型的预测

先来看整体的预测拟合情况,如图 11-5 所示。

```
res.hedgehog_plot()
```

可以看出,虽然具体值差距很大,但是均值和方差的变化相似。下面再看最后 10 个数据的预测情况。

```
len(train)
```

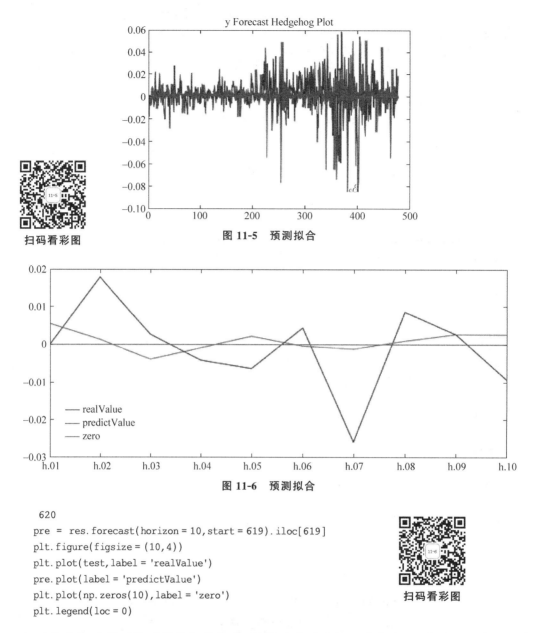

图 11-5 预测拟合

扫码看彩图

图 11-6 预测拟合

扫码看彩图

```
620
pre = res.forecast(horizon = 10,start = 619).iloc[619]
plt.figure(figsize = (10,4))
plt.plot(test,label = 'realValue')
pre.plot(label = 'predictValue')
plt.plot(np.zeros(10),label = 'zero')
plt.legend(loc = 0)
```

可以看出，光从看涨看跌的角度去看，预测看涨看跌的正确率为 60%，当然，其实模型更重要的功能是预测波动率，我们将在下节介绍。

11.2 广义自回归条件异方差模型(GARCH)与波动率预测

虽然 ARCH 模型简单，但为了充分刻画收益率的波动率过程，往往需要很多参数，例如上面用到 ARCH(4)模型，有时会有更高的 ARCH(m)模型。因此，Bollerslev 于 1986 年提出了一个推广形式，称为广义的 ARCH 模型(GARCH)。

令 $a_t = r_t - \mu_t$ 为 t 时刻的信息。若 a_t 满足下式：

$$a_t = \sigma_t \varepsilon_t$$

$$\sigma_t^2 = \alpha_0 + \sum_{i=1}^{m} \alpha_i a_{t-i}^2 + \sum_{j=1}^{s} \beta_j \sigma_{t-j}^2$$

$$\alpha_0 > 0; \forall i > 0, \alpha_i \geqslant 0, \beta_i \geqslant 0, \alpha_i + \beta_i < 1$$

其中,ε_t 为均值为 0、方差为 1 的独立同分布(IID)的随机变量序列。通常假定其服从标准正态分布或标准化学生——t 分布。σ_t^2 为条件异方差。

则称 a_t 服从 GARCH(m,s) 模型。可以发现该公式与 ARMA 模型很相似。

11.2.1　GARCH 模型建立

GARCH 模型的建立与之前的 ARCH 模型建立过程类似,不过 GARCH(m,s) 的定阶较难,一般使用低阶模型,如 GARCH$(1,1)$,GARCH$(2,1)$,GARCH$(1,2)$等。

下面我们以前面的数据为例,构建 GARCH 模型,均值方程为 AR(8)模型,波动率模型为 GARCH$(1,1)$。

```
train = data1[: -10]
test = data1[-10:]
am = arch.arch_model(train, mean = 'AR', lags = 8, vol = 'GARCH')
res = am.fit()
Iteration:      1,   Func. Count:     14,   Neg. LLF: -1676.7176631030466
Iteration:      2,   Func. Count:     35,   Neg. LLF: -1676.8020223092476
Iteration:      3,   Func. Count:     58,   Neg. LLF: -1676.802023521133
Positive directional derivative for linesearch    (Exit mode 8)
            Current function value: -1676.8020227979764
            Iterations: 7
            Function evaluations: 58
            Gradient evaluations: 3


res.summary()
                        AR - GARCH Model Results
==============================================================================
Dep. Variable:                  y    R - squared:                     0.038
Mean Model:                    AR    Adj. R - squared:                0.026
Vol Model:                  GARCH    Log - Likelihood:               1676.80
Distribution:              Normal    AIC:                          -3329.60
Method:        Maximum Likelihood    BIC:                          -3276.60
                                     No. Observations:                  612
Date:              Mon, Jul 09 2018  Df Residuals:                      600
Time:                    10:06:37    Df Model:                           12
                             Mean Model
==============================================================================
               coef      std err         t      P>|t|       95.0 % Conf. Int.
------------------------------------------------------------------------------
Const     9.3781e-04   5.243e-04       1.789   7.366e-02  [-8.979e-05,1.965e-03]
y[1]          0.0784   3.894e-02       2.014   4.402e-02    [2.102e-03,  0.155]
y[2]         -0.0397   4.864e-02      -0.816      0.415    [-0.135,5.566e-02]
y[3]         -0.0274   5.051e-02      -0.543      0.587    [-0.126,7.160e-02]
y[4]          0.1267   4.893e-02       2.590   9.587e-03    [3.084e-02,  0.223]
y[5]         -0.0136   4.158e-02      -0.327      0.743  [-9.511e-02,6.788e-02]
y[6]         -0.0685   4.060e-02      -1.688   9.146e-02   [-0.148,1.105e-02]
```

	coef	std err	t	P>|t|	95.0% Conf. Int.
y[7]	0.0321	4.212e-02	0.762	0.446	[-5.045e-02, 0.115]
y[8]	0.0659	4.112e-02	1.603	0.109	[-1.468e-02, 0.146]

Volatility Model

===

	coef	std err	t	P>|t|	95.0% Conf. Int.
omega	6.9022e-06	3.064e-11	2.253e+05	0.000	[6.902e-06,6.902e-06]
alpha[1]	0.1000	2.110e-02	4.739	2.152e-06	[5.864e-02, 0.141]
beta[1]	0.8800	1.861e-02	47.295	0.000	[0.844, 0.916]

===

```
Covariance estimator: robust
res.params
Const          0.000938
y[1]           0.078419
y[2]          -0.039666
y[3]          -0.027405
y[4]           0.126742
y[5]          -0.013615
y[6]          -0.068517
y[7]           0.032111
y[8]           0.065909
omega          0.000007
alpha[1]       0.100000
beta[1]        0.880000
Name: params, dtype: float64
```

我们得到波动率模型：

$$\sigma_t^2 = 0.000007 + 0.1a_{t-1}^2 + 0.88\sigma_{t-1}^2$$

```
res.plot()
plt.plot(data1)
```

观察图 11-7，第一张图为标准化残差，近似平稳序列，说明模型在一定程度上是正确的；第二张图，黄色（浅色）为原始收益率序列、蓝色（深色）为条件异方差序列，可以发现条件异方差很好地表现出了波动率。

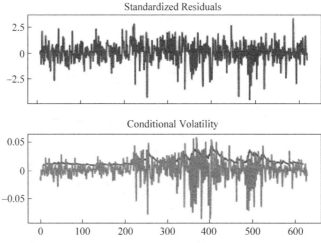

图 11-7 标准化残差与原始收益率序列

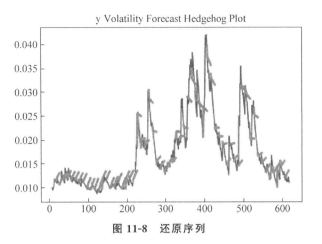

图 11-8　还原序列

扫码看彩图

代码如下。

```
res.hedgehog_plot()
```

观察拟合图发现，在方差的还原上还是不错的。

11.2.2　波动率预测

上一节的预测直接预测了收益率，然而直接预测收益率准确度并不是很高，因此很多时候我们主要用来预测波动率，根据上面建立的波动率模型

$$\sigma_t^2 = 0.000007 + 0.1 a_{t-1}^2 + 0.88 \sigma_{t-1}^2$$

可以按照我们建立好的模型一步步计算。

根据模型

$$r_t = 0.001534 + 0.095342 a_1 + \cdots + 0.021125 a_{t-8}$$

先计算 a_t 的预测值

```
res.params
Const         0.000938
y[1]          0.078419
y[2]         -0.039666
y[3]         -0.027405
y[4]          0.126742
y[5]         -0.013615
y[6]         -0.068517
y[7]          0.032111
y[8]          0.065909
omega         0.000007
alpha[1]      0.100000
beta[1]       0.880000
Name: params, dtype: float64
```

我们需要提取均值方程的系数向量 w，再逐个计算 a_t 后面 10 个值

```
ini = res.resid[-8:]
a = np.array(res.params[1:9])
```

```
w = a[::-1]                    #系数
for i in range(10):
    new = test[i] - (res.params[0] + w.dot(ini[-8:]))
    ini = np.append(ini,new)
print (len(ini))
at_pre = ini[-10:]
at_pre2 = at_pre ** 2
at_pre2
18
array([4.03992231e-06, 2.53815975e-06, 4.26971723e-06, 1.05225312e-04,
        1.01808504e-06, 9.75471390e-05, 4.46802879e-04, 1.36871395e-05,
        4.54391129e-05, 1.31192768e-04])
```

接着根据波动率模型预测波动率：

$$\sigma_t^2 = 0.000007 + 0.1a_{t-1}^2 + 0.88\sigma_{t-1}^2$$

```
ini2 = res.conditional_volatility[-2:] #上两个条件异方差值

for i in range(10):
    new = 0.000007 + 0.1 * at_pre2[i] + 0.88 * ini2[-1]
    ini2 = np.append(ini2,new)
vol_pre = ini2[-10:]
vol_pre
array([0.00962424, 0.00847658, 0.00746682, 0.00658832, 0.00580483,
        0.005125  , 0.00456168, 0.00402265, 0.00355147, 0.00314542])
```

我们将原始数据、条件异方差拟合数据及预测数据一起画出来，来分析波动率预测情况。

```
plt.figure(figsize=(15,5))
plt.plot(data1,label='origin_data')
plt.plot(res.conditional_volatility,label='conditional_volatility')
x = range(619,629)
plt.plot(x,vol_pre,'.r',label='predict_volatility')
plt.legend(loc=0)
```

扫码看彩图

从图 11-9 可以看出，对于接下来的 1 天、2 天的波动率预测较为接近，然后后面几天的预测逐渐偏小。

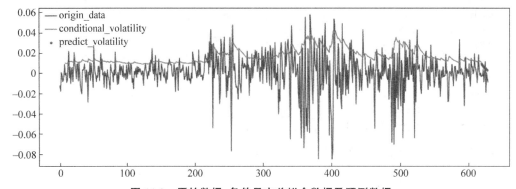

图 11-9　原始数据、条件异方差拟合数据及预测数据

还有很多扩展的或改进的模型，如求和 GARCH、GARCH-M 模型、指数 GARCH、EGARCH 模型等。对于波动率模型，还有比较常用的随机波动率模型等，有兴趣的读者可以进一步研究。

练　习　题

对本章中例题的数据文件，使用 Python 重新操作一遍。

第12章　面板数据计量分析及其 Python 应用

12.1　面板数据计量分析的基本理论

面板数据又称为平行数据,指的是对某变量在一定时间段内持续跟踪观测的结果。面板数据兼具了横截面数据和时间序列数据的特点,它既有横截面维度(在同一时间段内有多个观测样本),又有时间序列维度(同一样本在多个时间段内被观测到)。面板数据通常样本数据量相对较多,也可以有效解决遗漏变量的问题,还可以提供更多样本动态行为的信息,具有横截面数据和时间序列数据无可比拟的优势。根据横截面维度和时间序列维度相对长度的大小,面板数据被区分为长面板数据和短面板数据。

一般的面板数据计量分析模型形式如下:

$$y_{it} = \alpha_i + X'_{it}\beta + \varepsilon_{it} \quad i = 1, \cdots, N; \ t = 1, \cdots, T$$

X'_{it} 为外生变量向量,β 为待估参数,ε_{it} 为随机扰动项,相互独立,均值为 0,方差相等。

假定参数满足时间一致性,即参数值不随时间的不同而变化,但参数受到截面单元不同的影响;或者参数受到时间的影响,不随截面单元的不同而变化,则一般的面板数据有如下两种形式的模型来估计:

(1) 固定效应模型

$$y_{it} = \overbrace{X'_{it}\beta + \alpha_i}^{\text{固定效应(FE)}} + \varepsilon_{it}$$

一般处理方法是组内去心法,处理方法如下:

$$y_{it} = \alpha_i + X'_{it}\beta + \varepsilon_{it} \tag{1}$$

$$\bar{y}_t = \alpha_i + \bar{X}'_i\beta + \bar{\varepsilon}_i \tag{2}$$

$$\bar{y}_i = \left(1/T_i \sum_{t=1}^{T_i} y_{it}\right)$$

$$\bar{\bar{y}} = \bar{\alpha} + \bar{\bar{X}}'\beta + \bar{\bar{\varepsilon}} \tag{3}$$

$$\bar{\alpha} = (1/N) \sum_{i=1}^{N} \alpha_i$$

(1)$-$(2)$+$(3)得到

$$\underbrace{y_{it} - \bar{y}_i + \bar{\bar{y}}}_{\widetilde{y}_{it}} = \bar{\alpha} + \underbrace{(X'_{it} - \bar{X}'_i + \bar{\bar{X}}')}_{\widetilde{x}_{it}}\beta + \underbrace{(\varepsilon_{it} - \bar{\varepsilon}_i + \bar{\bar{\varepsilon}})}_{\widetilde{\varepsilon}_{it}}$$

即 $\widetilde{y}_{it} = \overline{\alpha} + \widetilde{X}'_{it}\beta + \overline{\varepsilon}_{it}$

这就是一般的线性回归分析模型。采用普通最小二乘法即可求出 $\hat{\beta}_{FE}$。

（2）随机效应模型

$$y_{it} = X'_{it}\beta + \overbrace{\alpha_i + \varepsilon_{it}}^{随机效应（RE）}$$

估计方法一般是采用广义最小二乘法方法,下面我们通过实例来说明面板数据分析方法的应用。

12.2　面板数据计量分析的 Python 应用

短面板数据是面板数据中的一种,其主要特征是横截面维度比较大而时间维度相对较小,或者说,同一时期内被观测的个体数量较多而被观测的期间较少。短面板数据分析方法包括直接最小二乘回归分析、固定效应回归分析、随机效应回归分析、组间估计量回归分析等多种。下面以实例来说明。

［例 12-1］　A 公司是一家销售饮料的连锁公司,经营范围遍布全国 20 个省市,各省市连锁店 2008—2012 年的相关销售数据包括销售收入、费用以及利润等数据如表 12-1 所示。试用多种短面板数据回归分析方法深入研究销售收入和费用对利润的影响关系。

表 12-1　A 公司连锁店收入、费用以及利润等数据（2008—2012）　　　　　万元

年份	销售收入	费用	利润	地区
2008	256	13.28039	12.47652	北京
2009	289	12.88284	12.1826	北京
2010	321	12.86566	12.26754	北京
2011	135	13.166	12.25672	北京
2012	89	13.01277	12.21607	北京
2008	159	11.00874	9.236008	天津
……	……	……	……	……
2012	226.0475	10.77687	10.39666	甘肃
2008	229.2657	11.41421	10.47813	青海
2009	228.9225	11.10796	10.19802	青海
2010	229.2313	11.36674	10.47249	青海
2011	229.0406	11.1375	10.22485	青海
2012	229.1517	11.24112	10.30762	青海

在目录 F：\2glkx\data1 下建立 al12-1.xls 数据文件后,取数的命令如下：

```
import pandas as pd
import numpy as np
#读取数据并创建数据表,名称为 data.
data = pd.DataFrame(pd.read_excel('F:\\2glkx\\data1\\al12 - 1.xls '))
data.head()
#前 5 条记录数据
   year   sale    cost      profit      dq
0  2008   256.0   13.280393   12.476520    北京
```

```
1   2009   289.0   12.882836   12.182599   北京
2   2010   321.0   12.865663   12.267544   北京
3   2011   135.0   13.165998   12.256719   北京
4   2012    89.0   13.012772   12.216072   北京
```

12.2.1 多元回归分析的 Python 的 OLS 工具应用

多元回归分析的 Python 的 Statsmodels 工具应用程序代码如下：

```
import statsmodels.api as sm
import pandas as pd
import numpy as np
# 读取数据并创建数据表,名称为 data.
data = pd.DataFrame(pd.read_excel('F:\\2glkx\\data\\al12-4.xls '))
data.head()
    year   sale      cost       profit      dq
0   2008   256.0   13.280393   12.476520   北京
1   2009   289.0   12.882836   12.182599   北京
2   2010   321.0   12.865663   12.267544   北京
3   2011   135.0   13.165998   12.256719   北京
4   2012    89.0   13.012772   12.216072   北京
vars = ['profit','sale','cost']
df = data[vars]
# 显示最后 5 条记录数据
print (df.tail())
        profit        sale        cost
95   10.478132   229.265674   11.414209
96   10.198021   228.922456   11.107961
97   10.472487   229.231316   11.366743
98   10.224846   229.040581   11.137505
99   10.307618   229.151670   11.241117
```

下面生成设计矩阵。由于要建立的模型是 $y = BX$，因此需要分别求得 y 和 X 矩阵，而 dmatrices 就是做这个的,命令如下：

```
from patsy import dmatrices
y,X = dmatrices('profit~sale + cost',data = df,return_type = 'dataframe')
print (y.head())
print (X.head())
```

得到如下数据：

```
      profit
0   12.476520
1   12.182599
2   12.267544
3   12.256719
4   12.216072
    Intercept   sale       cost
0        1.0   256.0   13.280393
```

1	1.0	289.0	12.882836
2	1.0	321.0	12.865663
3	1.0	135.0	13.165998
4	1.0	89.0	13.012772

下面用 OLS 作普通最小二乘,用 fit 方法对回归方程进行估计,summary 保存计算的结果。

```
import statsmodels.api as sm
model = sm.OLS(y, X)
fit = model.fit()
print (fit.summary())
```

得到如下结果:

```
                          OLS Regression Results
==============================================================================
Dep. Variable:                 profit   R - squared:                     0.649
Model:                            OLS   Adj. R - squared:                0.641
Method:                 Least Squares   F - statistic:                   89.51
Date:                Fri, 16 Mar 2018   Prob (F - statistic):         9.39e - 23
Time:                        16:17:08   Log - Likelihood:              - 57.061
No. Observations:                 100   AIC:                             120.1
Df Residuals:                      97   BIC:                             127.9
Df Model:                           2
Covariance Type:            nonrobust
==============================================================================
                 coef    std err          t      P>|t|      [0.025      0.975]
------------------------------------------------------------------------------
Intercept     - 0.4982      0.823     - 0.605      0.547     - 2.132       1.136
sale            0.0041      0.001       2.924      0.004       0.001       0.007
cost            0.8628      0.076      11.425      0.000       0.713       1.013
==============================================================================
Omnibus:                        6.611   Durbin - Watson:                  0.760
Prob(Omnibus):                  0.037   Jarque - Bera (JB):               2.982
Skew:                           0.102   Prob(JB):                        0.225
Kurtosis:                       2.179   Cond. No.                     4.33e + 03
==============================================================================
```

通过观察上面的分析结果,可以看出:模型的 F 值$=89.51$,P 值$=9.39$e-23,说明模型整体上是非常显著的。模型的可决系数 R-squared $=0.649$,修正的可决系数 Adj R-squared$=0.641$,说明模型的解释能力还是可以的。

模型的回归方程是:
$$\text{profit} = 0.0041 * \text{sale} + 0.8628 * \text{cost} - 0.4982$$

变量 sale 的系数标准误是 0.001,t 值为 2.924,P 值为 0.004,系数是非常显著的。变量 cost 系数标准误是 0.076,t 值为 11.425,P 值为 0.000,系数是非常显著的。

从上面的分析可以看出,最小二乘线性模型的整体显著性、系数显著性以及模型的整体解释能力都不错。得到的结论是该单位利润情况 profit 与销售收入 sale 和促销费用 cost 等都是显著正向变化的。

12.2.2　面板数据计量分析的 mixedlm 应用

输入命令：

```
# import numpy as np
# import statsmodels.api as sm
import statsmodels.formula.api as smf
md = smf.mixedlm("profit ～ sale+cost", data, groups=data["dq"])
mdf = md.fit()
print(mdf.summary())
```

```
          Mixed Linear Model Regression Results
========================================================
Model:            MixedLM Dependent Variable: profit
No. Observations: 100     Method:             REML
No. Groups:       20      Scale:              0.0093
Min. group size:  5       Likelihood:         33.0959
Max. group size:  5       Converged:          Yes
Mean group size:  5.0
--------------------------------------------------------
            Coef. Std.Err.   z    P>|z| [0.025 0.975]
--------------------------------------------------------
Intercept   5.184  0.706   7.341 0.000  3.800  6.567
sale        0.001  0.000   2.367 0.018  0.000  0.002
cost        0.431  0.060   7.241 0.000  0.314  0.548
groups RE   0.287  1.129
```

模型的回归方程是：

$$profit = 0.001 * sale + 0.431 * cost + 5.184$$

变量 sale 的系数标准误是 0.000，z 值为 2.367，P 值为 0.018，系数是显著的。变量 cost 系数标准误是 0.060，z 值为 7.241，P 值为 0.000，系数是非常显著的。

另外，fama 和 macbeth 也提供了 fama_macbeth() 函数进行面板数据分析。

练　习　题

对例题中数据文件，使用 Python 重新操作一遍。

广义矩估计(GMM)与最大似然估计(MLE)及其 Python 应用

在本章中,我们先给出一个实例,用广义矩方法来估计分布参数。与其他实例(包括工具变量 IV 子类)的不同之处在于,我们只有单个观察变量,没有解释变量或工具变量。然后介绍最大似然估计 MLE。

13.1 广义矩估计(GMM)及其 Python 应用

在格林尼的《计量经济分析》[1]教科书中,该例子再次出现并说明 GMM 法应用。分布是伽玛分布,可以以不同的方式进行参数化。格林尼用四个矩条件来估计两个参数。详细信息,可参见此书。

首先我们做好如下准备:

```
from __future__ import division
import numpy as np
from scipy.special import psi
from statsmodels.sandbox.regression.gmm import GMM
```

使用 GMM 类的标准方法是对它进行子类化,并在矩条件下定义一个方法。我还添加了一个__init__法建立的矩条件,k_moms,参数个数,k_params,需要估计。在标准工具变量 IV 设置中,这两种推断是从解释变量和工具变量中推断出来的。看下面的命令。

```
class GMMGamma(GMM):
    def __init__(self, * args, ** kwds):
        # set appropriate counts for moment conditions and parameters
        # TODO: clean up signature
        kwds.setdefault('k_moms', 4)
        kwds.setdefault('k_params', 2)
        super(GMMGamma, self).__init__( * args, ** kwds)
    def momcond(self, params):
        p0, p1 = params
        endog = self.endog
        error1 = endog - p0 / p1
        error2 = endog ** 2 - (p0 + 1) * p0 / p1 ** 2
        error3 = 1 / endog - p1 / (p0 - 1)
```

---

① 威廉·H.格林尼(William H. Greene)。计量经济分析(英文版·第 8 版)[M].北京:中国人民大学出版社,2020.

```
        error4 = np.log(endog) + np.log(p1) - psi(p0)
        g = np.column_stack((error1, error2, error3, error4))
        return g
```

数据取自格林尼中的例子。数据如下：

y = np.array([20.5, 31.5, 47.7, 26.2, 44.0, 8.28, 30.8, 17.2, 19.9, 9.96, 55.8, 25.2, 29.0, 85.5, 15.1, 28.5, 21.4, 17.7, 6.42, 84.9])

给定数据和模型类，可以创建一个模型。命令代码如下：

```
nobs = y.shape[0]
x = np.ones((nobs, 4))
model = GMMGamma(y, x, None)
beta0 = np.array([2, 0.1])
res = model.fit(beta0, maxiter = 2, optim_method = 'nm', wargs = dict(centered = False))
print(res.summary())
```

运行上面代码结果如下：

```
Optimization terminated successfully.
        Current function value: 0.001803
        Iterations: 67
        Function evaluations: 124
Optimization terminated successfully.
        Current function value: 0.098761
        Iterations: 43
        Function evaluations: 81
                       GMMGamma Results
==============================================================================
Dep. Variable:                    y     Hansen J:                      1.975
Model:                     GMMGamma     Prob (Hansen J):               0.372
Method:                         GMM
Date:               Thu, 26 Sep 2019
Time:                       10:41:00
No. Observations:                20
==============================================================================
                 coef    std err          z      P>|z|      [0.025      0.975]
------------------------------------------------------------------------------
x2             3.3590      0.450      7.470      0.000       2.478       4.240
x3             0.1245      0.029      4.278      0.000       0.067       0.182
==============================================================================
```

上面的结果与格林尼教科书中的结果一致，精度精确到四位小数。
参数结果如下：

```
params_greene = [3.3589, 0.1245]
bse_greene = [0.4497, 0.0291]
params_greene / res.params - 1, bse_greene / res.bse - 1
(array([-1.98821223e-05,  7.99416163e-05]),
 array([2.86136677e-05, 1.61076836e-05]))
```

上述一些解释适用于统计模型 0.7 版本，该版本已更新为统计模型 0.8 版本。
广义矩估计(GMM)的确定有内生变量、外生变量、工具变量。我们可以不设置工具变量，但不能没有外生变量。我们需要使用当前的"假的"外生变量，以避免当创建参数名缺失时出现异常。

拟合参数：我们把最大迭代次数设为 2，因此，得到了两阶段的 GMM。默认情况下，GMM 中的初始权重矩阵使用恒等矩阵。如果我们设置 maxiter＝1，则得到具有固定初始化权重矩阵的一步 GMM 估计量。

在这种情况下，优化问题是"不好的"。这些参数需要满足一些不等式约束（正的），这些约束是我们在矩条件下不施加的。另外，一些矩条件在数字上表现不佳，规模也差。在这种情况下，默认的优化器，SciPy 的 bfgs 失败。为了得到优化解，我们提供了合理的、好的初始参数，使用更稳健的 Nelder-Mead 优化器——optim_method＝'nm'。

默认情况下，GMM 以矩为中心计算权重矩阵。格林尼（Greene）不使用居中参数，为了复制它的结果，我们需要在权重参数中设置 wargs＝dict(Center＝false)。

如前所述，我们将改变统计模型中的默认行为，使之成为可选的外生和工具变量（参见 https://github.com/statsmodels/statsmodels/issues/2633）。

上面的情况，没有假的外生变量，有工具变量，推荐使用。

替代实施如下。

```
class GMMGamma2(GMM):
    def momcond(self, params):
        p0, p1 = params
        endog = self.endog
        error1 = endog - p0 / p1
        error2 = endog ** 2 - (p0 + 1) * p0 / p1 ** 2
        error3 = 1 / endog - p1 / (p0 - 1)
        error4 = np.log(endog) + np.log(p1) - psi(p0)
        g = np.column_stack((error1, error2, error3, error4))
        return g
```

作为替代，我们只在 GMM 子类中提供矩条件，但是我们使用正确的假外生变量和工具变量来提供关于矩条件个数和参数个数的信息。

代码如下：

```
z = np.ones((nobs, 4))
model2 = GMMGamma2(y, x, z)
res2 = model2.fit(beta0, maxiter = 2, optim_method = 'nm', wargs = dict(centered = False))
print(res2.summary())
```

得到的结果如下：

```
Optimization terminated successfully.
        Current function value: 0.001803
        Iterations: 67
        Function evaluations: 124
Optimization terminated successfully.
        Current function value: 0.098761
        Iterations: 43
        Function evaluations: 81
                    GMMGamma2 Results
```

```
=============================================================================
Dep. Variable:                    y          Hansen J:                  1.975
Model:                    GMMGamma2          Prob (Hansen J):           0.372
Method:                         GMM
Date:            Thu, 26 Sep 2019
Time:                    10:43:04
No. Observations:               20
=============================================================================
                 coef     std err         z      P>|z|     [0.025     0.975]
-----------------------------------------------------------------------------
x2             3.3590       0.450     7.470      0.000      2.478      4.240
x3             0.1245       0.029     4.278      0.000      0.067      0.182
=============================================================================
```

另一个解决问题的版本就是明确指定所需的额外信息，即使我们有错误的明确的外生变量和工具变量。这也适用于这样的情况，与参数和矩条件比较，我们有不同数量的外生变量和工具变量。

概括一下必要的参数名 xname 正确的长度，即使 k_params 是指定的，也是当前的一个错误，也会被固定在统计模型 Statsmodels 中。

代码如下：

```
x = z = np.ones((nobs, 1))
model2 = GMMGamma2(y, x, z, k_moms = 4, k_params = 2)
res2 = model2.fit(beta0, maxiter = 2, optim_method = 'nm', wargs = dict(centered = False))
print(res2.summary(xname = ['alpha', 'beta']))
```

执行上述代码的结果如下：

```
Optimization terminated successfully.
        Current function value: 0.001803
        Iterations: 67
        Function evaluations: 124
Optimization terminated successfully.
        Current function value: 0.098761
        Iterations: 43
        Function evaluations: 81
                        GMMGamma2 Results
=============================================================================
Dep. Variable:                    y          Hansen J:                  1.975
Model:                    GMMGamma2          Prob (Hansen J):           0.372
Method:                         GMM
Date:            Thu, 26 Sep 2019
Time:                    10:44:07
No. Observations:               20
=============================================================================
                 coef     std err         z      P>|z|     [0.025     0.975]
-----------------------------------------------------------------------------
alpha          3.3590       0.450     7.470      0.000      2.478      4.240
beta           0.1245       0.029     4.278      0.000      0.067      0.182
=============================================================================
```

大家可以与其他估计量做一个比较。

13.2　最大似然估计(MLE)及其 Python 应用

13.2.1　最大似然估计实例

先看一个公式:

$$H(\theta) = \ln L(\theta) = n \prod_{i=1}^{n} p(x_i;\theta) = \sum_{i=1}^{n} \ln p(x_i;\theta)$$

看到这个公式你是不是有点蒙了? 没关系,下面的故事,一听就懂。前几天我和室友一起去餐厅,出门后打算坐电梯。此时,正好有一个人进了电梯,我们晚了一步,没进去,也没看清是谁,只知道穿了一件粉色衣服。室友问:"刚才是谁? 是男是女?"我说:"我猜可能是一位女生。"室友疑惑道:"你怎么就知道?"我耸了耸肩,"没看清,穿着粉衣服推测出可能是女的。"

其实,这里所说的,我在没有给他做性别鉴定之前,从他穿粉衣服推测出有可能是个女生,使用的就是最大似然估计。

因为我并不知道他是男是女,只是凭经验判断,穿粉衣服的人中女生大约占 95%,男生估计连 5% 都不到,这种凭借最大可能性的猜测,就是最大似然估计法。

再看下面一个常见的例子:现在有一个暗箱子,箱子里放了两种数字的台球,一种是 1,一种是 2。但现在有一个问题,我根本不知道这里面有几个 1 或 2。那么,你会用什么方法进行估计呢? 那就采取抽样的方法吧。让我们有放回抽样,一直取 80 次,其中出现了 64 次 1 号球,16 次 2 号球。那么接下来问你,箱子中 1 号球的比例占了多少? 掐指一算,太简单了,80%。这就是"最大似然估计"。

以下是这一常识的推导。

首先,暗箱中 1 号球比例为 a,那么 2 号球比例为 $1-a$。我们每次有放回抽样,因此每次抽样都是服从二项分布的。

其实,事实上 a 的数值是不确定的,但是经我们抽样,发现 64/80 为 1 号球,所以我们推断 $a=0.8$。

我们将每取一次球叫作一次抽样,那么我们将抽样结果:64 次 1 号、16 次 2 号。出现的概率表示为:$P(结果|M)$。第一次抽样记做 c_1,第二次记做 c_2,那么结果为 $(c_1,c_2,\cdots,c_{80})$。则:$P(结果|M)=P(c_1,c_2,\cdots,c_{80}|M)=P(c_1|M)P(c_2|M)\cdots P(c_{80}|M)=a\char`\^64\times(1-a)\char`\^18,a\in(0,1)$。

因为 a 有范围,那么 $P(结果|M)$ 就有取值范围,就会存在一个极大值和一个极小值。当 $P(结果|M)$ 取极大值时,也就是计算 $a\char`\^64\times(1-a)\char`\^18$ 时,得到最大值。我们就得到了最大似然估计。那么怎么取最大值呢? 你应该可以想到,求导数,令导数等于 0。

$\mathrm{d}(a\char`\^64\times(1-a)\char`\^16)/\mathrm{d}a=0$,算出,$a=0.8,1-a=0.2$。

因此,解决问题重要的是思想,数学就是将简单的问题抽象出思想。一开始的式子加了 ln 只不过是为了计算方便,变换连乘为连加而已。

13.2.2　最大似然估计的概念

我们来考虑一下在最大似然估计中需要经历的步骤,以及它们与这项研究的关系。

最大似然估计的第一步是选择生成数据的概率分布。更准确地说,我们需要假设哪一类参数的分布正在生成数据。例如,所有正态分布的类,或所有伽马分布的类。每个这样的类都是由有限数量的参数索引的分布族。例如,正态分布类是按其平均 $\mu \in (-\infty, \infty)$ 和标准差 $\sigma \in (0, \infty)$ 索引的一族分布。我们将让数据通过预定参数来挑选出一个特定的元素,由此产生的参数估计称为极大似然估计。

13.2.3　离散型分布最大似然估计的 Python 应用

最大似然估计(maximum likelihood estimation, MLE)是很常用的参数估计方法。最大似然原理的直观想法是,一个随机试验如有若干个可能的结果 $A, B, C, \cdots$,若在一次试验中,结果 A 出现了,那么可以认为实验条件对 A 的出现有利,即出现的概率 $P(A)$ 较大。也就是说,如果已知某个随机样本满足某种概率分布,但是其中具体的参数不清楚,参数估计就是通过若干次试验,观察其结果,利用结果推出参数的大概值。最大似然估计是建立在这样的思想上:已知某个参数能使这个样本出现的概率最大,我们当然不会再去选择其他小概率的样本,所以干脆就把这个参数作为估计的真实值。

本节以一个简单的离散型分布的例子,模拟投掷硬币估计正面向上的概率。投掷硬币落到地面后,不是正面向上就是反面朝上,这是一个典型的伯努利实验,形成一个伯努利分布,有着如下的离散概率分布函数:

$$\phi(x) = p^x (1-p)^{(1-x)}$$

其中,x 等于 1 或者 0,即结果,这里用 1 表示正面,0 表示反面。

对于 n 次独立的投掷,很容易写出其似然函数:

$$L(p; x) = \prod_{i=1}^{n} p^{x_i} (1-p)^{1-x_i}$$

现在想用极大似然估计的方法把 p 估计出来。就是使得上面这个似然函数取极大值的情况下的 p 的取值,就是要估计的参数。

首先用 Python 把投掷硬币模拟出来:

```
from scipy.stats import bernoulli
p_1 = 1.0/2
fp = bernoulli(p_1)
xs = fp.rvs(100)
print (xs[:30])
```

输出结果为:

```
[0 1 1 1 0 1 1 0 1 0 0 0 1 1 0 0 1 1 0 1 1 1 0 1 0 0 0 0 1 0]
```

通过此模拟,使用 SymPy 库把似然函数写出来:

```
import sympy
import numpy as np
x, p, z = sympy.symbols('x p z', positive = True)
phi = p ** x * (1 - p) ** (1 - x)          # 分布函数
L = np.prod([phi.subs(x, i) for i in xs])  # 似然函数
print(L)
```

输出结果为：

```
p ** 49 * ( - p + 1) ** 51
```

从上面的结论可以看出，作 100 次伯努利实验，出现正面的次数为 49，反面的次数为 51，比较接近我们设的初始值 0.5(注意：现在我们假设 p 是未知的，要去估计它，看它经过 Python 的最大似然估计是不是 0.5)。

下面，我们使用 Python 求解这个似然函数取极大值时的 p 值：

```
logL = sympy.expand_log(sympy.log(L))
sol, = sympy.solve(sympy.diff(logL,p),p)
print (sol)
```

输出结果为：

```
49/100
```

结果没有什么悬念，49/100 的值很接近 0.5。

取对数后，上面 Python 的算法最后实际上是求解下式为 0 的 p 值：

$$\log(L(p \mid x)) = \log(p) \sum_{i=1}^{n} x_i + \log(1-p) \times \left(n - \sum_{i=1}^{n} x_i\right)$$

上式留给读者自行推导，很多资料都可找到该式。这个式子是著名的 Logistic 回归参数估计的最大似然估计算法的基础。

进一步，为了更加直观地理解投掷硬币的伯努利实验，我们给出以均值(均值为 100 * 0.5=50)为中心对称的加总离散概率(概率质量函数(probability mass function)，Python 里面使用 pmf 函数计算)：

```
from scipy.stats import binom
b = binom(100,0.5)
# 以均值为中心对称的加总概率
g = lambda i:b.pmf(np.arange( - i,i) + 50).sum()
print (g(10))
```

输出结果为：

```
0.9539559330706295
```

对于上面的 Python 代码，可以通过图 13-1 更好地去理解。

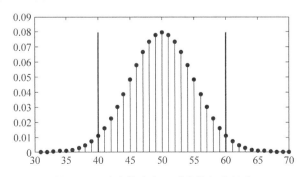

图 13-1　以均值为中心对称的加总概率

把这 20 个离散的概率全部显示出来,也可以看到在 0.08 左右取到它们的最大值:b. pmf(np. arange(40,60))。

输出结果为:

```
array([0.01084387, 0.01586907, 0.02229227, 0.03006864, 0.03895256,
       0.0484743 , 0.0579584 , 0.0665905 , 0.07352701, 0.07802866,
       0.07958924, 0.07802866, 0.07352701, 0.0665905 , 0.0579584 ,
       0.0484743 , 0.03895256, 0.03006864, 0.02229227, 0.01586907])
```

本节针对简单的离散概率质量函数的分布使用 Python 进行了最大似然估计,同时该方法可以应用于连续分布的情形,只要通过其概率密度函数得出其似然函数即可。希望读者把本文的代码实践一遍,也可以和 R 语言、SAS 等软件得到的结论相比较,从而得到更好的最大似然估计的实现方法。

13.2.4   连续型分布最大似然估计的 Python 应用

在我们的大量数据模型中,条件分布包含 4 个($k=4$)参数,我们需要估计这些参数。

我们将参数向量标记为 $\boldsymbol{\beta}$,其中

$$\boldsymbol{\beta} = \begin{bmatrix} \beta_0 \\ \beta_1 \\ \beta_2 \\ \beta_3 \end{bmatrix}$$

为了使用最大似然函数估计模型,我们希望最大限度地估计是真实参数 $\boldsymbol{\beta}$ 的可能性。

直观地,我们希望找到最适合数据的 $\hat{\beta}$。

首先我们需要构造类似于联合概率密度函数的似然函数 $L(\boldsymbol{\beta})$。

假设我们有一些数据 $y_i = \{y_1, y_2\}, y_i \sim f(y_i)$。

如果 y_1 和 y_2 是独立的,则这些数据的联合概率密度函数 PMF 为 $f(y_1, y_2) = f(y_1) \cdot f(y_2)$。

类似地,数据的联合概率密度函数 PMF(作为条件泊松分布的形式分布)可以写为

$$f(y_1, y_2, \cdots, y_n \mid x_1, x_2, \cdots, x_n; \beta) = \prod_{i=1}^{n} \frac{\mu_i^{y_i}}{y_i!} e^{-\mu_i}$$

y_i 是以 x_i 和参数 $\boldsymbol{\beta}$ 为条件的。

似然函数与联合 PMF 相同,但将参数 $\boldsymbol{\beta}$ 作为随机变量,并将观测值 (y_i, x_i) 作为给定的变量。

$$\begin{aligned} L(\boldsymbol{\beta} \mid y_1, y_2, \cdots, y_n; x_1, x_2, x_n) &= \prod_{i=1}^{n} \frac{\mu_i^{y_i}}{y_i!} e^{-\mu_i} \\ &= f(y_1, y_2, \cdots, y_n \mid x_1, x_2, \cdots, x_n; \boldsymbol{\beta}) \end{aligned}$$

现在有了似然函数,我们想要找到产生最大似然值的 $\hat{\boldsymbol{\beta}}$。

$$\max_{\beta} L(\boldsymbol{\beta})$$

这样做通常更容易使对数似然最大化

$$f(x) = x \exp(x) \text{vs.} f(x) = \log(x) + x$$

如果取对数是单调递增变换,则似然函数的最大值也将是对数似然函数的最大值。在我们的例子中,对数的似然性是

$$\log L(\boldsymbol{\beta}) = \log(f(y_1;\boldsymbol{\beta}) \cdot f(y_2;\boldsymbol{\beta}) \cdot \cdots \cdot f(y_n;\boldsymbol{\beta}))$$

$$= \sum_{i=1}^{n} \log f(y_i;\boldsymbol{\beta})$$

$$= \sum_{i=1}^{n} \log\left(\frac{\mu_i^{y_i}}{y_i!} e^{-\mu_i}\right)$$

$$= \sum_{i=1}^{n} y_i \log \mu_i - \sum_{i=1}^{n} \mu_i - \sum_{i=1}^{n} \log y!$$

通过求解得到泊松对 $\hat{\boldsymbol{\beta}}$ 的泊松的最大似然估计:

$$\max_{\boldsymbol{\beta}} \left(\sum_{i=1}^{n} y_i \log \mu_i - \sum_{i=1}^{n} \mu_i - \sum_{i=1}^{n} \log y!\right)$$

13.2.5 使用统计模型的极大似然估计的 Python 应用

我们将在统计模型中使用泊松 Poisson 回归模型来获得更丰富的输出,包括标准误、测试值等。用统计模型估计简单模型,以确认得到相同的系数和对数似然值。

```
from statsmodels.api import Poisson
from scipy import stats
stats.chisqprob = lambda chisq, df: stats.chi2.sf(chisq, df)
X = np.array([[1, 2, 5],
              [1, 1, 3],
              [1, 4, 2],
              [1, 5, 2],
              [1, 3, 1]])

y = np.array([1, 0, 1, 1, 0])

stats_poisson = Poisson(y, X).fit()
print(stats_poisson.summary())
```

输出结果为:

```
Optimization terminated successfully.
        Current function value: 0.675671
        Iterations 7
                    Poisson Regression Results
==============================================================================
Dep. Variable:                   y   No. Observations:              5
Model:                     Poisson   Df Residuals:                  2
Method:                        MLE   Df Model:                      2
Date:            Thu, 26 Sep 2019   Pseudo R - squ. :          0.2546
Time:                    10:44:55   Log - Likelihood:         - 3.3784
converged:                    True   LL - Null:                - 4.5325
                            0.3153     LLR p - value:
==============================================================================
```

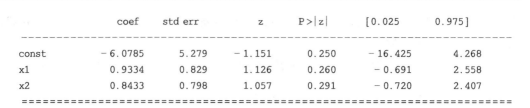

	coef	std err	z	P>|z|	[0.025	0.975]
const	− 6.0785	5.279	− 1.151	0.250	− 16.425	4.268
x1	0.9334	0.829	1.126	0.260	− 0.691	2.558
x2	0.8433	0.798	1.057	0.291	− 0.720	2.407

练 习 题

对本章中的实例,使用 Python 重新操作一遍。

第14章 线性回归的内生性与 Hausman 检验及其 Python 应用

在本章中,我们将重点讨论内生性问题。

14.1 内生性的相关理论

内生性就是模型中的一个或多个解释变量与随机扰动项相关。

导致内生性的原因有:(1)遗漏变量,且遗漏变量与引入模型的其他变量相关;(2)解释变量和被解释变量相互作用,相互影响,互为因果。

解决方法:工具变量估计。

工具变量:假定我们有一个可观测到的变量 Z,它满足两个假定:

(1) Z 与 U 不相关,即与 $\text{Cov}(Z,U)=0$;

(2) Z 与 X 相关,即与 $\text{Cov}(Z,X)\neq0$。

我们则称 Z 是 X 的工具变量(instrumental variable,IV)。

以双变量模型为例:

$$Y=Q+WX+U;$$

其中 X 与 U 相关,因而 OLS 估计有偏,现在有 X 的工具变量 Z,于是有

$$\begin{aligned}
\text{Cov}(Z,Y)&=\text{Cov}(Z,Q+WX+U)\\
&=\text{Cov}(Z,WX)+\text{Cov}(Z,U)(Q \text{ 为常数})\\
&=W\text{Cov}(Z,X)
\end{aligned}$$

所以有 $W=\text{Cov}(Z,Y)/\text{Cov}(Z,X)$

工具变量的优劣:

(1) Z 与 U 不相关,即与 $\text{Cov}(Z,U)=0$;相关性越低,则越好;

(2) Z 与 X 相关,即 $\text{Cov}(Z,X)$ 不等于 0;相关性越高,则越好。

Z 与 U 相关性低,Z 与 X 相关性高,这样的工具变量被称为好工具变量,反之则称为劣工具变量。

好的工具变量的识别:

(1) Z 与 U 不相关,即与 $\text{Cov}(Z,U)=0$;

由于 U 无法观察,因而难以用正式的工具进行测量,通常由经济理论来使人们相信。

(2) Z 与 X 相关,即 $\text{Cov}(Z,X)$ 不等于 0;

将 X 对 Z 回归即可,看看 X 的系数是否显著异于零?

IV 与 OLS 估计量的简单比较:

IV 估计量：$C_1 = \text{Cov}(Z,Y)/\text{Cov}(Z,X)$；

而 OLS 估计量是：$C_2 = \text{Cov}(X,Y)/\text{Cov}(X,X)$。

(1) 因此，$Z = X$ 时，两者将完全一致，换句话说，当 X 外生时，它可用做自身的 IV，IV 估计量便等同于 OLS 估计量。

(2) 若 Z 与 X 不相关，$\text{Cov}(Z,X)$ 等于 0，则 IV 法无法给出估计量。

IV 与 OLS 的取舍：

(1) 尽管当 Z 与 U 不相关，而 Z 与 X 存在着或正或负的相关时，IV 是一致的，但当 Z 与 X 只是弱相关时 IV 估计值的标准误可能很大，Z 与 X 之间的弱相关可能产生更加严重的后果：即使 Z 与 U 只是适度相关，IV 估计的渐进偏误也可能很大。也就是说，当解释变量外生时，IV 与 OLS 估计都是一致的，但 IV 估计不如 OLS 有效。

(2) 所以，当内生性程度不严重或者好的工具变量找不到时，还不如用 OLS。反之，当内生性程度严重时，就一定要想办法解决，否则，OLS 估计就是不可接受的，当然，差的 IV 同样是不可接受的。

其他解决办法：

(1) 代理变量：某变量无法直接观测，而用其他变量替代。

(2) 前定变量：用变量的前一期或前几期数据。

(3) 面板数据模型。

基本思想：直接比较 OLS 和 IV 估计值，若所有变量都是外生的，则 OLS 和 IV 估计都是一致的，若明显不同，则我们就断定解释变量有内生性。

操作前提：首先找到一个外生变量用作工具变量。

一个问题：工具变量本身的外生性如何检测？

(1) 需要重点考虑的问题之一；

(2) 最好的收集数据之前就加以考虑，尤其是准备获取一手数据的情况下。如何考虑？应用经济理论。

14.2　基本的线性回归及其 Python 应用

本节我们将复制 Acemoglu、Johnson 和 Robinson 论文的结果，该论文强调了制度在经济发展中的重要性。其主要贡献是利用定居者死亡率作为体制差异的外部变化来源。需要分析这种变化才能确定是否是制度带来了更大的经济增长，而不是反过来。[①]

如何衡量制度差异和经济成果呢？

本节中的经济成果以 1995 年人均国内生产总值 GDP 为代表，并按汇率调整。

我们用政治风险服务集团构建的 1985—1995 年间平均征收保护性指数 avexpr 来衡量制度差异。这些变量和论文中使用的其他数据可在 Daron Acemoglu 的网页上下载。

我们将使用 Pandas 的 .read_stata() 函数来读取 .dta 文件中包含的数据到 dataframes。

数据获取命令如下：

```
import pandas as pd
```

---

① 详见论文［AJR01］(https://lectures.quantecon.org/py/zreferences.html#acemoglu2001)

```
df1 = pd.read_stata('https://github.com/QuantEcon/QuantEcon.lectures.code/raw/master/ols/
maketable1.dta')
df1.head()
```

	shortnam	euro1900	excolony	avexpr	logpgp95	cons1	cons90	democ00a	cons00a	extmort4	logem4	loghjypl	baseco
0	AFG	0.000000	1.0	NaN	NaN	1.0	2.0	1.0	1.0	93.699997	4.540098	NaN	NaN
1	AGO	8.000000	1.0	5.363636	7.770645	3.0	3.0	0.0	1.0	280.000000	5.634789	-3.411248	1.0
2	ARE	0.000000	1.0	7.181818	9.804219	NaN	NaN	NaN	NaN	NaN	NaN	NaN	NaN
3	ARG	60.000004	1.0	6.386364	9.133459	1.0	6.0	3.0	3.0	68.900002	4.232656	-0.872274	1.0
4	ARM	0.000000	0.0	NaN	7.682482	NaN	NaN	NaN	NaN	NaN	NaN	NaN	NaN

我们用一个散点图 14-1 来看看 logpgp95（人均 GDP）和平均征收保护性指数 avexpr 之间是否存在明显的关系。

```
import matplotlib.pyplot as plt
plt.style.use('seaborn')

df1.plot(x = 'avexpr', y = 'logpgp95', kind = 'scatter')
plt.show()
```

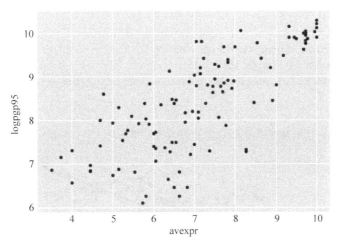

图 14-1　散点图

图 14-1 显示，人均 GDP 的对数 logpgp95 与平均征收保护性指数 avexpr 之间存在着相当强的正相关关系。

具体来说，如果更高的保护不被征用是衡量制度质量的一种标准，那么更好的制度似乎与更好的经济成果（较高的人均国内生产总值）正相关。

在图 14-1 中，选择一个线性模型来描述这种关系似乎是一个合理的假设。

我们可以把模型写为

$$\text{logpgp95}_i = \beta_0 + \beta_1 \text{1avexpr}_i + u_i$$

这里的 β_0 是 y 轴上线性趋势线的截距。β_1 是线性趋势线的斜率，代表了风险保护对人均对数 gdp 的边际效应。u_i 是一个随机误差项（由于模型中不包括的因素，观测值与线性趋势的偏差）。

从视觉上看，这个线性模型包括选择一条最适合数据的直线，如图 14-2 所示。

```
import numpy as np
# Dropping NA's is required to use numpy's polyfit
df1_subset = df1.dropna(subset = ['logpgp95', 'avexpr'])
# Use only 'base sample' for plotting purposes
df1_subset = df1_subset[df1_subset['baseco'] == 1]
X = df1_subset['avexpr']
y = df1_subset['logpgp95']
labels = df1_subset['shortnam']
# Replace markers with country labels
plt.scatter(X, y, marker = '')

for i, label in enumerate(labels):
    plt.annotate(label, (X.iloc[i], y.iloc[i]))

# Fit a linear trend line
plt.plot(np.unique(X),
         np.poly1d(np.polyfit(X, y, 1))(np.unique(X)),
         color = 'black')

plt.xlim([3.3,10.5])
plt.ylim([4,10.5])
plt.xlabel('Average Expropriation Risk 1985 - 95')
plt.ylabel('Log GDP per capita, PPP, 1995')
plt.title('Figure 2: OLS relationship between expropriation risk and income')
plt.show()
```

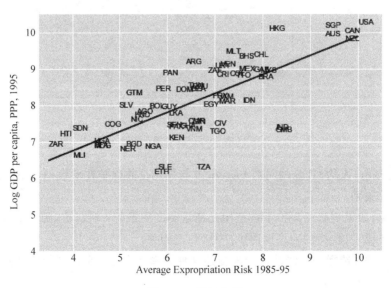

图 14-2   回归分析

最常用的线性模型参数估计方法是最常用的普通最小二乘 OLS 方法。顾名思义,OLS 模型是通过找到最小平方残差之和的参数来求解的。

$$\min_{\hat{\beta}} \sum_{i=1}^{n} \hat{u}_i^2$$,其中 $\hat{u}_i$ 是因变量的观测值与预测值之间的差值。

要估计常数项 β_0,我们需要在数据集中添加 1 列(考虑 β_0 用 $\beta_0 x_i$ 代替,同时 $x_i = 1$ 时的方程)。

```
df1['const'] = 1
```

现在我们可以用 OLS 函数在统计模型中构造模型。

我们将使用带有统计模型的 Pandas 数据格式,但是标准数组也可以用作参数。

```
import statsmodels.api as sm
reg1 = sm.OLS(endog = df1['logpgp95'], exog = df1[['const', 'avexpr']], missing = 'drop')
type(reg1)
```

得到如下结果:

```
statsmodels.regression.linear_model.OLS
```

到此我们只是简单地构建了我们的模型。

我们需要使用.Fit()来获得参数估计值 $\hat{\beta}_0$ 和 $\hat{\beta}_1$。

```
results = reg1.fit()
type(results)
```

得到如下结果:

```
statsmodels.regression.linear_model.RegressionResultsWrapper
```

我们现在已经将拟合回归模型存储在结果中。

要查看 OLS 回归结果,我们可以调用.summary()方法。

```
print(results.summary())
```

得到如下结果:

```
                          OLS Regression Results
==============================================================================
Dep. Variable:               logpgp95   R - squared:                     0.611
Model:                            OLS   Adj. R - squared:                0.608
Method:                 Least Squares   F - statistic:                   171.4
Date:                Thu, 26 Sep 2019   Prob (F - statistic):         4.16e - 24
Time:                        15:39:15   Log - Likelihood:              - 119.71
No. Observations:                 111   AIC:                             243.4
Df Residuals:                     109   BIC:                             248.8
Df Model:                           1
Covariance Type:            nonrobust
==============================================================================
                 coef    std err          t      P>|t|      [0.025      0.975]
------------------------------------------------------------------------------
const          4.6261      0.301     15.391      0.000       4.030       5.222
avexpr         0.5319      0.041     13.093      0.000       0.451       0.612
==============================================================================
Omnibus:                        9.251   Durbin - Watson:                  1.689
Prob(Omnibus):                  0.010   Jarque - Bera (JB):              9.170
```

| Skew: | -0.680 | Prob(JB): | 0.0102 |
| Kurtosis: | 3.362 | Cond. No. | 33.2 |

==

从上面的结果,可以看到截距 $\hat{\beta}_0 = 4.63$,斜率 $\hat{\beta}_1 = 0.53$。

正的 $\hat{\beta}_1$ 参数估计意味着制度质量对经济结果有积极的影响,正如我们在图 14-2 中所看到的那样。

$\hat{\beta}_1$ 的 P 值为 0.000,表明机构对 GDP 的影响具有统计学意义(使用 $P<0.05$ 作为拒绝准则)。

R^2 表明,人均国内生产总值(GDP)变动的 61% 左右是通过征收保护来解释的。

使用参数估计,可以将估计的关系写成

$$\text{logpgp95}_i = 4.63 + 0.53 \times \text{avexpr}_i$$

这个方程描述了最适合我们的数据的行,如图 14-2 所示。

我们可以用这个方程来预测征收保护指数对人均对数 GDP 水平的影响。

例如,对于一个指数为 7.07(数据集的平均值)的国家,我们发现,它们 1995 年人均对数国内生产总值的预测水平为 8.38。

```
mean_expr = np.mean(df1_subset['avexpr'])
mean_expr
6.515625
predicted_logpgp95 = 4.63 + 0.53 * 7.07
predicted_logpgp95
8.3771
```

获得这一结果的一种更容易(更准确)的方法是使用 .predict() 并设置常数=1。

```
avexpri = meal_expr
results.predict(exog = [1, mean_expr])
array([8.09156367])
```

对于数据集中的每个 avexpr_i 值,我们可以通过对结果调用 .prep() 来获得一个预测 logpgp95_i 数组。

绘制 avexpr_i 的预测值表明,预测值沿我们所拟合的线性线进行。

我们绘制 logpgp95_i 的观测值,以作比较用。

```
# Drop missing observations from whole sample
df1_plot = df1.dropna(subset = ['logpgp95', 'avexpr'])
# Plot predicted values
plt.scatter(df1_plot['avexpr'], results.predict(), alpha = 0.5, label = 'predicted')
# Plot observed values
plt.scatter(df1_plot['avexpr'], df1_plot['logpgp95'], alpha = 0.5, label = 'observed')
plt.legend()
plt.title('OLS predicted values')
plt.xlabel('avexpr')
plt.ylabel('logpgp95')
plt.show()
```

绘制的图形如图 14-3 所示。

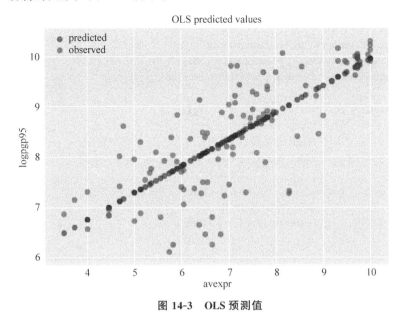

OLS predicted values

扫码看彩图

图 14-3　OLS 预测值

14.3　扩展的线性回归及其 Python 应用

到目前为止,我们只考虑到影响经济表现的机构,几乎可以肯定,影响 GDP 的其他因素很多,但我们的模型中没有包括这些因素。

忽略影响 logpgp95$_i$ 的变量,将导致忽略变量偏差,产生有偏且不一致的参数估计。

我们可以将二元回归模型扩展到多元回归模型,方法是加入可能影响到 logpgp95$_i$ 的其他因素。考虑其他因素,例如:气候对经济成果的影响,可以用纬度来代表气候。

[AJR01](https://lectures.quantecon.org/py/zreferences.html#acemoglu2001)考虑其他因素,如:影响经济成果和制度(如文化、历史等)的差异;通过使用陆地哑变量加以控制。

我们使用 maketable2.dta 的数据来估计本章中考虑的一些扩展模型。

```
df2 = pd.read_stata('https://github.com/QuantEcon/QuantEcon.lectures.code/raw/master/ols/
maketable2.dta')
# Add constant term to dataset
df2['const'] = 1
# Create lists of variables to be used in each regression
X1 = ['const', 'avexpr']
X2 = ['const', 'avexpr', 'lat_abst']
X3 = ['const', 'avexpr', 'lat_abst', 'asia', 'africa', 'other']

# Estimate an OLS regression for each set of variables
reg1 = sm.OLS(df2['logpgp95'], df2[X1], missing = 'drop').fit()
reg2 = sm.OLS(df2['logpgp95'], df2[X2], missing = 'drop').fit()
reg3 = sm.OLS(df2['logpgp95'], df2[X3], missing = 'drop').fit()
```

我们已经对模型进行了拟合,使用汇总列表将结果显示在一个表中(模型编号如上代码的 reg1,2,3 中的相应)

```python
from statsmodels.iolib.summary2 import summary_col
info_dict = {'R - squared' : lambda x: f"{x.rsquared:.2f}",
            'No. observations' : lambda x: f"{int(x.nobs):d}"}

results_table = summary_col(results = [reg1,reg2,reg3],
                            float_format = '% 0.2f',
                            stars = True,
                            model_names = ['Model 1',
                                          'Model2',
                                          'Model3'],
                            info_dict = info_dict,
                            regressor_order = ['const',
                                              'avexpr',
                                              'lat_abst',
                                              'asia',
                                              'africa'])
results_table.add_title('Table 2 - OLS Regressions')
print(results_table)
        Table 2 - OLS Regressions
==========================================
                   Model 1 Model 2 Model 3
------------------------------------------

const              4.63 *** 4.87 *** 5.85 ***
                   (0.30)  (0.33)  (0.34)
avexpr             0.53 *** 0.46 *** 0.39 ***
                   (0.04)  (0.06)  (0.05)
lat_abst                   0.87 *   0.33
                           (0.49)  (0.45)
asia                               - 0.15
                                   (0.15)
africa                             - 0.92 ***
                                   (0.17)
other                              0.30
                                   (0.37)
R - squared        0.61    0.62    0.72
No. observations   111     111     111
==========================================
Standard errors in parentheses.
* p<.1, ** p<.05, *** p<.01
```

14.4　线性回归的内生性问题及其 Python 应用

正如[AJR 01](https://lectures.quantecon.org/py/zreferences.html#acemoglu2001)论文所讨论的结果,OLS 模型可能存在内生性问题,导致模型估计有偏差且不一致。也就是说,制度与经济成果之间可能存在双向关系:较富裕的国家可能有能力或更愿意接受更好的制

度。影响收入的变量也可能与制度差异相关。该指数的构建可能存在偏见；分析人士可能倾向于看到收入较高的国家拥有更好的机构。

为了处理内生性问题，我们可以使用两阶段最小二乘回归（2-SLS），这是 OLS 回归的一个扩展。这种方法需要用一个变量替换内生变量 $avexpr_i$，即：与 $avexpr_i$ 相关，与误差项无关（即，它不应直接影响依赖变量，否则将与 u_i 相关，由于省略变量偏差。新的回归设置被称为工具变量，目的是消除制度差异的代名词中的内生性。

论文［AJR 01］（https://lectures. quantecon. org/py/zreferences. html♯acemoglu2001）的主要贡献是利用定居者死亡率来测量机构差异。他们假设更高的殖民者死亡率导致建立更具有采掘性的机构（减少对征用的保护）和这些机构，至今仍然如此。使用散点图 14-4 可以看到，保护不被征用与定居者死亡率呈负相关，符合作者的假设，并满足论文中的第一条件。

```python
# Dropping NA's is required to use numpy's polyfit
df1_subset2 = df1.dropna(subset = ['logem4', 'avexpr'])

X = df1_subset2['logem4']
y = df1_subset2['avexpr']
labels = df1_subset2['shortnam']

# Replace markers with country labels
plt.scatter(X, y, marker = '')

for i, label in enumerate(labels):
    plt.annotate(label, (X.iloc[i], y.iloc[i]))

# Fit a linear trend line
plt.plot(np.unique(X),
        np.poly1d(np.polyfit(X, y, 1))(np.unique(X)),
        color = 'black')

plt.xlim([1.8,8.4])
plt.ylim([3.3,10.4])
plt.xlabel('Log of Settler Mortality')
plt.ylabel('Average Expropriation Risk 1985 - 95')
plt.title('Figure 3: First - stage relationship between settler mortality and expropriation
risk')
plt.show()
```

如果 17—19 世纪定居者死亡率对当前国内生产总值有直接影响（此外还包括通过机构产生的间接影响），则第二个条件可能无法得到满足。

例如，定居者死亡率可能与一个国家当前的疾病环境有关，这可能影响当前的经济状况。论文［AJR 01］（https://lectures. quantecon. org/py/zreferences. html♯acemoglu2001）认为这不太可能，因为：大多数定居者死亡的原因是疟疾和黄热病，对当地人的影响有限。

例如，非洲或印度当地居民的疾病负担似乎没有高于平均水平，殖民前这些地区的人口密度相对较高。

正因为有一个有效的工具，所以我们可以使用 2-SLS 回归来获得一致和无偏的参数

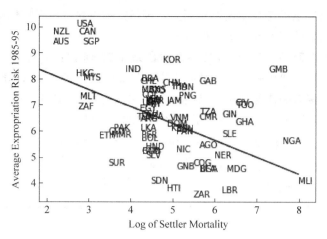

图 14-4　保护不被征用与定居者死亡率呈负相关

估计。

第一阶段涉及在工具变量上内生性变量回归(avexpr_i)。

工具变量是我们模型中所有外生变量的集合(而不仅仅是我们替换的变量)。

以模型 1 为例,我们的工具变量只是一个恒定的定居者死亡率 logem4_i。

因此,我们将估计第一阶段回归为:$\text{avexpr}_i = \delta_0 + \delta_1 \times \text{logem4}_i + v_i$

我们估计这个方程所需的数据在 maketable4. dta(只有完整的数据,由 Baseco＝1 表明,用于估计)。

代码如下:

```
# Import and select the data
df4 = pd. read_stata('https://github.com/QuantEcon/QuantEcon.lectures.code/raw/master/ols/
maketable4.dta')
df4 = df4[df4['baseco'] == 1]
# Add a constant variable
df4['const'] = 1
# Fit the first stage regression and print summary
results_fs = sm.OLS(df4['avexpr'],
                    df4[['const', 'logem4']],
                    missing = 'drop').fit()
print(results_fs.summary())
```

输出结果为:

```
                          OLS Regression Results
==============================================================================
Dep. Variable:              avexpr   R - squared:                     0.270
Model:                         OLS   Adj. R - squared:                0.258
Method:              Least Squares   F - statistic:                   22.95
Date:             Thu, 26 Sep 2019   Prob (F - statistic):          1.08e - 05
Time:                     15:40:34   Log - Likelihood:               - 104.83
No. Observations:               64   AIC:                             213.7
Df Residuals:                   62   BIC:                             218.0
Df Model:                        1
```

```
Covariance Type:                    nonrobust
========================================================================
                  coef     std err        t     P>|t|      [0.025    0.975]
------------------------------------------------------------------------
const           9.3414       0.611     15.296    0.000      8.121    10.562
logem4         -0.6068       0.127     -4.790    0.000     -0.860    -0.354
========================================================================
Omnibus:                    0.035    Durbin-Watson:                 2.003
Prob(Omnibus):              0.983    Jarque-Bera (JB):              0.172
Skew:                       0.045    Prob(JB):                      0.918
Kurtosis:                   2.763    Cond. No.                       19.4
========================================================================
```

第二个阶段：我们需要取回 $avexpr_i$ 的预测值，使用 .predict() 即可。

然后我们替换内生性变量 $avexpr_i$ 用预测值 $predicted\_avexpr_i$。

在最初的线性模型中，我们的第二阶段回归就是这样：

$$logpgp95_i = \beta_0 + \beta_1 avexpr_i + u_i$$

代码如下：

```
df4['predicted_avexpr'] = results_fs.predict()

results_ss = sm.OLS(df4['logpgp95'],
                    df4[['const', 'predicted_avexpr']]).fit()
print(results_ss.summary())
```

输出结果为：

```
                          OLS Regression Results
========================================================================
Dep. Variable:              logpgp95   R-squared:                   0.477
Model:                           OLS   Adj. R-squared:              0.469
Method:                Least Squares   F-statistic:                 56.60
Date:               Thu, 26 Sep 2019   Prob (F-statistic):       2.66e-10
Time:                       15:41:16   Log-Likelihood:            -72.268
No. Observations:                 64   AIC:                         148.5
Df Residuals:                     62   BIC:                         152.9
Df Model:                          1
Covariance Type:           nonrobust
========================================================================
                      coef    std err        t     P>|t|     [0.025   0.975]
------------------------------------------------------------------------
const               1.9097      0.823     2.320    0.024      0.264    3.555
predicted_avexpr    0.9443      0.126     7.523    0.000      0.693    1.195
========================================================================
Omnibus:                   10.547    Durbin-Watson:                 2.137
Prob(Omnibus):              0.005    Jarque-Bera (JB):             11.010
Skew:                      -0.790    Prob(JB):                    0.00407
Kurtosis:                   4.277    Cond. No.                       58.1
========================================================================
```

第二阶段的回归结果给出了对制度对经济结果的影响的无偏和一致的估计。

结果表明,与 OLS 的结果相比,存在着更强的正相关关系。

注意,虽然我们的参数估计是正确的,但我们的标准错误不是,因此,不建议"手动"计算 2-SLS(分阶段使用 OLS)。

利用统计模型的扩展线性模型包,我们可以一步正确地估计 2 阶段的 2-SLS 回归。

要安装这个包,您需要在命令行中运行 pip 安装线性模型。命令如下:

```
pip install linearmodels
# 调入 linearmodels
from linearmodels.iv import IV2SLS
```

注意,当使用 IV 2-SLS 时,外生变量和工具变量在函数参数中被分割(而在工具变量之前包含外生变量)。

下面是用工具变量的 2 阶段 2-SLS 回归估计代码:

```
iv = IV2SLS(dependent = df4['logpgp95'],
            exog = df4['const'],
            endog = df4['avexpr'],
            instruments = df4['logem4']).fit(cov_type = 'unadjusted')
print(iv.summary)
```

结果如下:

```
                      IV - 2SLS Estimation Summary
================================================================================
Dep. Variable:              logpgp95     R - squared:              0.1870
Estimator:                  IV - 2SLS    Adj. R - squared:         0.1739
No. Observations:                 64     F - statistic:            37.568
Date:            Thu, Sep 26 2019        P - value (F - stat)       0.0000
Time:                     15:43:27       Distribution:             chi2(1)
Cov. Estimator:            unadjusted


                        Parameter Estimates
================================================================================
          Parameter   Std. Err.    T - stat    P - value    Lower CI    Upper CI
--------------------------------------------------------------------------------
const        1.9097     1.0106     1.8897       0.0588     - 0.0710      3.8903
avexpr       0.9443     0.1541     6.1293       0.0000       0.6423      1.2462
================================================================================

Endogenous: avexpr
Instruments: logem4
Unadjusted Covariance (Homoskedastic)
Debiased: False
```

考虑到我们现在有了一致和无偏的估计,就可以从估计的模型中推断出制度差异(源于殖民时期建立的制度)能帮助我们解释当今各国收入水平的差异。论文[AJR 01](https:// lectures. quantecon. org/py/zreferences. html # acemoglu2001)使用边际效应 0.94 计算智利和尼日利亚之间的指数差异(即机构质量)意味着收入差距高达 7 倍,强调制度在经济发展中的作用。

在统计模型和线性模型中,我们演示了基本的 OLS 和 2-SLS 回归(处理内生性问题)。如果熟悉 R,可使用其统计模型的公式接口,或者考虑使用 r2py 在 Python 调用 R。

14.5　Hausman 检验及其 Python 应用

在本节中,我们考虑由于收入对制度发展的可能影响,最初的模型存在内生性偏差。

虽然通常最好通过考虑数据和模型来识别内生性,但我们可以使用 hausman 检验来正式地测试内生性。

我们想检验内生性变量之间的相关性,即变量 avexpr_i 和误差项 u_i。

H_0：$\mathrm{Cov}(\mathrm{avexpr}_i, u_i) = 0$(无内生性);

H_1：$\mathrm{Cov}(\mathrm{avexpr}_i, u_i) \neq 0$(内生性)。

这个测试是分两个阶段运行的。

首先,我们对 avexp 和 avexpr_i 进行回归。

对工具变量 $\mathrm{logem4}_i$,我们回归 avexpr_i：

$$\mathrm{avexpr}_i = \pi_0 + \pi_1 \mathrm{logem4}_i + v_i$$

第二,我们取回残差 $\hat{v}_i$,并将它们包含在最初方程中：

$$\mathrm{logpgp95}_i = \beta_0 + \beta_1 \cdot \mathrm{avexpr}_i + \alpha \cdot \hat{v}_i + u_i$$

如果 α 在统计学上是显著的($P < 0.05$),那么我们拒绝原假设,并得出结论：avexpr_i 有内生性。

使用上述信息,估计 Hausman 测试结果并解释结果。

实例代码如下：

```
# Load in data
df4 = pd.read_stata('https://github.com/QuantEcon/QuantEcon.lectures.code/raw/master/ols/
maketable4.dta')

# Add a constant term
df4['const'] = 1

# Estimate the first stage regression
reg1 = sm.OLS(endog = df4['avexpr'],
              exog = df4[['const', 'logem4']],
              missing = 'drop').fit()

# Retrieve the residuals
df4['resid'] = reg1.resid

# Estimate the second stage residuals
reg2 = sm.OLS(endog = df4['logpgp95'],
              exog = df4[['const', 'avexpr', 'resid']],
              missing = 'drop').fit()
print(reg2.summary())
```

输出结果为：

```
                        OLS Regression Results
==============================================================================
Dep. Variable:               logpgp95   R-squared:                       0.689
Model:                            OLS   Adj. R-squared:                  0.679
Method:                 Least Squares   F-statistic:                     74.05
Date:                Thu, 26 Sep 2019   Prob (F-statistic):           1.07e-17
Time:                        15:44:34   Log-Likelihood:                -62.031
No. Observations:                  70   AIC:                             130.1
Df Residuals:                      67   BIC:                             136.8
Df Model:                           2
Covariance Type:            nonrobust
==============================================================================
                 coef    std err          t      P>|t|      [0.025      0.975]
------------------------------------------------------------------------------
const          2.4782      0.547      4.530      0.000       1.386       3.570
avexpr         0.8564      0.082     10.406      0.000       0.692       1.021
resid         -0.4951      0.099     -5.017      0.000      -0.692      -0.298
==============================================================================
Omnibus:                       17.597   Durbin-Watson:                   2.086
Prob(Omnibus):                  0.000   Jarque-Bera (JB):               23.194
Skew:                          -1.054   Prob(JB):                     9.19e-06
Kurtosis:                       4.873   Cond. No.                         53.8
==============================================================================
```

输出结果表明，残差系数在统计上是显著的，这表明 $avexpr_i$ 有内生性。

练 习 题

对本章中的数据文件，使用 Python 重新操作一遍。

第15章 财经大数据量化投资统计套利及其 Python 应用

本章介绍 Markowitz 投资组合优化与量化投资统计套利的 Python 应用。

15.1 Python 应用于 Markowitz 投资组合优化

15.1.1 股票的选择

沪深两市已有逾 1500 家上市公司披露了 2019 年一季报或一季度业绩预告,以预告的净利润增幅下限来看,53%的上市公司一季度净利润同比上涨,近三成公司涨幅超过 50%。

基于已披露的财报和业绩预告,数据宝对 2018 年全年和 2019 年一季度业绩双双高增长的上市公司进行了筛选,剔除基期负利和微利的公司后,共有 28 家上市公司 2018 年年报和 2019 年一季报公告的归属于母公司净利润均翻番。

这 28 家上市公司来自 17 个不同的申万一级行业,行业分布较为分散,其中农林牧渔业和化工行业上市公司各有 3 家,数量最多。

28 家公司中,赣能股份、杰瑞股份和威华股份 2018 年净利润增幅最高,超过 500%。其中,赣能股份的业绩高增长主要与 2017 年非经产性损性损失造成的基期利润大幅下滑有关。扣除非经常性损益的影响后,公司 2018 年净利润与 2017 年基本持平。

杰瑞股份 2018 年营业收入和归属于母公司净利润同比增速分别为 44%和 807%,业绩大涨的主要原因在于行业景气度的提升使市场对于油田技术服务及钻完井设备需求快速增加,同时规模效益和产品热销带来的价格回暖也使公司毛利率有所提升。2019 年一季度公司订单量持续增长,业绩预期再度爆发,净利润预增幅度达 210%～260%。

威华股份 2018 年营业收入上涨了 25%,归属于母公司净利润同比暴增 5 倍。业绩增长的主要原因在于纤维板业务盈利能力的增强以及锂盐业务产能逐步释放。2019 年一季度公司业绩同比上涨了 423.8%,中报预期盈利将继续上涨。

从 2019 年一季报和业绩预告的业绩来看,华昌化工、农产品和海普瑞的预告净利润同比增幅下限超过了 10 倍,为 28 股中最高。

华昌化工 2019 年一季度业绩预增 1652%～1970%,业绩预告显示,公司业绩暴增的主要原因在于公司所处行业整体趋向于企稳,原料结构调整二期项目的投产降低了公司生产成本,同时增加了多元醇、甲醇等产品的产能。

农产品 2019 年一季度业绩预增 1299%～1625%,业绩增长主要来源于公司下属参股公司的销售收益及下属参股公司完成的发行股份购买资产事项。

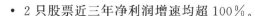

- 2 只股票近三年净利润增速均超 100％。

从业绩增长的连续性来看,28 家 2018 年年报和 2019 年一季报净利润预期翻番的上市公司中,10 家公司 2016—2018 年 3 年净利润连续增长,三一重工和通源石油连续 3 年净利润增幅均过 100％。此外,中公教育、天喻信息和利达光电近 3 年净利润复合增长率也超过 100％。

- 2 只股票 2019 年以来股价翻倍,9 只股票滞涨。

从 2019 年以来的股价表现来看,28 只股票年内股价平均上涨了 49.5％,12 只股票股价涨幅超过 50％,华昌化工和利达光电年初至今已累计上涨了 135％和 108％,股价表现最好。

9 只股票年初至今的涨幅不足 30％,跑输大盘。其中海普瑞、恩捷股份、宝新能源、美诺华和量子生物股价年内涨幅不足 20％,滞涨情形较为严重。

从最新估值来看,8 只股票最新滚动市盈率不足 30 倍。常宝股份、圣农发展、三一重工和仙坛股份的最新股东市盈率不到 20 倍,为 28 只股票中最低。

以上数据如表 15-1 所示。

我们在表 15-1 中选择华昌化工、利达光电和中公教育收盘价数据来做资产组合。

表 15-1　2018—2019 年利润与股价涨幅情况

代　码	简　　称	2019 年一季度净利润增长率/％	2018 年净利润增长率/％	今年以来股价涨跌幅/％
002274	华昌化工	1652.00	152.86	135.90
000061	农产品	1299.60	207.85	29.28
002399	海普瑞	1088.45	219.62	10.20
002812	恩捷股份	729.00	243.65	10.99
300130	新国都	540.00	220.45	51.59
300205	天喻信息	512.45	347.06	79.12
002725	跃岭股份	441.69	193.13	36.63
603538	美诺华	436.95	115.66	17.27
002240	威华股份	423.80	509.31	34.84
002299	圣农发展	414.14	377.79	61.00
002746	仙坛股份	360.69	294.19	80.77
600496	精工钢构	279.00	190.00	37.93
002607	中公教育	269.44	119.67	83.03
002803	吉宏股份	260.00	156.99	77.29
000899	赣能股份	225.76	1045.91	38.13
000690	宝新能源	211.71	348.81	17.24
002353	杰瑞股份	210.00	807.57	68.93
002189	利达光电	198.99	237.74	108.76
002591	恒大高新	180.95	183.48	20.88
300164	通源石油	178.16	134.83	24.28
002478	常宝股份	165.00	237.30	46.09
002409	雅克科技	135.00	284.90	29.42
002467	二六三	135.00	177.67	79.05
300149	量子生物	110.00	178.63	18.18

续表

代　　码	简　　称	2019 年一季度净 利润增长率/%	2018 年净利 润增长率/%	今年以来股价 涨跌幅/%
600031	三一重工	100.00	192.33	58.51
300632	光莆股份	100.00	126.76	59.97
002154	报喜鸟	100.00	102.30	33.66
300456	耐威科技	100.00	104.15	36.03

15.1.2　Markowitz 投资组合基本理论

多股票策略回测时常常遇到这样的问题：仓位如何分配？其实，这个问题早在 1952 年马科维茨（Markowitz）就给出了答案，即投资组合理论。根据这个理论，我们可以对多资产的组合配置进行三方面的优化。

（1）找到风险最小的投资组合。

（2）找到 Sharpe 最优的投资组合（收益－风险均衡点）。

（3）找到有效边界（或有效前沿），在既定的收益率下使投资组合的方差最小化。

该理论基于用均值方差模型来表述投资组合的优劣的前提。我们将选取几只股票，用蒙特卡洛模拟来探究投资组合的有效边界。通过 Sharpe 比最大化和方差最小化两种优化方法来找到最优的投资组合配置权重参数。最后，刻画出可能的分布，两种最优以及组合的有效边界。

15.1.3　投资组合优化的 Python 应用

```
##导入需要的程序包
import tushare as ts                          #需先安装 tushare 程序包
#此程序包的安装命令: pip install tushare
import pandas as pd
import numpy as np                            #数值计算
from pandas.core import datetools
import statsmodels.api as sm                  #统计运算
import scipy.stats as scs                     #科学计算
import matplotlib.pyplot as plt               #绘图
```

（1）选择股票代号、获取股票数据、清理及其可视化

```
#把相对应股票的收盘价按照时间的顺序存入 DataFrame 对象中
data = pd.DataFrame()
data1 = ts.get_k_data('002274','2018 - 01 - 01','2019 - 10 - 01')
data1 = data1['close']                        #华昌化工收盘价数据
data['002274'] = data1
data2 = ts.get_k_data('002189', '2018 - 01 - 01','2019 - 10 - 01')
data2 = data2['close']                        #利达光电收盘价数据
data['002189'] = data2
data3 = ts.get_k_data('002607', '2018 - 01 - 01','2019 - 10 - 01')
data3 = data3['close']                        #中公教育收盘价数据
data['002607'] = data3
```

```
# 数据清理
data = data.dropna()
data.head()
# 规范化后时序数据
data.plot(figsize = (8,4))
```

得到如图 15-1 所示的图形。

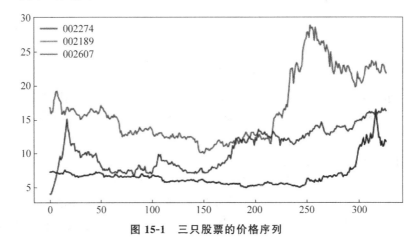

扫码看彩图

图 15-1　三只股票的价格序列

（2）计算不同证券的均值、协方差和相关系数

计算投资资产的协方差是构建资产组合过程的核心部分。运用 Pandas 内置方法生产协方差矩阵。

```
returns = np.log(data / data.shift(1))
returns.mean() * 252
```

输出结果为：

```
002274    0.369751
002189    0.202967
002607    1.075092
dtype: float64
returns.cov()                          # 计算协方差
```

输出结果为：

```
          002274     002189     002607
002274  0.000905   0.000017   0.000029
002189  0.000017   0.001065   0.000102
002607  0.000029   0.000102   0.001475
returns.corr()                          # 计算相关系数
```

输出结果为：

```
          002274     002189     002607
002274  1.000000   0.017442   0.025334
002189  0.017442   1.000000   0.081694
002607  0.025334   0.081694   1.000000
```

由上可见,各证券之间的相关系数不太大,可以做投资组合。

（3）给不同资产随机分配初始权重

假设不允许建立空头头寸,所有的权重系数均在 0～1 之间。

```
noa = 3
weights = np.random.random(noa)
weights /= np.sum(weights)
weights
```

输出结果为：

```
array([0.23274847, 0.05264993, 0.7146016 ])
```

（4）计算组合预期收益、组合方差和组合标准差

```
np.sum(returns.mean() * weights)
```

输出结果为：

```
0.001985420034126181
np.dot(weights.T, np.dot(returns.cov(),weights))
```

输出结果为：

```
0.0003985690192335607
np.sqrt(np.dot(weights.T, np.dot(returns.cov(),weights)))
```

输出结果为：

```
0.01996419342807419
```

（5）用蒙特卡洛模拟产生大量随机组合

现在,我们最想知道的是给定的一个股票池(投资组合)如何找到风险和收益平衡的位置。下面通过一次蒙特卡洛模拟,产生大量随机的权重向量,并记录随机组合的预期收益和方差。

```
port_returns = []
port_variance = []
for p in range(5000):
  weights = np.random.random(noa)
  weights /= np.sum(weights)
  port_returns.append(np.sum(returns.mean() * 252 * weights))
  port_variance.append(np.sqrt(np.dot(weights.T, np.dot(returns.cov() * 252, weights))))
port_returns = np.array(port_returns)
port_variance = np.array(port_variance)
# 无风险利率设定为 1.5%
risk_free = 0.015
plt.figure(figsize = (8,4))
plt.scatter(port_variance, port_returns, c = (port_returns - risk_free)/port_variance, marker = 'o')
plt.grid(True)
plt.xlabel('volatility')
```

```
plt.ylabel('expected return')
plt.colorbar(label = 'Sharpe ratio')
```

得到如图 15-2 所示的图形。

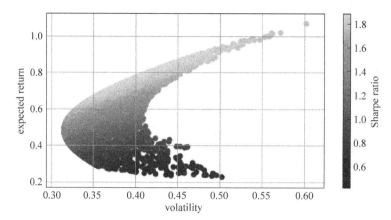

扫码看彩图

图 15-2　蒙特卡洛模拟产生大量随机组合

（6）sharpe 最大的最优资产

建立 statistics 函数来记录重要的投资组合统计数据（收益、方差和夏普比）通过对约束最优问题的求解，得到最优解。其中约束是权重总和为 1。

```
def statistics(weights):
    weights = np.array(weights)
    port_returns = np.sum(returns.mean() * weights) * 252
    port_variance = np.sqrt(np.dot(weights.T, np.dot(returns.cov() * 252,weights)))
    return np.array([port_returns, port_variance, (port_returns - risk_free)/port_variance])
#最优化投资组合的推导是一个约束最优化问题
import scipy.optimize as sco
#最小化夏普指数的负值
def min_sharpe(weights):
    return - statistics(weights)[2]
#约束是所有参数(权重)的总和为1.这可以用 minimize 函数的约定表达如下
cons = ({'type':'eq', 'fun':lambda x: np.sum(x) - 1})
#我们还将参数值(权重)限制在0和1之间.这些值以多个元组组成的一个元组形式提供给最小化
函数
bnds = tuple((0,1) for x in range(noa))
#优化函数调用中忽略的唯一输入是起始参数列表(对权重的初始猜测).我们简单的使用平均分布.
opts = sco.minimize(min_sharpe, noa * [1./noa,], method = 'SLSQP', bounds = bnds,
constraints = cons)
opts
```

运行上述代码，得到如下结果：

```
    fun: -1.8861142481382729
    jac: array([-0.03715463, -0.03720495, -0.03700775])
message: 'Optimization terminated successfully.'
   nfev: 36
    nit: 7
```

```
  njev: 7
status: 0
success: True
      x: array([0.31278928, 0.08747832, 0.59973239])
```

输入如下代码后：

```
opts['x'].round(3)
```

得到的最优组合权重向量为：

```
array([0.313, 0.087, 0.600])
♯ 预期收益率、预期波动率、最优夏普指数
statistics(opts['x']).round(4)
array([0.7782, 0.4046, 1.8861])
```

（7）方差最小的最优资产组合

下面我们通过方差最小来选出最优资产组合。

```
def min_variance(weights):
    return statistics(weights)[1]
optv = sco.minimize(min_variance, noa * [1./noa,], method = 'SLSQP', bounds = bnds,
constraints = cons)
optv
```

得到如下结果：

```
    fun: 0.31555288726068836
    jac: array([0.3155471 , 0.31565719, 0.31541217])
message: 'Optimization terminated successfully.'
   nfev: 20
    nit: 4
   njev: 4
 status: 0
success: True
      x: array([0.42273692, 0.34153185, 0.23573123])
```

方差最小的最优组合权重向量及组合的统计数据分别为：

```
optv['x'].round(4)
```

得到如下结果：

```
array([0.4227, 0.3415, 0.2357])
♯ 得到的预期收益率、波动率和夏普指数
statistics(optv['x']).round(4)
```

得到如下结果：

```
array([0.4791, 0.3156, 1.4706])
```

（8）资产组合的有效边界（前沿）

有效边界由既定的目标收益率下方差最小的投资组合构成。

在最优化时采用两个约束：（1）给定目标收益率；（2）投资组合权重和为 1。

```
def min_variance(weights):
    return statistics(weights)[1]
#在不同目标收益率水平(target_returns)循环时,最小化的一个约束条件会变化.
target_returns = np.linspace(0.0,0.5,50)
target_variance = []
for tar in target_returns:
    cons = ({'type':'eq','fun':lambda x:statistics(x)[0] - tar},{'type':'eq','fun':lambda x:np.sum
(x) - 1})
    res = sco.minimize(min_variance, noa * [1./noa,], method = 'SLSQP', bounds = bnds,
constraints = cons)
    target_variance.append(res['fun'])
target_variance = np.array(target_variance)
```

下面是最优化结果的展示(如图 15-3 所示)。

叉号:构成的曲线是有效边界(目标收益率下最优的投资组合)

红星:sharpe 最大的投资组合

黄星:方差最小的投资组合

```
plt.figure(figsize = (8,4))
#圆圈:蒙特卡洛随机产生的组合分布
plt.scatter(port_variance, port_returns, c = port_returns/port_variance,marker = 'o')
#叉号:有效边界
plt.scatter(target_variance,target_returns, c = target_returns/target_variance, marker = 'x')
#红星:标记最高 sharpe 组合
plt.plot(statistics(opts['x'])[1], statistics(opts['x'])[0], 'r*', markersize = 15.0)
#黄星:标记最小方差组合
plt.plot(statistics(optv['x'])[1], statistics(optv['x'])[0], 'y*', markersize = 15.0)
plt.grid(True)
plt.xlabel('volatility')
plt.ylabel('expected return')
plt.colorbar(label = 'Sharpe ratio')
```

得到如图 15-3 所示的图形。

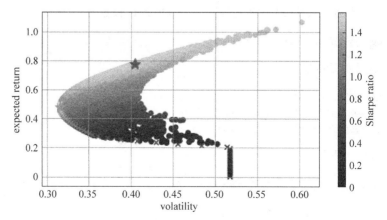

扫码看彩图

图 15-3　资产组合的可行集和有效边界

15.2　基于 Bigquant 量化投资平台的统计套利协整配对交易策略

15.2.1　协整基本知识

（1）协整的直观理解

协整（cointegration）是什么？这个问题回答起来不是那么直观，因此我们先看图 15-4，了解一下具有协整性的两只股票其价格走势有什么规律。

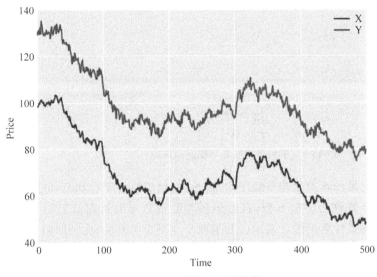

图 15-4　两只协整股票的走势

扫码看彩图

从图 15-4 中可以看出，两只股票具有同涨同跌的规律，长期以来两只股票的价差比较平稳，这种性质就是平稳性。如果两个股票具有强协整性，那么无论它们中途怎么走的，它们前进的方向总是一样的。

（2）平稳性

提到协整，就不得不提平稳性。简单地说，平稳性（stationarity）是一个序列在时间推移中保持稳定不变的性质，它是我们在进行数据的分析预测时非常重要的一个性质。如果一组时间序列数据是平稳的，那就意味着它的均值和方差保持不变，这样我们可以方便地在序列上使用一些统计技术。我们先看一个例子，了解平稳和非平稳时间序列直观上长什么样。

在图 15-5 中，靠上的序列是一个平稳的序列，我们能看到它始终是围绕着一个长期均值在波动，靠下的序列是一个非平稳序列，我们能看到它的长期均值是变动的。

（3）问题的提出

由于许多经济问题是非平稳的，这就给经典的回归分析方法带来了很大限制。在金融市场上也是如此，很多时间序列数据也是非平稳的，通常采用差分方法消除序列中含有的非平稳趋势，使得序列平稳化后建立模型，比如使用 ARIMA 模型。

1987 年 Engle 和 Granger 提出的协整理论及其方法，为非平稳序列的建模提供了另一

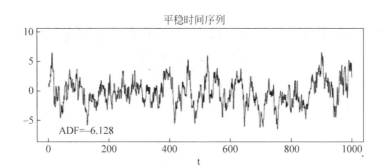

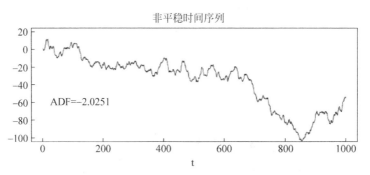

图 15-5   平稳序列和非平稳时间序列

种途径。虽然一些经济变量的本身是非平稳序列,但是,它们的线性组合却有可能是平稳序列。这种平稳的线性组合被称为协整方程,且可解释为变量之间的长期稳定的均衡关系。协整可被看作这种均衡关系性质的统计表示。如果两个变量是协整的,在短期内,因为季节影响或随机干扰,这些变量有可能偏离均值,但因为具有长期稳定的均衡关系,它们终将回归均值。

(4)协整在量化投资中应用

基于协整的配对交易是一种基于数据分析交易策略,其盈利模式是通过两只证券的差价(spread)来获取,两者的股价走势虽然在中途会有所偏离,但是最终都会趋于一致。具有这种关系的两个股票,在统计上称作协整性,即它们之间的差价会围绕某一个均值来回摆动,这是配对交易策略可以盈利的基础。当两只股票的价差过大,根据平稳性我们预期价差会收敛,因此买入低价的股票,卖空高价的股票,等待价格回归的时候进行反向操作从而获利。

需要特别注意的是,协整性和相关性虽然比较像,但实际是不同的两个概念。两个变量之间可以相关性强,协整性却很弱,比如说两条直线,$y=x$ 和 $y=2x$,它们之间的相关性是1,但是协整性却比较差;方波信号和白噪声信号,它们之间相关性很弱,但是却有强协整性,如图 15-6 所示。

15.2.2　平稳性检验及其实例

(1)平稳性和检验方法

严格地说,平稳性可以分为严平稳(strictly stationary)和弱平稳(或叫协方差平稳,covariance stationary)两种。严平稳是指一个序列始终具有不变的分布函数,而弱平稳则是

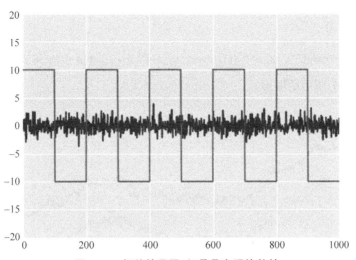

图 15-6　相关性很弱，但是具有强协整性

指具序列有不变的常量的描述性统计量。严平稳和弱平稳性质互不包含；但如果一个严平稳序列的方差是有限的，那么它是弱平稳的。我们一般所说的平稳都是指弱平稳。在时间序列分析中，我们通常通过单位根检验（unit root test）来判断一个过程是否是弱平稳的。

　　一个常见的单位根检验方法是 Dickey-Fuller test，大致思路如下：假设被检测的时间序列 Y_t 满足自回归模型 $Y_t = \alpha Y_{t-1} + \varepsilon_t$，其中 α 为回归系数，ε_t 为噪声的随机变量。若经过检验，发现 $\alpha < 1$，则可以肯定序列是平稳的。

　　（2）实例

　　我们人为地构造两组数据，由此直观地看一下协整关系。

```
import numpy as np
import pandas as pd
import seaborn
import statsmodels
import matplotlib.pyplot as plt
from statsmodels.tsa.stattools import coint
#构造数据
```

　　首先，我们构造两组数据，每组数据长度为 500。第一组数据为 100 加一个向下趋势项再加一个标准正态分布。第二组数据在第一组数据的基础上加 30，再加一个额外的标准正态分布。有

$$X_t = 100 + \gamma_t + \varepsilon_i$$
$$Y_t = X_t + 30 + \mu_t$$

其中，γ_t 为趋势项，ε_t 和 μ_t 为无相关性的正态随机变量。

　　代码如下：

```
np.random.seed(100)
x = np.random.normal(0, 1, 500)
y = np.random.normal(0, 1, 500)
X = pd.Series(np.cumsum(x)) + 100
Y = X + y + 30
```

```
for i in range(500):
    X[i] = X[i] - i/10
    Y[i] = Y[i] - i/10
T.plot(pd.DataFrame({'X':X, 'Y':Y}), chart_type = 'line', title = 'Price')
```

得到如图 15-7 所示的图形。

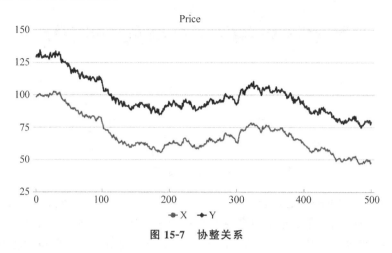

图 15-7　协整关系

显然,这两组数据都是非平稳的,因为均值随着时间的变化而变化。但这两组数据是具有协整关系的,因为它们的差序列 $Y_t - X_t$ 是平稳的。

```
T.plot(pd.DataFrame({'Y-X':Y-X,'Mean':np.mean(Y-X)}),chart_type = 'line', title = 'Price')
```

在图 15-8 中,可以看出 $Y_t - X_t$ 一直围绕均值波动,而均值不随时间变化(其实方差也不随时间变化)。

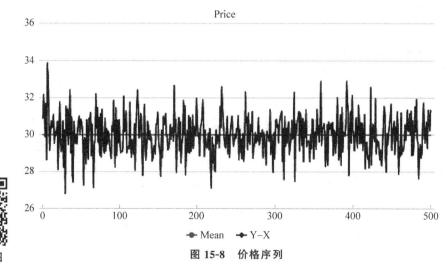

扫码看彩图

图 15-8　价格序列

15.2.3　基于 Bigquant 平台统计套利的协整配对交易策略

(1) 配对交易

配对交易策略基本原理就是找出两只走势相关的股票。这两只股票的价格差距从长期来看在一个固定的水平内波动,如果价差暂时性地超过或低于这个水平,就买多价格偏低的股票,卖空价格偏高的股票。等到价差恢复正常水平时,进行平仓操作,赚取这一过程中价差变化所产生的利润。

使用这个策略的关键就是"必须找到一对价格走势高度相关的股票",而高度相关在这里意味着在长期来看有一个稳定的价差,这就要用到协整关系的检验。

（2）协整关系

在前面的介绍中,我们知道,如果用 X_t 和 Y_t 代表两只股票价格的时间序列,并且发现它们存在协整关系,那么便存在实数 a 和 b,并且线性组合 $Z_t = aX_t - bY_t$ 是一个（弱）平稳的序列。如果 Z_t 的值较往常相比变得偏高,那么根据弱平稳性质,Z_t 将回归均值,这时,应该买入 b 份 Y 并卖出 a 份 X,并在 Z_t 回归时赚取差价。反之,如果 Z_t 走势偏低,那么应该买入 a 份 X 卖出 b 份 Y,等待 Z_t 上涨。所以,要使用配对交易,必须找到一对协整相关的股票。

（3）协整关系的检验

我们想使用协整的特性进行配对交易,那么要怎么样发现协整关系呢？

在 Python 的 Statsmodels 包中,有直接用于协整关系检验的函数 coint,该函数包含于 statsmodels.tsa.stattools 中。首先,我们构造一个读取股票价格,判断协整关系的函数。该函数返回的两个值分别为协整性检验的 P 值矩阵以及所有传入的参数中协整性较强的股票对。我们不需要在意 P 值具体是什么,可以这么理解它：P 值越低,协整关系就越强；P 值低于 0.05 时,协整关系便非常强。

```python
import numpy as np
import pandas as pd
import statsmodels.api as sm
import seaborn as sns
# 输入是一个 DataFrame,每一列是一只股票在每一日的价格
def find_cointegrated_pairs(dataframe):
    # 得到 DataFrame 长度
    n = dataframe.shape[1]
    # 初始化 P 值矩阵
    pvalue_matrix = np.ones((n, n))
    # 抽取列的名称
    keys = dataframe.keys()
    # 初始化强协整组
    pairs = []
    # 对于每一个 i
    for i in range(n):
        # 对于大于 i 的 j
        for j in range(i + 1, n):
            # 获取相应的两只股票的价格 Series
            stock1 = dataframe[keys[i]]
            stock2 = dataframe[keys[j]]
            # 分析它们的协整关系
            result = sm.tsa.stattools.coint(stock1, stock2)
            # 取出并记录 p 值
            pvalue = result[1]
```

```
            pvalue_matrix[i, j] = pvalue
            # 如果 p 值小于 0.05
            if pvalue < 0.05:
                # 记录股票对和相应的 P 值
                pairs.append((keys[i], keys[j], pvalue))
    # 返回结果
    return pvalue_matrix, pairs
```

其次，我们挑选 10 只银行股，认为它们是业务较为相似，在基本面上具有较强联系的股票，使用上面构建的函数对它们进行协整关系的检验。在得到结果后，用热力图画出各个股票对之间的 P 值，较为直观地看出它们之间的关系。

我们的测试区间为 2015 年 1 月 1 日至 2017 年 7 月 18 日。热力图画出的是 1 减去 P 值，因此颜色越红的地方表示 P 值越低。

```
instruments = ["002142.SZA", "600000.SHA", "600015.SHA", "600016.SHA", "600036.SHA",
"601009.SHA",
"601166.SHA", "601169.SHA", "601328.SHA", "601398.SHA", "601988.SHA", "601998.SHA"]

# 确定起始时间
start_date = '2015 - 01 - 01'
# 确定结束时间
end_date = '2017 - 07 - 18'
# 获取股票总市值数据，返回 DataFrame 数据格式
prices_temp = D.history_data(instruments, start_date, end_date,
                fields = ['close'])
prices_df = pd.pivot_table(prices_temp, values = 'close', index = ['date'], columns =
['instrument'])
pvalues, pairs = find_cointegrated_pairs(prices_df)
# 画协整检验热度图，输出 pvalue < 0.05 的股票对
sns.heatmap(1 - pvalues, xticklabels = instruments, yticklabels = instruments, cmap = 'RdYlGn_r',
mask = (pvalues == 1))
print(pairs)
```

输出结果为：

```
[('601009.SHA', '601169.SHA', 0.02365359083397179), ('601328.SHA', '601988.SHA',
0.015969649625933734), ('601328.SHA', '601998.SHA', 0.021157033600204263), ('601988.SHA',
'601998.SHA', 0.04749522836337974)]
df = pd.DataFrame(pairs, index = range(0, len(pairs)), columns = list(['Name1', 'Name2', 'pvalue']))
# pvalue 越小表示相关性越大，按 pvalue 升序排名就是获取相关性从大到小的股票对
df.sort_values(by = 'pvalue')
```

输出结果为：

	Name1	Name2	pvalue
1	601328.SHA	601988.SHA	0.015970
2	601328.SHA	601998.SHA	0.021157
0	601009.SHA	601169.SHA	0.023654
3	601988.SHA	601998.SHA	0.047495

从图 15-9 可以看出，上述 10 只股票中有 3 对具有较为显著的协整性关系的股票对（红

色表示协整关系显著)。我们选择使用其中 P 值最低(0.004)的交通银行(601328.SHA)和中信银行(601998.SHA)这一对股票来进行研究。

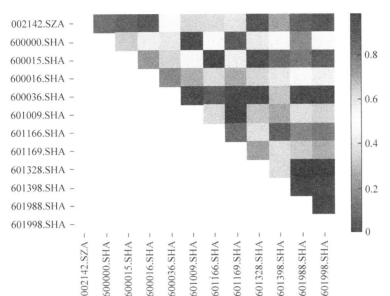

扫码看彩图

图 15-9　热力图

首先调取交通银行和中信银行的历史股价,画出两只股票的价格走势,如图 15-10 所示。

```
T.plot(prices_df[['601328.SHA','601998.SHA']], chart_type = 'line',
title = 'Price')
```

扫码看彩图

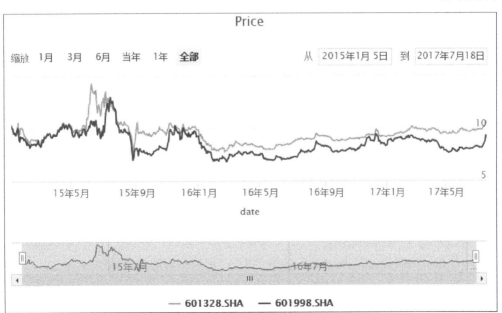

图 15-10　两只股票的价格走势

接下来,我们用这两只股票的价格来进行一次 OLS 线性回归,以此算出它们是以什么线性组合的系数构成平稳序列的。

```
# ols
x = prices_df['601328.SHA']
y = prices_df['601998.SHA']
X = sm.add_constant(x)
result = (sm.OLS(y,X)).fit()
print(result.summary())
```

输出结果为:

```
                          OLS Regression Results
==============================================================================
Dep. Variable:             601998.SHA   R-squared:                      0.682
Model:                            OLS   Adj. R-squared:                 0.682
Method:                 Least Squares   F-statistic:                    1323.
Date:                Fri, 27 Sep 2019   Prob (F-statistic):          1.20e-155
Time:                        08:13:06   Log-Likelihood:               -566.43
No. Observations:                 619   AIC:                            1137.
Df Residuals:                     617   BIC:                            1146.
Df Model:                           1
Covariance Type:            nonrobust
==============================================================================
                 coef    std err          t      P>|t|      [0.025      0.975]
------------------------------------------------------------------------------
const          0.3818      0.226      1.687      0.092      -0.063       0.826
601328.SHA     0.8602      0.024     36.378      0.000       0.814       0.907
==============================================================================
Omnibus:                        0.497   Durbin-Watson:                  0.070
Prob(Omnibus):                  0.780   Jarque-Bera (JB):               0.340
Skew:                           0.003   Prob(JB):                       0.844
Kurtosis:                       3.115   Cond. No.                        90.0
==============================================================================
```

系数是 0.8602,画出数据和拟合线。

```
import matplotlib.pyplot as plt
fig, ax = plt.subplots(figsize=(8,6))
ax.plot(x, y, 'o', label="data")
ax.plot(x, result.fittedvalues, 'r', label="OLS")
ax.legend(loc='best')
```

得到如图 15-11 所示的图形。

设中信银行的股价为 Y,交通银行的股价为 X,回归拟合的结果是

$$Y = 0.3818 + 0.8602X$$

也就是说 $Y - 0.8602X$ 是平稳序列。

依照这个比例,我们画出它们价差的平稳序列。可以看出,虽然价差上下波动,但都会回归中间的均值。

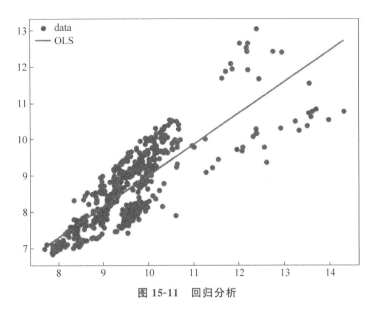

图 15-11 回归分析

```
#T.plot(pd.DataFrame({'Stationary Series':0.8602 * x - y, 'Mean':[np.mean(0.8602 * x - y)]}),
chart_type = 'line')
df = pd.DataFrame({'Stationary Series':y - 0.8602 * x, 'Mean':np.mean(y - 0.8602 * x)})
T.plot(df, chart_type = 'line', title = 'Stationary Series')
```

得到如图 15-12 所示。

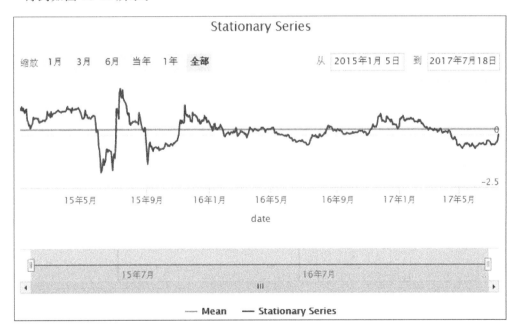

图 15-12 平稳序列

（4）买卖时机的判断

这里,我们介绍 z-scorez-score,它是对时间序列偏离其均值程度的衡量,表示时间序列偏离了其均值多少倍的标准差。首先,我们定义一个函数来计算 z-score：

一个序列在时间 t 的 z-score，是它在时间 t 的值减去序列的均值，再除以序列的标准差后得到的值。

```
def zscore(series):
    return (series − series.mean()) / np.std(series)
zscore_calcu = zscore(y − 0.8602 * x)
T.plot(pd.DataFrame({'zscore':zscore_calcu, 'Mean':np.mean(y − 0.8602 * x), 'upper':1, 'lower':
    − 1}),chart_type = 'line', title = 'zscore')
```

得到如图 15-13 所示的图形。

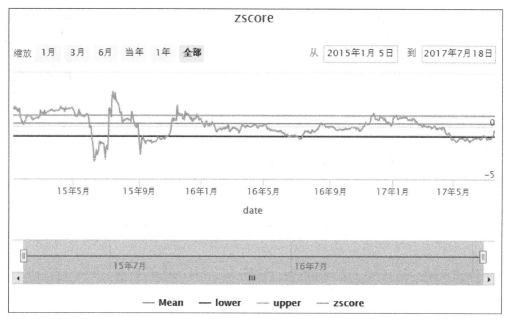

图 15-13　买卖时机的判断

扫码看彩图

（5）策略完整交易系统设计

① 交易标的：中信银行（601998.SHA）和交通银行（601328.SHA）。

② 交易信号：

当 zscore 大于 1 时，全仓买入交通银行，全仓卖出中信银行→做空价差；

当 zscore 小于−1 时，全仓卖出中信银行，全仓买入交通银行→做多价差。

③ 风险控制：暂时没有风险控制。

④ 资金管理：暂时没有择时，任何时间保持满仓。

策略回测的代码如下。

```
instrument = {'y':'601998.SHA','x':'601328.SHA'}          # 协整股票对
start_date = '2015 − 01 − 01'                             # 起始日期
end_date = '2017 − 07 − 18'                               # 结束日期
# 初始化账户和传入需要的变量
def initialize(context):
    context.set_commission(PerDollar(0.0015))             # 手续费设置
```

```
        context.zscore = zscore_calcu        #交易信号需要根据 zscore_calcu 的具体数值给出
        context.ins  = instrument           #传入协整股票对
```

```
# 策略主题函数
def handle_data(context, data):

    date = data.current_dt.strftime('%Y-%m-%d')      # 运行到当根 k 线的日期
    zscore = context.zscore.ix[date]                 # 当日的 zscore
    stock_1 = context.ins['y']                       # 股票 y
    stock_2 = context.ins['x']                       # 股票 x

    symbol_1 = context.symbol(stock_1)        # 转换成回测引擎所需的 symbol 格式
    symbol_2 = context.symbol(stock_2)

    # 持仓
    cur_position_1 = context.portfolio.positions[symbol_1].amount
    cur_position_2 = context.portfolio.positions[symbol_2].amount

    # 交易逻辑
    # 如果 zesore 大于上轨(>1),则价差会向下回归均值,因此需要买入股票 x,卖出股票 y
    if zscore > 1 and cur_position_2 == 0 and data.can_trade(symbol_1) and data.can_trade
(symbol_2):
        context.order_target_percent(symbol_1, 0)
        context.order_target_percent(symbol_2, 1)
        print(date, '全仓买入：交通银行')

    # 如果 zesore 小于下轨(<-1),则价差会向上回归均值,因此需要买入股票 y,卖出股票 x
    elif zscore < -1 and cur_position_1 == 0 and data.can_trade(symbol_1) and data.can_trade
(symbol_2):
        context.order_target_percent(symbol_1, 1)
        print(date, '全仓买入：中信银行')
        context.order_target_percent(symbol_2, 0)
# 回测启动接口
m = M.trade.v2(
    instruments = list(instrument.values()), #保证 instrument 是有字符串的股票代码组合成
的列表(list)
    start_date = start_date,
    end_date = end_date,
    initialize = initialize,
    handle_data = handle_data,
    order_price_field_buy = 'open',
    order_price_field_sell = 'open',
    capital_base = 10000,
    benchmark = '000300.INDX',
)
[2019-09-27 08:15:18.861164] INFO: bigquant: cached.v2 开始运行..
[2019-09-27 08:15:19.259505] INFO: bigquant: cached.v2 运行完成[0.398312s].
[2019-09-27 08:15:19.308784] INFO: algo: TradingAlgorithm V1.5.9
[2019-09-27 08:15:19.524870] INFO: algo: trading transform...
[2019-09-27 08:15:21.356199] INFO: Performance: Simulated 619 trading days out of 619.
[2019-09-27 08:15:21.359262] INFO: Performance: first open: 2015-01-05 09:30:00+00:00
```

[2019 - 09 - 27 08:15:21.360895] INFO: Performance: last close: 2017 - 07 - 18 15:00:00 + 00:00
[2019 - 09 - 27 08:15:23.054275] INFO: bigquant: backtest.v7 运行完成[4.292683s].
2015 - 01 - 05 全仓买入：交通银行
2015 - 06 - 04 全仓买入：中信银行
2015 - 07 - 08 全仓买入：交通银行
2015 - 08 - 31 全仓买入：中信银行
2015 - 09 - 01 全仓买入：中信银行
2015 - 11 - 18 全仓买入：交通银行
2016 - 06 - 17 全仓买入：中信银行
2016 - 06 - 20 全仓买入：中信银行
2016 - 11 - 23 全仓买入：交通银行
2017 - 04 - 26 全仓买入：中信银行
2017 - 04 - 27 全仓买入：中信银行

扫码看彩图

得到如图 15-14 所示的结果。

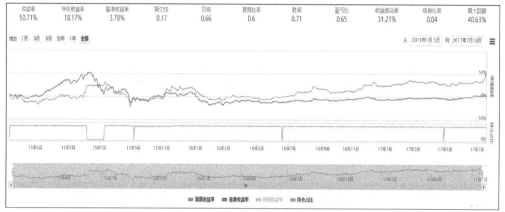

图 15-14　策略表现

15.3　基于 Python 环境统计套利协整配对交易策略

在前面介绍的配对交易策略中，必须依赖 Bigquant 量化投资平台，下面我们要介绍的配对交易策略，可以脱离这个平台，在 Python 环境中即可运行。

15.3.1　策略介绍

在单边做多的市场行情中，投资者的资产收益往往容易受到市场波动较大的影响。在非理性的市场中，这种波动所带来的风险尤其难以规避。

配对交易思想为这种困境提供了既能避险又能盈利的策略，其又称为价差交易或者统计套利交易，是一种风险小、交易较为稳定的市场中性策略。一般的做法，是在市场中寻找两只历史价格走势有对冲效果的股票，组成配对，使得股票配对的价差在一个范围内波动。一种可能的操作方式是，当股票配对价差正向偏离时，因预计价差在未来会回复，做空价格走势强势的股票同时做多价格走势较弱的股票。当价差收敛到长期正常水平时，即走势较强的股票价格回落，或者走势较弱的股票价格转强，平仓赚取价差收敛时的收益；当股票配对价差负向偏离时，反向建仓，在价差增回复至正常范围时再平仓，同样可以赚取收益。

15.3.2　策略相关方法

（1）寻找历史价格价差稳定的股票对。

方法：最小距离法，即挑选出 SSD 最小的股票对。

原理：为了衡量两只股票价格的距离，首先对股票价格进行标准化处理。假设 $P_t^i(t=0,$ $1,2,\cdots,T)$ 表示股票 i 在第 t 天的价格。那么，股票 i 在第 t 天的单期收益率比可以表示为 $r_t^i = \dfrac{P_t^i - P_{t-1}^i}{P_{t-1}^i}, t=0,1,2,\cdots,T$。用 $\hat{P}_t^i$ 表示股票在第 t 天的标准化价格，$\hat{P}_t^i$ 可由这 t 天内

的累计收益率来计算，即 $\hat{P}_t^i = \displaystyle\sum_{t=1}^{T}(1+r_t^i)$。

假设有股票 X 和股票 Y，我们可以计算出其两者之间的标准化价格偏差值平方和 $\mathrm{SSD}_{X,Y}$，$\mathrm{SSD}_{X,Y} = \displaystyle\sum_{t=1}^{T}(\hat{P}_t^X - \hat{P}_t^Y)^2$。对产生的所有的股票对两两配对，算出全部的 SSD，将这些 SSD 由小到大的顺序排列，挑选出 SSD 最小的股票对，即挑选标准化价格序列距离最近的两只股票。

（2）判断两只股票的历史价格是否具有协整关系。

方法 1：检验两只股票的收益率序列 $\{r_t\}$ 是否是平稳性时间序列。

原理：金融资产的对数价格一般可以视为一阶单整序列。用 P_T^X 表示 X 股票在第 T 日的价格，如果 X 股票的对数价格 $\{\log(P_t^X)\}(t=0,1,2,\cdots,T)$ 是非平稳时间序列，且 $\{\log(P_t^X)-\log(P_{t-1}^X)\}, t=0,1,2,\cdots,T$，构成的时间序列是平稳的，则称 X 股票的对数价格 $\{\log(P_t^X)\}(t=0,1,2,\cdots,T)$ 是一阶单整序列。

$$r_t^X = \frac{P_t^X - P_{t-1}^X}{P_{t-1}^X} = \frac{P_t^X}{P_{t-1}^X} - 1$$

$$\log(P_t^X) - \log(P_{t-1}^X) = \log\frac{P_t^X}{P_{t-1}^X} = \log(1+r_t^X) \approx r_t^X$$

即 X 股票的简单单期收益率序列 $\{r_t^X\}$ 是平稳的。

arch 包的 ADF() 函数可以使用 ADF 单位根方法对序列的平稳性进行检验，ADF 单位根检验的原理假设是"序列存在单位根"，如果我们不能拒绝原假设，则说明我们检查的序列可能存在单位根，序列是非平稳的；如果我们拒绝原假设，则序列不存在单位根，即序列是平稳时间序列。

方法 2：协整检验模型

原理：假设 $\{\log(P_t^X)\}(t=0,1,2,\cdots,T)$ 和 $\{\log(P_t^Y)\}(t=0,1,2,\cdots,T)$，分别表示 X 股票和 Y 股票的对数价格序列，则 Engle 和 Granger 两步法可以对时间序列 $\{\log(P_t^X)\}$ 和 $\{\log(P_t^Y)\}$ 协整关系进行检验。在 $\{\log(P_t^X)\}$ 和 $\{\log(P_t^Y)\}$ 都是一阶单整的前提下，用最小二乘法构造回归方程。

$$\log(P_t^Y) = \alpha + \beta\log(P_t^X) + \varepsilon_t$$

得到回归系数 $\hat{\alpha}$ 和 $\hat{\beta}$，构造残差估计值：

$$\hat{\varepsilon}_t = \log(P_t^Y) - (\hat{\alpha} + \hat{\beta}\log(P_t^X))$$

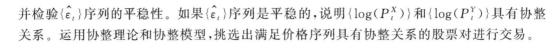

并检验$\{\hat{\epsilon_t}\}$序列的平稳性。如果$\{\hat{\epsilon_t}\}$序列是平稳的,说明$\{\log(P_t^X)\}$和$\{\log(P_t^Y)\}$具有协整关系。运用协整理论和协整模型,挑选出满足价格序列具有协整关系的股票对进行交易。

15.3.3　策略的步骤

配对交易策略的时期分为形成期和交易期。在形成期挑选历史价格走势存在规律的股票对,并制定交易策略;在交易期模拟开仓平仓交易,而后计算收益。

(1) 在形成期寻找历史价差走势大致稳定的股票对。本策略采取选取同行业公司规模相近的股票进行配对的方法,本策略选取的行业为银行。选取的满足要求的银行行业的股票有 25 只,两两配对,一共可以产生 300 个股票对,形成期为 244 天。利用最小距离法,在产生的 300 个股票对中,筛选出 SSD 最小的一个,即挑选标准化价格序列距离最近的两只股票。

(2) 分别对挑选出来的两只股票的对数价格数据进行一阶单整检验,再判断两只股票的历史价格是否具有协整关系。

(3) 找出两只股票配对比率 beta 和配对价差,计算价差的平均值和标准差。

(4) 选取交易期价格数据,构造开仓平仓区间。

(5) 根据开仓平仓点制定交易策略,并模拟交易账户。

(6) 配对交易策略绩效评价。

15.3.4　策略的演示

(1) 寻找满足 SSD 最小的股票对

```python
import pandas as pd
import numpy as np
import tushare as ts                      # 导入 tushare 财经数据接口
all = ts.get_stock_basics()
code = list(all[(all["industry"] == "银行")].index)
allclose = ts.get_hist_data('sh').close
n = 0
for i in code:                            # 循环遍历沪深股票,获取股价
    print("正在获取第{}只股票数据".format(n))
    n += 1
    df = ts.get_hist_data(i)
    if df is None:
        continue
    else:
        df = df[::-1]                      # 将时间序列反转,变为由远及近
        close = df.close
        close.name = i
        allclose = pd.merge(pd.DataFrame(allclose), pd.DataFrame(close), left_index = True,
right_index = True, how = 'left')
## 将 2015 年尚未上市的股票清洗掉
popList = list()
for i in range(len(allclose.columns) - 1):
    data = allclose.iloc[0:10, i]
    data = data.dropna()
```

```
            if len(data) == 0:
                popList.append(allclose.columns[i])
    for i in popList:
        allclose.pop(i)
minSSD = 100
PairX = ''
PairY = ''
spreadList = list()
for i in range(len(allclose.columns) - 1):
    for j in range(len(allclose.columns) - 1):
        print("第{}只股票,第{}个数据".format(i, j))
        if i == j:
            continue
        else:
            fromer = allclose.iloc[:, i]
            laster = allclose.iloc[:, j]
            fromer.name = allclose.columns[i]
            laster.name = allclose.columns[j]
            data = pd.concat([fromer, laster], axis = 1)
            data = data.dropna()
            if len(data) == 0:
                continue
            else:
                priceX = data.iloc[:, 0]
                priceY = data.iloc[:, 1]
                returnX = (priceX - priceX.shift(1)) / priceX.shift(1)[1:]
                returnY = (priceY - priceY.shift(1)) / priceY.shift(1)[1:]
                standardX = (returnX + 1).cumprod()
                standardY = (returnY + 1).cumprod()
                SSD = np.sum((standardY - standardX) ** 2) / len(data)
                if SSD < minSSD:
                    minSSD = SSD
                    PairX = allclose.columns[i]
                    PairY = allclose.columns[j]
print("标准化价差最小的两只股票为{},{}".format(PairX, PairY))
print("最小距离为{}".format(minSSD))
```

运行上述代码,得到如下结果:

标准化价差最小的两只股票为 601818,601328。
最小距离为 0.001573792462381141。

(2) 即在"银行"行业中挑选除了标准化价格序列距离最近的两只股票分别为"601818(光大银行)"和"601328(交通银行)"。接下来我们分别对光大银行和交通银行对数价格数据进行一阶单整检验。

对光大银行对数价格数据进行一阶单整检验:

```
In[2]:  import re
        import pandas as pd
        import numpy as np
        from pandas.core import datetools
```

```
from arch.unitroot import ADF
import statsmodels.api as sm
from statsmodels.tsa.stattools import adfuller
import tushare as ts                    #导入 tushare 财经数据接口
import matplotlib.pyplot as plt
# 配对交易实测
# 提取形成期数据
PAf = ts.get_hist_data('601818','2017 - 01 - 01','2018 - 01 - 01').close[::-1]
PBf = ts.get_hist_data('601328','2017 - 01 - 01','2018 - 01 - 01').close[::-1]
# 形成期协整关系检验
# 一阶单整检验
#将光大银行股价取对数
log_PAf = np.log(PAf)
#对光大银行对数价格进行单位根检验
adfA = ADF(log_PAf)
print(adfA.summary().as_text())
```

输出结果为：

```
Augmented Dickey - Fuller Results
=====================================
Test Statistic                  - 2.563
P - value                        0.101
Lags                             0
-------------------------------------
Trend: Constant
Critical Values: - 3.46 (1 %), - 2.87 (5 %), - 2.57 (10 %)
Null Hypothesis: The process contains a unit root.
Alternative Hypothesis: The process is weakly stationary.
```

Test Statistic 是 ADF 检验的统计量计算结果，Critical Values 是该统计量在原假设下的 1、5 和 10 分位数。对光大银行的对数价格 log(PAf)进行单位根检验，结果为"Test Statistic：-2.563"，而"Critical Values：-3.46（1%），-2.87（5%），-2.57（10%）"，也就是说-2.563 大于原假设分布下的 1、5 和 10 分位数，从而不能拒绝原假设，进而说明光大银行的对数价格序列是非平稳的。

```
#对光大银行对数价格差分
retA = log_PAf.diff()[1:]
adfretA = ADF(retA)
print(adfretA.summary().as_text())
```

运行上述代码，得到如下结果：

```
Augmented Dickey - Fuller Results
=====================================
Test Statistic                  - 15.680
P - value                        0.000
Lags                             0
-------------------------------------
Trend: Constant
Critical Values: - 3.46 (1 %), - 2.87 (5 %), - 2.57 (10 %)
```

Null Hypothesis: The process contains a unit root.
Alternative Hypothesis: The process is weakly stationary.

对光大银行的对数价格差分 retA 变量进行单位根检验,Test Statistic 为－15.680,从分析结果可以拒绝原假设,即光大银行的对数价格的差分不存在单位根,是平稳的。综上所述,说明光大银行的对数价格序列是一阶单整序列。

对交通银行对数价格数据进行一阶单整检验:

```
In[3]:   log_PBf = np.log(PBf)
         adfB = ADF(log_PBf)
         print(adfB.summary().as_text())
```

输出结果为:

```
Augmented Dickey - Fuller Results
=====================================
Test Statistic                  - 3.064
P - value                        0.029
Lags                             1
-------------------------------------
```

```
Trend: Constant
Critical Values: - 3.46 (1 %), - 2.87 (5 %), - 2.57 (10 %)
Null Hypothesis: The process contains a unit root.
Alternative Hypothesis: The process is weakly stationary.
```

对交通银行的对数价格 PAflog 进行单位根检验,结果为"Test Statistic:－3.064",而"Critical Values:－3.46 (1%),－2.87 (5%),－2.57 (10%)",根据检验的结果,在 1%的显著性水平下,我们不能拒绝原假设,即交通银行的对数价格序列是非平稳的。

对交通银行对数价格数据差分进行一阶单整检验:

```
retB = log_PAf.diff()[1:]
adfretB = ADF(log_PBf.diff()[1:])
print(adfretB.summary().as_text())
```

输出结果为:

```
   Augmented Dickey - Fuller Results
=====================================
Test Statistic                  - 14.109
P - value                        0.000
Lags                             0
-------------------------------------
Trend: Constant
Critical Values: - 3.46 (1 %), - 2.87 (5 %), - 2.57 (10 %)
Null Hypothesis: The process contains a unit root.
Alternative Hypothesis: The process is weakly stationary.
```

对交通银行的对数价格差分 retB 变量进行单位根检验,Test Statistic 为－14.109,从分析结果可以拒绝原假设,即交通银行的对数价格的差分不存在单位根,是平稳的。综上所述,说明在 1%的显著性水平下,交通银行的对数价格序列是一阶单整序列。

In[4]：#绘制光大银行与交通银行的对数价格时序图

```python
import matplotlib.pyplot as plt
import math
# from matplotlib.font_manager import FontProperties
# font = FontProperties(fname = 'C:/Windows/Fonts/msyh.ttf')
log_PAf.plot(label = '601818GDYH', style = '--')
log_PBf.plot(label = '601328JTYH', style = '-')
plt.legend(loc = 'upper left')
# plt.title('2017-2018年光大银行与交通银行对数价格时序图', fontproperties = font)
plt.title('2017-2018 two bank log price time series')
Text(0.5, 1, '2017-2018 two bank log price time series')
```

得到如图 15-15 所示的结果。

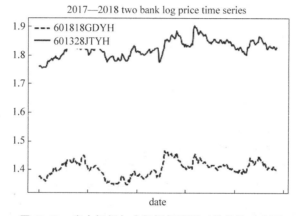

图 15-15　光大银行与交通银行股票对数价格时序图

扫码看彩图

如图 15-15 所示的虚线和实线，可以看出光大银行和交通银行的股票的对数价格有一定的趋势，不是平稳的。

```python
#绘制光大银行与交通银行股票对数价格差分的时序图
retA.plot(label = '601818GDYH', style = '--')
retB.plot(label = '601328JTYH', style = '-')
plt.legend(loc = 'lower left')
# plt.title('光大银行与交通银行对数价格差分(收益率)', fontproperties = font)
plt.title('2017-2018 two bank log price diff time series')
Text(0.5, 1, '2017-2018 two bank log price diff time series')
```

得到如下结果：

从图 15-16 可以看出，光大银行和交通银行股票对数价格的差分序列是平稳的，整体上都在 0 附近上下波动。

In[6]：　#用协整模型检验光大银行与交通银行的股票的对数价格
　　　　 # 协整关系检验
　　　　 #因变量是光大银行(A)股票的对数价格
　　　　 #自变量是交通银行(B)股票的对数价格
```python
import statsmodels.api as sm
```

```
model = sm.OLS(log_PBf, sm.add_constant(log_PAf)).fit()
model.summary()
```

得到如下结果：

```
                        OLS Regression Results
===============================================================================
Dep. Variable:                 close   R-squared:                      0.803
Model:                           OLS   Adj. R-squared:                 0.802
Method:                Least Squares   F-statistic:                    763.3
Date:               Fri, 27 Sep 2019   Prob (F-statistic):          6.29e-68
Time:                       08:26:52   Log-Likelihood:                563.60
No. Observations:                189   AIC:                           -1123.
Df Residuals:                    187   BIC:                           -1117.
Df Model:                          1
Covariance Type:            nonrobust
===============================================================================
                 coef    std err          t      P>|t|      [0.025      0.975]
-------------------------------------------------------------------------------
const          0.5776      0.045     12.745      0.000       0.488       0.667
close          0.8924      0.032     27.628      0.000       0.829       0.956
===============================================================================
Omnibus:                       4.778   Durbin-Watson:                  0.262
Prob(Omnibus):                 0.092   Jarque-Bera (JB):               5.350
Skew:                         -0.194   Prob(JB):                      0.0689
Kurtosis:                      3.727   Cond. No.                        107.
===============================================================================
```

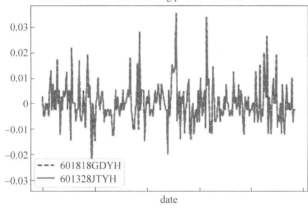

2017-2018 two bank log price diff time series

图 15-16　光大银行与交通银行股票对数价格差分的时序图

扫码看彩图

　　将光大银行股票的对数价格和交通银行股票的对数价格做线性回归，从回归结果中，系数与截距项的 p 值都远远小于 0.025 的显著性水平，所以系数和截距项均统计显著。接下来对回归残差进行平稳性检验。

```
In[7]:    #提取回归截距项
          alpha = model.params[0]
          #提取回归系数
```

```
beta = model.params[1]
# 残差单位根检验
# 求残差
spreadf = log_PBf - beta * log_PAf - alpha
adfSpread = ADF(spreadf)
print(adfSpread.summary().as_text())

mu = np.mean(spreadf)
sd = np.std(spreadf)
```

得到如下结果：

```
    Augmented Dickey - Fuller Results
=====================================
Test Statistic                - 3.703
P - value                       0.004
Lags                            0
-------------------------------------


Trend: Constant
Critical Values: - 3.47 (1%), - 2.88 (5%), - 2.58 (10%)
Null Hypothesis: The process contains a unit root.
Alternative Hypothesis: The process is weakly stationary.
```

根据上面的检验的结果，在 5% 的显著性水平下，我们可以拒绝原假设，即残差序列不存在单位根，残差序列是平稳的。通过上述分析，我们可以得知光大银行与交通银行股票的对数价格序列具有协整关系。

```
In[8]: # 绘制残差序列的时序图
       spreadf.plot()
       # plt.title('价差序列', fontproperties = font)
       plt.title('Spread of Price')
       Text(0.5, 1, 'Spread of Price')
```

得到如下结果：

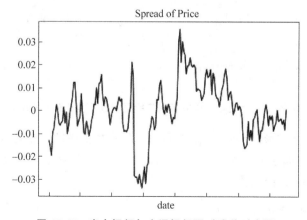

图 15-17　光大银行与交通银行配对残差时序图

（3）找出两只股票配对比率 beta 和配对价差，计算价差的平均值和标准差。

```
In[9]:    # 找出配对比例 beta 和配对价差
          print(beta)
          # 计算价差的平均值和标准差
          print(mu)
          print(sd)
```

得到如下结果：

```
0.8923551295345619
8.739628656282053e - 15
0.012265564234612085
```

（4）选取交易期价格数据，构造开仓平仓区间。

```
In[10]:   # 设定交易期
          PAt = ts.get_hist_data('601818','2018 - 01 - 01','2018 - 06 - 25').close[::-1]
          PBt = ts.get_hist_data('601328','2018 - 01 - 01','2018 - 06 - 25').close[::-1]
          CoSpreadT = np.log(PBt) - beta * np.log(PAt) - alpha
          CoSpreadT.describe()
```

得到如下结果：

```
count    115.000000
mean      - 0.008218
std        0.010515
min       - 0.040740
25 %      - 0.012104
50 %      - 0.007827
75 %      - 0.001244
max        0.016044
Name: close, dtype: float64
```

```
In[11]                                        # 绘制价差区间图
CoSpreadT.plot()
# plt.title('交易期价差序列(协整配对)', fontproperties = font)
plt.title('Spread of Price series')
plt.axhline(y = mu, color = 'black')
plt.axhline(y = mu + 0.2 * sd, color = 'blue', ls = ' - ', lw = 2)
plt.axhline(y = mu - 0.2 * sd, color = 'blue', ls = ' - ', lw = 2)
plt.axhline(y = mu + 1.5 * sd, color = 'green', ls = ' -- ', lw = 2.5)
plt.axhline(y = mu - 1.5 * sd, color = 'green', ls = ' -- ', lw = 2.5)
plt.axhline(y = mu + 2.5 * sd, color = 'red', ls = ' - . ', lw = 3)
plt.axhline(y = mu - 2.5 * sd, color = 'red', ls = ' - . ', lw = 3)
```

得到如下结果：

（5）根据开仓平仓点制定交易策略，并模拟交易账户。

根据图 15-18 所示，我们可以得到如下的交易策略。

交易规则：在交易期内，设定 $u \pm 1.5\sigma$ 和 $u \pm 0.2\sigma$ 为开仓和平仓的阈值，将 $u \pm 2.5\sigma$ 视为协整关系可能破裂强制平仓的阈值，具体交易规则如下：

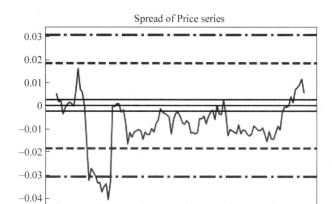

图 15-18　交易期价差序列

- 当价差上穿 $u+1.5\sigma$ 时,做空配对股票,反向建仓(卖出交通银行股票,同时买入光大银行股票,光大银行和交通银行股票资金比值为 beta);
- 当价差下穿 $u+0.2\sigma$ 之间时,做多配对股票,反向平仓;
- 当价差下穿 $u-1.5\sigma$ 时,做多配对股票,正向建仓(买入交通银行股票,同时卖出光大银行股票,光大银行和交通银行股票资金比值为 beta);
- 当价差又回复到 $u-0.2\sigma$ 上方时,做空配对股票,正向平仓;
- 当价差突破 $u\pm2.5\sigma$ 之间时,及时平仓。

```
In[12]:level = (float('-inf'), mu - 2.5 * sd, mu - 1.5 * sd, mu - 0.2 * sd, mu + 0.2 *
sd, mu + 1.5 * sd, mu + 2.5 * sd, float('inf'))

prcLevel = pd.cut(CoSpreadT, level, labels = False) - 3
prcLevel.head()
```

得到如下结果:

```
date
2018 - 01 - 02    1
2018 - 01 - 03    0
2018 - 01 - 04    0
2018 - 01 - 05   -1
2018 - 01 - 08    0
Name: close, dtype: int64
```

```
In[13]:#构造交易信号函数
       def TradeSig(prcLevel):
           n = len(prcLevel)
           signal = np.zeros(n)
           for i in range(1, n):
               if prcLevel[i - 1] == 1 and prcLevel[i] == 2:
                   signal[i] = -2
               elif prcLevel[i - 1] == 1 and prcLevel[i] == 0:
                   signal[i] = 2
               elif prcLevel[i - 1] == 2 and prcLevel[i] == 3:
                   signal[i] = 3
```

```
            elif prcLevel[i - 1] == -1 and prcLevel[i] == -2:
                signal[i] = 1
            elif prcLevel[i - 1] == -1 and prcLevel[i] == 0:
                signal[i] = -1
            elif prcLevel[i - 1] == -2 and prcLevel[i] == -3:
                signal[i] = -3
        return (signal)


    signal = TradeSig(prcLevel)

    position = [signal[0]]
    ns = len(signal)

    for i in range(1, ns):
        position.append(position[-1])
        if signal[i] == 1:
            position[i] = 1
        elif signal[i] == -2:
            position[i] = -1
        elif signal[i] == -1 and position[i - 1] == 1:
            position[i] = 0
        elif signal[i] == 2 and position[i - 1] == -1:
            position[i] = 0
        elif signal[i] == 3:
            position[i] = 0
        elif signal[i] == -3:
            position[i] = 0
    position = pd.Series(position, index = CoSpreadT.index)
    position.tail()
```

得到如下结果：

```
date
2018 - 06 - 19    0.0
2018 - 06 - 20    0.0
2018 - 06 - 21    0.0
2018 - 06 - 22    0.0
2018 - 06 - 25    0.0
dtype: float64
```

```
In[14]: def TradeSim(priceX, priceY, position):
            n = len(position)
            size = 1000
            shareY = size * position
            shareX = [(-beta) * shareY[0] * priceY[0] / priceX[0]]
            cash = [2000]
            for i in range(1, n):
                shareX.append(shareX[i - 1])
                cash.append(cash[i - 1])
                if position[i - 1] == 0 and position[i] == 1:
                    shareX[i] = (-beta) * shareY[i] * priceY[i] / priceX[i]
                    cash[i] = cash[i - 1] - (shareY[i] * priceY[i] + shareX[i] * priceX[i])
```

```
        elif position[i - 1] == 0 and position[i] == -1:
            shareX[i] = (-beta) * shareY[i] * priceY[i] / priceX[i]
            cash[i] = cash[i - 1] - (shareY[i] * priceY[i] + shareX[i] * priceX[i])
        elif position[i - 1] == 1 and position[i] == 0:
            shareX[i] = 0
            cash[i] = cash[i - 1] + (shareY[i - 1] * priceY[i] + shareX[i - 1] *
priceX[i])
        elif position[i - 1] == -1 and position[i] == 0:
            shareX[i] = 0
            cash[i] = cash[i - 1] + (shareY[i - 1] * priceY[i] + shareX[i - 1] *
priceX[i])
    cash = pd.Series(cash, index = position.index)
    shareY = pd.Series(shareY, index = position.index)
    shareX = pd.Series(shareX, index = position.index)
    asset = cash + shareY * priceY + shareX * priceX
    account = pd.DataFrame({'Position': position, 'ShareY': shareY, 'ShareX': shareX,
'Cash': cash, 'Asset': asset})
    return (account)

account = TradeSim( PAt, PBt, position)
account.tail()
```

得到如下结果：

```
                Asset          Cash      Position   ShareX   ShareY
date
2018 - 06 - 19  2163.972992  2163.972992     0.0      0.0      0.0
2018 - 06 - 20  2163.972992  2163.972992     0.0      0.0      0.0
2018 - 06 - 21  2163.972992  2163.972992     0.0      0.0      0.0
2018 - 06 - 22  2163.972992  2163.972992     0.0      0.0      0.0
2018 - 06 - 25  2163.972992  2163.972992     0.0      0.0      0.0
In[15]:
account.iloc[:, [1, 3, 4]].plot(style = ['--', '-', ':'])
#plt.title('配对交易账户', fontproperties = font)
plt.title('account')
#Text(0.5, 1, 'Account')
```

得到如图 15-19 所示结果。

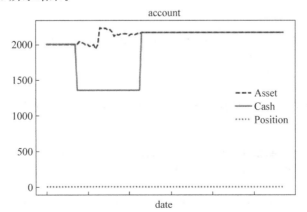

扫码看彩图　　　　　　　　　　　**图 15-19　配对交易策略账户曲线图**

图 15-19 中的纵轴表示配对仓位(1000 倍)(正反向持仓与不持仓),Cash 曲线表示现金的变化,初始现金为 2000 元。Asset 曲线表示资产的变化。观察交易仓位曲线图,可以看出从 2018 年 1 月 1 日到 6 月 25 日的大约 6 个月内,配对交易信号触发 2 次。观察现金曲线图,由于开仓可能需要现金,现金曲线有升有降,到 6 月底,现金部位达到了 2163.973 元。在观察资产曲线图,配对资产整体呈现上升趋势,资产由 2000 元转变成为 2163.97 元。总体而言,对光大银行和交通银行两只股票配对交易的策略绩效表现良好。

练 习 题

对本章中的例题,在网上选择数据,使用 Python 中的工具重新操作一遍。

人工智能机器学习及其 Python 应用

16.1　机器学习算法分类

一般来说，机器学习算法有以下三类。

（1）监督式学习算法

这个算法由一个目标变量或结果变量（或因变量）组成。这些变量由已知的一系列预示变量（自变量）预测而来。利用这一系列变量，可以生成一个将输入值映射到期望输出值的函数。这个训练过程会一直持续，直到模型在训练数据上获得期望的精确度。监督式学习的例子有：回归、决策树、随机森林、K-近邻算法、逻辑回归等。

（2）非监督式学习算法

这个算法没有任何目标变量或结果变量要预测或估计。它用在不同的组内聚类分析。这种分析方式被广泛地用来细分客户，根据干预的方式分为不同的用户组。非监督式学习的例子有：关联算法和 K-均值算法等。

（3）强化学习算法

这个算法训练机器进行决策。原理是这样的：机器被放在一个能让它通过反复试错来训练自己的环境中。机器从过去的经验中进行学习，并且尝试利用了解最透彻的知识作出精确的商业判断。强化学习的例子有马尔可夫决策过程。

16.2　常见的机器学习算法及其 Python 代码

常见的机器学习算法有：(1)线性回归(2)逻辑回归(3)决策树(4)支持向量机(SVM)(5)朴素贝叶斯(6)K 最近邻算法(7)K 均值算法(8)随机森林算法(9)降维算法(10)Gradient Boost 和 Adaboost 算法。

下面我们对上面的机器学习算法逐一介绍，并给出其主要的 Python 代码。

16.2.1　线性回归

线性回归通常用于根据连续变量估计实际数值（房价、呼叫次数、总销售额等）。我们通过拟合最佳直线来建立自变量和因变量的关系。这条最佳直线叫作回归线，并且用 $Y=aX+b$ 这条线性等式来表示。

假设在不问对方体重的情况下，让一个五年级的孩子按体重从轻到重的顺序对班上的同学排序,你觉得这个孩子会怎么做? 他很可能会目测人们的身高和体型,综合这些可见的参数来排列他们。这是现实生活中使用线性回归的例子。实际上,这个孩子发现了身高和体型、体重有一定的关系,这个关系看起来很像上面的等式。在这个等式中:

Y: 因变量; x: 自变量; a: 斜率; b: 截距。

系数 a 和 b 可以通过最小二乘法获得。如图 16-1 所示。

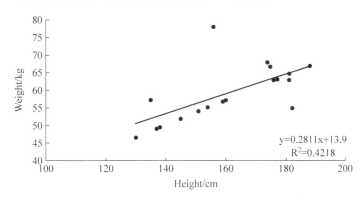

图 16-1　体重与身高的关系

我们找出最佳拟合直线 $y = 0.2811x + 13.9$。已知人的身高(Height),我们可以通过这个等式求出体重(weight)。

线性回归的两种主要类型是一元线性回归和多元线性回归。一元线性回归的特点是只有一个自变量。多元线性回归的特点正如其名,存在多个自变量。找最佳拟合直线的时候,可以拟合到多项或者曲线回归。这些就被叫作多项或曲线回归。

Python 代码如下。

```
# Import Library
# Import other necessary libraries like pandas, numpy...
from sklearn import linear_model
# Load Train and Test datasets
# Identify feature and response variable(s) and values must be numeric and numpy arrays
x_train = input_variables_values_training_datasets
y_train = target_variables_values_training_datasets
x_test = input_variables_values_test_datasets
# Create linear regression object
linear = linear_model.LinearRegression()
# Train the model using the training sets and check score
linear.fit(x_train, y_train)
linear.score(x_train, y_train)
# Equation coefficient and Intercept
print('Coefficient: n', linear.coef_)
print('Intercept: n', linear.intercept_)
# Predict Output
predicted = linear.predict(x_test)
```

16.2.2　逻辑回归

这是一个分类算法而不是一个回归算法。该算法可根据已知的一系列因变量估计离散数值(比方说二进制数值 0 或 1,是或否,真或假)。简单来说,它通过将数据拟合进一个逻辑函数来预估一个事件出现的概率。因此,它也被叫作逻辑回归。因为它预估的是概率,所以它的输出值大小在 0～1 之间(正如所预计的一样)。如图 16-2 所示。

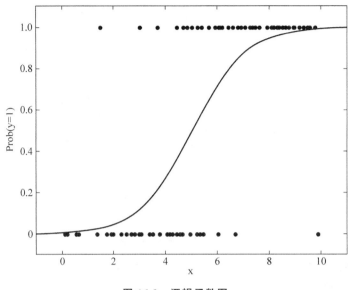

图 16-2　逻辑函数图

我们再通过一个简单的例子来理解这个算法。

假设你朋友让你解一道题。只会有两个结果:你解开了或是没有解开。想象你要解答很多道题来找出你所擅长的主题。这个研究的结果就会像是这样:假设题目是一道十年级的三角函数题,你有 70%的可能会解开这道题。然而,若题目是个五年级的历史题,你只有 30%的可能性回答正确。这就是逻辑回归能提供给你的信息。

从数学上看,在结果中,概率的对数使用的是预测变量的线性组合模型。

```
odds = p/ (1 - p) = probability of event occurrence / probability of not event occurrence
ln(odds)  = ln(p/(1 - p))
logit(p)  = ln(p/(1 - p))  = b0 + b1 * X1 + b2 * X2 + b3 * X3··· + bk * X
```

在上面的式子里,p 是我们感兴趣的特征出现的概率。它选用使观察样本值的可能性最大化的值作为参数,而不是通过计算误差平方和的最小值(就如一般的回归分析用到的一样)。

Python 代码如下。

```
# import Library
from sklearn.linear_model import LogisticRegression
# Assumed you have, X (predictor) and Y (target) for training data set and x_test(predictor) of
test_dataset
# Create logistic regression object
model = LogisticRegression()
# Train the model using the training sets and check score
model.fit(X, y)
model.score(X, y)
```

```
# Equation coefficient and Intercept
print('Coefficient: n', model.coef_)
print('Intercept: n', model.intercept_)
# Predict Output
predicted = model.predict(x_test)
```

进一步地,我们可以尝试更多的方法来改进这个模型:(1)加入交互项;(2)精简模型特性;(3)使用正则化方法;(4)使用非线性模型。

16.2.3　决策树

这个监督式学习算法通常被用于分类问题,它同时适用于分类变量和连续因变量。在这个算法中,我们将总体分成两个或更多的同类群。这是根据最重要的属性或者自变量来分成尽可能不同的组别。如图 16-3 所示。

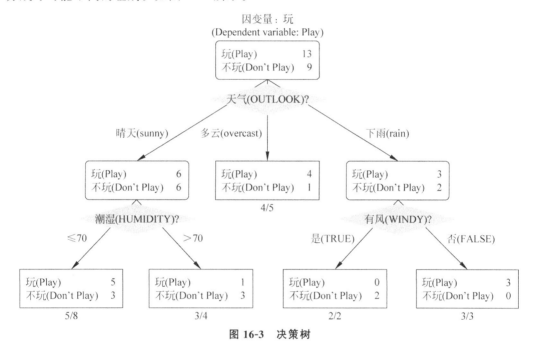

图 16-3　决策树

在图 16-3 中可以看到,根据多种属性,人群被分成了不同的四个小组,来判断"他们会不会去玩"。为了把总体分成不同组别,需要用到许多技术,比如说 Gini、Information Gain、Chi-square、entropy。

Python 代码如下。

```
# import Library
# import other necessary libraries like pandas, numpy...
from sklearn import tree
# Assumed you have, X (predictor) and Y (target) for training data set and x_test(predictor) of
test_dataset
# Create tree object
model = tree.DecisionTreeClassifier(criterion = 'gini') # for classification, here you can
change the algorithm as gini or entropy (information gain) by default it is gini
# model = tree.DecisionTreeRegressor() for regression
```

```
# Train the model using the training sets and check score
model.fit(X, y)
model.score(X, y)
# Predict Output
predicted = model.predict(x_test)
```

16.2.4　支持向量机分类

这是一种分类方法。在这个算法中，我们将每个数据在 N 维空间中用点标出（N 是你所有的特征总数），每个特征的值是一个坐标的值。

例如，如果我们只有身高（Height）和头发长度（Hair Length）两个特征，我们会在二维空间中标出这两个变量，每个点有两个坐标（这些坐标叫作支持向量），如图 16-4 所示。

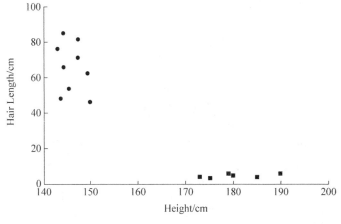

图 16-4　支持向量

现在，我们会找到将两组不同数据分开的一条直线。两个分组中距离最近的两个点到这条线的距离同时最优化，如图 16-5 所示。

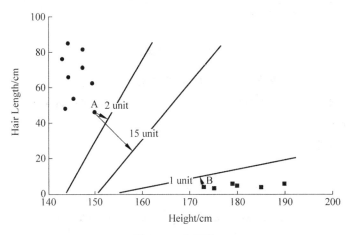

图 16-5　分开线

图 16-5 中，中间的直线将数据分类优化成两个小组，两组中距离最近的点（图中 A、B 点）到达黑线的距离满足最优条件。这条直线就是我们的分割线。接下来，测试数据落到直

线的哪一边,我们就将它分到哪一类去。

Python 代码如下。

```
# Import Library
from sklearn import svm
# Assumed you have, X (predictor) and Y (target) for training data set and x_test(predictor) of
test_dataset
# Create SVM classification object
model = svm. svc ()  # there is various option associated with it, this is simple for
classification. You can refer link, for mo# re detail.
# Train the model using the training sets and check score
model.fit(X, y)
model.score(X, y)
# Predict Output
predicted = model.predict(x_test)
```

16.2.5　朴素贝叶斯分类

在预示变量间相互独立的前提下,根据贝叶斯定理可以得到朴素贝叶斯这个分类方法。用更简单的话来说,一个朴素贝叶斯分类器假设一个分类的特性与该分类的其他特性不相关。举例来说,如果一个水果又圆又红并且直径大约是 3 英寸,那么这个水果可能会是苹果。即便这些特性互相依赖或者依赖于别的特性的存在,朴素贝叶斯分类器还是会假设这些特性分别独立地暗示这个水果是个苹果。

朴素贝叶斯模型易于建造,且对于大型数据集非常有用。虽然简单,但是朴素贝叶斯的表现却超越了非常复杂的分类方法。

贝叶斯定理提供了一种从 $P(c)$、$P(x)$ 和 $P(x|c)$ 计算后验概率 $P(c|x)$ 的方法。请看以下等式:

$$P(c \mid x) = \frac{P(x \mid c)P(c)}{P(x)}$$

$$P(c \mid X) = P(x_1 \mid c) \times P(x_2 \mid c) \times \cdots \times P(x_n \mid c) \times P(c)$$

这里,$P(c|x)$ 是已知预示变量(属性)的前提下,类(目标)的后验概率,$P(c)$ 是类的先验概率,$P(x|c)$ 是可能性,即已知类的前提下,预示变量的概率,$P(x)$ 是预示变量的先验概率。

我们用一个实例来理解这个概念。设有一个"天气(Wheather)"的训练集和对应的目标变量"玩(Play)"。我们需要根据天气情况,将"玩"和"不玩"的参与者进行分类。执行步骤如下。

步骤 1:把数据集转换成频率表。

步骤 2:利用类似"当 Overcast 可能性为 0.29 时,玩耍的可能性为 0.64"这样的概率,创造 Likelihood 表格。如图 16-6 所示。

步骤 3:使用朴素贝叶斯等式来计算每一类的后验概率。后验概率最大的类就是预测的结果。

问题:如果天气晴朗,参与者就能玩耍。这个陈述正确吗?

我们可以使用讨论过的方法解决这个问题。于是 $P(玩|晴天) = P(晴天|玩) * P(玩)/P(晴天)$。

Weather	Play
Sunny	No
Overcast	Yes
Rainy	Yes
Sunny	Yes
Sunny	Yes
Overcast	Yes
Rainy	No
Rainy	No
Sunny	Yes
Rainy	Yes
Sunny	No
Overcast	Yes
Overcast	Yes
Rainy	No

Frequency Table		
Weather	No	Yes
Overcast		4
Rainy	3	2
Sunny	2	3
Grand Total	5	9

Likelihood table				
Weather	No	Yes		
Overcast		4	=4/14	0.29
Rainy	3	2	=5/14	0.36
Sunny	2	3	=5/14	0.36
All	5	9		
	=5/14	=9/14		
	0.36	0.64		

图 16-6　表格

我们有 $P(晴天|玩)=3/9=0.33, P(晴天)=5/14=0.36, P(玩)=9/14=0.64$。

现在，$P(会玩|晴天)=0.33*0.64/0.36=0.60$，有更大的概率。

朴素贝叶斯使用了一个相似的方法，通过不同属性来预测不同类别的概率。这个算法通常被用于文本分类，以及涉及多个类的问题。

Python 代码如下。

```
# Import Library
from sklearn.naive_bayes import GaussianNB
# Assumed you have, X (predictor) and Y (target) for training data set and x_test(predictor) of
test_dataset
# Create SVM classification object  model = GaussianNB()
# there is other distribution for multinomial classes like Bernoulli Naive Bayes, Refer link
# Train the model using the training sets and check score
model = GaussianNB()
model.fit(X, y)
# Predict Output
predicted = model.predict(x_test)
```

16.2.6　KNN 分类（K-最近邻算法）

该算法可用于分类问题和回归问题。然而，在业界内，K-最近邻算法更常用于分类问题。K-最近邻算法是一个简单的算法。它储存所有的案例，通过周围 K 个案例中的大多数情况划分新的案例。根据一个距离函数，新案例会被分配到它的 K 个近邻中最普遍的类别中去。

这些距离函数可以是欧式距离、曼哈顿距离、明氏距离或者是汉明距离。前 3 个距离函数用于连续函数，第 4 个距离函数（汉明函数）则被用于分类变量。如果 $K=1$，新案例就直接被分到离其最近的案例所属的类别中。有时候，使用 KNN 建模时，选择 K 的取值是一个挑战。如图 16-7 所示。

在现实生活中广泛地应用了 KNN。例如，如果想要了解一个完全陌生的人，你也许想要去找他的好朋友们或者他的圈子来获得他的信息。

在选择使用 KNN 之前，你需要考虑的事情是写下如下 Python 代码。

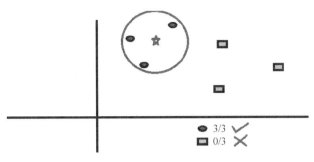

图 16-7　K-最近邻算法

```
# Import Library
from sklearn.neighbors import KNeighborsClassifier
# Assumed you have, X (predictor) and Y (target) for training data set and x_test(predictor) of
test_dataset
# Create KNeighbors classifier object model
KNeighborsClassifier(n_neighbors = 6) # default value for n_neighbors is 5
# Train the model using the training sets and check score
model.fit(X, y)
# Predict Output
predicted = model.predict(x_test)
```

16.2.7　K-均值算法

K-均值算法是一种非监督式学习算法,它能解决聚类问题。使用 K-均值算法来将一个数据归入一定数量的集群(假设有 K 个集群)的过程是简单的。一个集群内的数据点是均匀齐次的,并且异于别的集群。

K-均值算法形成集群的原理如下:

(1) K-均值算法给每个集群选择 K 个点。这些点称作为质心。

(2) 每一个数据点与距离最近的质心形成一个集群,也就是 K 个集群。

(3) 根据现有的类别成员,找出每个类别的质心。现在我们有了新质心。

(4) 当我们有新质心后,重复步骤 2 和步骤 3。找到距离每个数据点最近的质心,并与新的 K 集群联系起来。重复这个过程,直到数据都收敛了,也就是质心不再改变。

如何决定 K 值?

K-均值算法涉及集群,每个集群有自己的质心。一个集群内的质心和各数据点之间距离的平方和形成了这个集群的平方值之和。同时,当所有集群的平方值之和加起来的时候,就组成了集群方案的平方值之和。

我们知道,当集群的数量增加时,K 值会持续下降。但是,如果你将结果用图表来表示,你会看到距离的平方总和快速减少。到某个值 K 之后,减少的速度就大大下降了。在此,我们可以找到集群数量的最优值。如图 16-8 所示。

Python 代码如下。

```
# Import Library
```

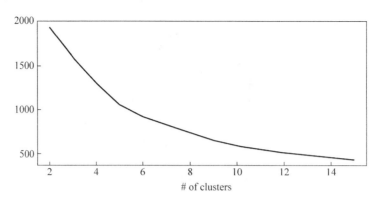

图 16-8　集群数量的最优值

```
from sklearn.cluster import KMeans
# Assumed you have, X (attributes) for training data set and x_test(attributes) of test_dataset
# Create KNeighbors classifier object model
k_means = KMeans(n_clusters = 3, random_state = 0)
# Train the model using the training sets and check score
model.fit(X)
#Predict Output
predicted = model.predict(x_test)
```

16.2.8　随机森林算法

随机森林是表示决策树总体的一个专有名词。在随机森林算法中,我们有一系列的决策树(因此又名"森林")。为了根据一个新对象的属性将其分类,每一个决策树有一个分类,称之为这个决策树"投票"给该分类。这个森林选择获得森林里(在所有树中)获得票数最多的分类。

每棵树是像这样种植养育的:

(1) 如果训练集的案例数是 N,则从 N 个案例中用重置抽样法随机抽取样本。这个样本将作为"养育"树的训练集。

(2) 假如有 M 个输入变量,则定义一个数字 $m \ll M$。m 表示从 M 中随机选中 m 个变量,这 m 个变量中最好的切分会被用来切分该节点。在种植森林的过程中,m 的值保持不变。

(3) 尽可能大地种植每一棵树,全程不剪枝。

Python 代码如下。

```
# Import Library
from sklearn.ensemble import RandomForestClassifier
#Assumed you have, X (predictor) and Y (target) for training data set and x_test(predictor) of
test_dataset
# Create Random Forest object
model = RandomForestClassifier()
# Train the model using the training sets and check score
model.fit(X, y)
#Predict Output
predicted = model.predict(x_test)
```

16.2.9　降维算法

近年来,信息捕捉都呈指数增长。公司、政府机构、研究组织在应对着新资源以外,还捕捉详尽的信息。

例如:电子商务公司更详细地捕捉关于顾客的资料:个人信息、网络浏览记录、他们的喜恶、购买记录、反馈以及别的许多信息,比你身边的杂货店售货员更加关注你。

作为一个数据科学家,我们提供的数据包含许多特点。这听起来给建立一个经得起考验的模型提供了很好的材料,但有一个挑战:如何从 1000 或者 2000 中分辨出最重要的变量呢? 在这种情况下,降维算法和别的一些算法(比如决策树、随机森林、PCA、因子分析)帮助我们根据相关矩阵,缺失的值的比例和别的要素来找出这些重要变量。

Python 代码如下。

```
# Import Library
from sklearn import decomposition
# Assumed you have training and test data set as train and test
# Create PCA obeject pca = decomposition.PCA(n_components = k) # default value of k = min(n_
sample, n_features)
# For Factor analysis
#fa = decomposition.FactorAnalysis()
# Reduced the dimension of training dataset using PCA
train_reduced = pca.fit_transform(train)
# Reduced the dimension of test dataset
test_reduced = pca.transform(test)
# For more detail on this, please refer??this link.
```

16.2.10　Gradient Boosting 和 AdaBoost 算法

当我们要处理很多数据来做一个有高预测能力的预测时,我们会用到梯度提升模型和自适应提升这两种提升算法。提升算法是一种集成学习算法。它结合了建立在多个基础估计值基础上的预测结果,来增进单个估计值的可靠程度。Python 代码如下。

```
# Import Library
from sklearn.ensemble import GradientBoostingClassifier
# Assumed you have, X (predictor) and Y (target) for training data set and x_test(predictor) of
test_dataset
# Create Gradient Boosting Classifier object
model = GradientBoostingClassifier(n_estimators = 100, learning_rate = 1.0, max_depth = 1,
random_state = 0)
# Train the model using the training sets and check score
model.fit(X, y)
#Predict Output
predicted = model.predict(x_test)
```

16.3　K-最近邻算法银行贷款分类及其 Python 应用

K-最近邻算法是数据挖掘中较为简单的一种分类方法,通过计算不同数据点间的距离对数据进行分类,并对新的数据进行分类预测。前一节我们介绍过。本节介绍在 Python

中使用机器学习库 Sklearn 建立 K 临近模型（K-Nearest Neighbor）的过程并使用模型对数据进行预测。

16.3.1　准备工作

首先是开始前的准备工作，导入需要使用的库文件。这里一共需要使用 5 个库文件。第一个是机器学习库，第二个是用于模型检验的交叉检验库，第三个是数值计算库，第四个是科学计算库，最后是图表库。

```
# 导入机器学习 KNN 分析库
from sklearn.neighbors import KNeighborsClassifier
# 导入交叉验证库
from sklearn import cross_validation
# 导入数值计算库
import numpy as np
# 导入科学计算库
import pandas as pd
# 导入图表库
import matplotlib.pyplot as plt
```

16.3.2　读取并查看数据表

读取并导入所需数据，创建名为 knn_data 的数据表（数据存在目录 F:\\2glkx\\data1\\中），后面我们将使用这个数据对模型进行训练和检验。

```
# 读取并创建名为 knn_data 的数据表
knn_data = pd.DataFrame(pd.read_csv('F:\\2glkx\\data1\\knn_data.csv'))
```

使用 head 函数查看数据表的内容，这里只查看前 5 行的数据，数据表中包含三个字段，分别为贷款金额，用户收入和贷款状态。我们希望通过贷款金额和用户收入对最终的贷款状态进行分类和预测。

```
# 查看数据表前 5 行
knn_data.head(5)
   loan_amnt    annual_inc   loan_status
0      5000         54000    Fully Paid
1      2500         30000    Charged Off
2      2400         72252    Fully Paid
3     10000         89200    Fully Paid
4      5000         66000    Fully Paid
```

16.3.3　绘制散点图观察分类

创建模型之前先对数据汇总散点图，观察贷款金额和用户收入两个变量的关系以及对贷款状态的影响，下面是具体的代码，根据贷款状态将数据分为两组，第一组为 Fully Paid，第二组为 Charged Off。

```
#Fully Paid 数据集的 x1
fully_paid_loan = knn_data.loc[(knn_data["loan_status"] == "Fully Paid"),["loan_amnt"]]
#Fully Paid 数据集的 y1
fully_paid_annual = knn_data.loc[(knn_data["loan_status"] == "Fully Paid"),["annual_inc"]]
#Charge Off 数据集的 x2
charged_off_loan = knn_data.loc[(knn_data["loan_status"] == "Charged Off"),["loan_amnt"]]
#Charge Off 数据集的 y2
charged_off_annual = knn_data.loc[(knn_data["loan_status"] == "Charged Off"),["annual_
inc"]]
```

数据分组后开始绘制散点图,下面是绘图过程和具体的代码。

```
#设置图表字体为华文细黑,字号 15
plt.rc('font', family = 'STXihei', size = 15)
#绘制散点图,Fully Paid 数据集贷款金额 x1,用户年收入 y1,设置颜色,标记点样式和透明度等
参数
plt.scatter(fully_paid_loan,fully_paid_annual,color = '#9b59b6',marker = '^',s = 60)
#绘制散点图,Charge Off 数据集贷款金额 x2,用户年收入 y2,设置颜色,标记点样式和透明度等
参数
plt.scatter(charged_off_loan,charged_off_annual,color = '#3498db',marker = 'o',s = 60)
#添加图例,显示位置右上角
plt.legend(['Fully Paid', 'Charged Off'], loc = 'upper right')
#添加 x 轴标题
plt.xlabel('loan amount')
#添加 y 轴标题
plt.ylabel('annual_inc')
#添加图表标题
plt.title('loan amount&annual_inc')
#设置背景网格线颜色,样式,尺寸和透明度
plt.grid( linestyle = '--', linewidth = 0.2)
#显示图表
plt.show()
```

在散点图中,三角形为 Fully Paid 组,圆形为 Charged Off 组。我们所要做的是通过 KNN 模型对这两组数据的特征进行学习,例如从肉眼来看 Fully Paid 组用户收入要高于 Charged Off 组。并使用模型对新的数据进行分类预测。如图 16-9 所示。

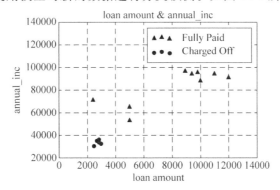

图 16-9　散点图

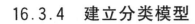

16.3.4　建立分类模型

（1）设置模型的自变量和因变量

创建 KNN 模型前，先设置模型中的自变量和因变量，也就是特征和分类。这里将贷款金额和用户收入设置为自变量，贷款状态是我们希望预测的结果，因此设置为因变量。

```
#将贷款金额和用户收入设为自变量 X
X = np.array(knn_data[['loan_amnt','annual_inc']])
#将贷款状态设为因变量 Y
Y = np.array(knn_data['loan_status'])
```

设置完成后查看自变量和因变量的行数，这类一共有 16 行数据，后面我们将把这 16 行数据分割为训练集和测试集，训练集用来建立模型，测试集则对模型的准确率进行检验。

```
#查看自变量和因变量的行数
X.shape,Y.shape
```

（2）将数据分割为训练集和测试集

采用随机抽样的方式将数据表分割为训练集和测试集，其中 60% 的训练集数据用来训练模型，40% 的测试集数据用来检验模型准确率。

```
#将原始数据通过随机方式分割为训练集和测试集，其中测试集占比为 40%
X_train, X_test, y_train, y_test = cross_validation.train_test_split(X, Y, test_size = 0.4,
random_state = 0)
```

分割后测试集的数据为 9 条。这些数据用来训练模型。

```
#查看训练集数据的行数
X_train.shape,y_train.shape
```

（3）对模型进行训练

将训练集数据 X_train 和 y_train 代入到 KNN 模型中，对模型进行训练。下面是具体的代码和结果。

```
#将训练集代入 KNN 模型中
clf = KNeighborsClassifier(n_neighbors = 3)
clf.fit(X_train,y_train)
```

（4）使用测试集测对模型进行测试

使用测试集数据 X_test 和 y_test 对训练后的模型进行检验，模型准确率为 100%。

```
#使用测试集衡量模型准确度
clf.score(X_test, y_test)
```

完成训练和测试后，使用模型对新数据进行分类和预测，下面我们建立一组新的数据，贷款金额为 5000 元，用户收入为 40000，看看模型对新数据的分组结果。

```
#设置新数据，贷款金额 5000，用户收入 40000
new_data = np.array([[5000,40000]])
```

模型对新数据的分组结果为 Charged Off。这个分类准确吗？我们继续再来看下模型对这组新数据分组的概率。

```
# 对新数据进行分类预测
clf.predict(new_data)
```

67％的概率为 Charged Off,33％的概率为 Fully Paid。根据这一概率模型将新数据划分到 Charged Off 组。

```
# 新数据属于每一个分类的概率
clf.classes_,clf.predict_proba(new_data)
(array(['Charged Off', 'Fully Paid'], dtype = object),
 array([[ 0.66666667,  0.33333333]]))
```

16.4　各种机器学习算法及其 Python 应用

16.4.1　载入数据

（1）需要准备的程序包

做机器学习应用,我们需要准备的程序包如下:

① NumPy,用于数据计算;

② SciPy,用于科学计算;

③ Matplotlib,用于绘图;

④ Scikit-learn,用于机器学习;

⑤ IPython;集成系统。

（2）读取数据

首先我们需要载入一些用来操作的数据,使用的数据是非常简单的著名的花朵数据——安德森鸢尾花卉数据集。

我们有 150 个鸢尾花的一些尺寸的观测值:萼片长度、宽度,花瓣长度、宽度。还有它们的亚属:山鸢尾(Iris setosa)、变色鸢尾(Iris versicolor)和弗吉尼亚鸢尾(Iris Virginica)

向 Python 对象载入数据:

```
from sklearn import datasets
iris = datasets.load_iris()
```

数据存储在.data 项中,是一个(n_samples, n_features)数组。

```
iris.data.shape
(150, 4)
```

每个观察对象的种类存储在数据集的.target 属性中。这是一个长度为 n_samples 的整数一维数组。

```
iris.target.shape
(150,)
import numpy as np
np.unique(iris.target)
```

```
array([0, 1, 2])
```

（3）一个改变数据集大小的示例：数码数据集（digits datasets）

数码数据集 1 包括 1797 个图像，每一个都是个代表手写数字的 8×8 像素图像。

```
digits = datasets.load_digits()
digits.images.shape
import pylab as pl
pl.imshow(digits.images[0], cmap = pl.cm.gray_r)
pl.show()
```

为了在 scikit 中使用这个数据集，我们把每个 8×8 图像转换成长度为 64 的矢量。（或者直接用 digits.data）

```
data = digits.images.reshape((digits.images.shape[0], -1))
```

（4）学习和预测

现在已经获得一些数据，要从中学习和预测一个新的数据。在 scikit－learn 中，我们通过创建一个估计器（estimator）从已经存在的数据学习，并且调用它的 fit(X,Y)方法。

```
from sklearn import svm
clf = svm.LinearSVC()
clf.fit(iris.data, iris.target) # learn from the data
```

得到如下结果：

```
LinearSVC(C = 1.0, class_weight = None, dual = True, fit_intercept = True,
    intercept_scaling = 1, loss = 'squared_hinge', max_iter = 1000,
    multi_class = 'ovr', penalty = 'l2', random_state = None, tol = 0.0001,
    verbose = 0)
```

一旦我们已经从数据学习，我们可以使用我们的模型来预测未观测数据最可能的结果。

```
clf.predict([[ 5.0, 3.6, 1.3, 0.25]])
array([0])
```

注意：我们可以通过它以下画线结束的属性存取模型的参数：

```
clf.coef_
array([[ 0.18423586,   0.45123243, -0.80794388, -0.45071334],
       [ 0.05107627, -0.89201609,  0.40574191, -0.9394283 ],
       [-0.85076343, -0.98671944,  1.38098387,  1.8654622 ]])
```

16.4.2 分类

（1）KNN 分类

① K-最近邻（KNN）分类器

最简单的可能的分类器是最近邻：给定一个新的观测值，将 n 维空间中最靠近它的训练样本标签给它。其中 n 是每个样本中特性（features）数。

K-最近邻 2 分类器内部使用球树（ball tree）来代表它训练的样本。

KNN 分类示例：

```
# Create and fit a nearest - neighbor classifier
from sklearn import neighbors
from sklearn import neighbors
knn = neighbors.KNeighborsClassifier()
knn.fit(iris.data, iris.target)
Out[31]:
KNeighborsClassifier(algorithm = 'auto', leaf_size = 30, metric = 'minkowski',
          metric_params = None, n_jobs = 1, n_neighbors = 5, p = 2,
          weights = 'uniform')
knn.predict([[0.1, 0.2, 0.3, 0.4]])
array([0])
```

② 训练集和测试集

当验证学习算法时,不要用一个用来拟合估计器的数据来验证估计器的预测非常重要。通过 KNN 估计器,我们将获得关于训练集完美的预测。

```
perm = np.random.permutation(iris.target.size)
iris.data = iris.data[perm]
iris.target = iris.target[perm]
knn.fit(iris.data[:100], iris.target[:100])
KNeighborsClassifier(algorithm = 'auto', leaf_size = 30, metric = 'minkowski',
          metric_params = None, n_jobs = 1, n_neighbors = 5, p = 2,
          weights = 'uniform')
knn.score(iris.data[100:], iris.target[100:])
1.0
```

(2) 使用 LDA 模型进行分类

线性判别式分析(linear discriminant analysis,LDA),是模式识别的经典算法。通过对历史数据进行投影,以保证投影后同一类别的数据尽量靠近,不同类别的数据尽量分开。并生成线性判别模型对新生成的数据进行分离和预测。本节使用机器学习库 scikit-learn 建立 LDA 模型,并通过绘图展示 LDA 的分类结果。

① 准备工作

首先是开始前的准备工作,导入需要使用的库文件,本篇文章中除了常规的数值计算库 NumPy,科学计算库 Pandas,和绘图库 Matplotlib 以外,还有绘图库中的颜色库,以及机器学习中的数据预处理和 LDA 库。

```
# 导入数值计算库
import numpy as np
# 导入科学计算库
import pandas as pd
# 导入绘图库
import matplotlib.pyplot as plt
# 导入绘图色彩库产生内置颜色
from matplotlib.colors import ListedColormap
# 导入数据预处理库
from sklearn import preprocessing
# 导入 linear discriminant analysis 库
from sklearn.lda import LDA
```

② 读取数据

读取并创建名称为 data 的数据表，后面我们将使用这个数据表创建 LDA 模型并绘图。

```
# 读取数据并创建名为 data 的数据表
df = pd.read_csv('G:\\2glkx\\data\\pbdata1.csv')
data = pd.DataFrame(df)
```

使用 head 函数查看数据表的前 5 行，这里可以看到数据表共有三个字段，分别为贷款金额 loan_amnt，用户收入 annual_inc 和贷款状态 loan_status。

```
# 查看数据表的前 5 行
data.head()
   loan_amnt   annual_inc   loan_status
0       5000        54000    Fully Paid
1       2500        30000   Charged Off
2       2400        72252    Fully Paid
3      10000        89200    Fully Paid
4       5000        66000    Fully Paid
```

③ 设置模型特征 X 和目标 Y

将数据表中的贷款金额和用户收入设置为模型特征 X，将贷款状态设置为模型目标 Y，也就是我们要分类的结果。

```
# 设置贷款金额和用户收入为特征 X
X = np.array(data[['loan_amnt','annual_inc']])
# 设置贷款状态为目标 Y
Y = np.array(data['loan_status'])
```

④ 对特征进行标准化处理

贷款金额和用户收入间差异较大，属于两个不同量级的数据。因此需要对数据进行标准化处理，转化为无量纲的纯数值。

```
# 特征数据进行标准化
scaler = preprocessing.StandardScaler().fit(X)
X_Standard = scaler.transform(X)
下面是经过标准化处理后的特征数据.
# 查看标准化后的特征数据
X_Standard
array([[ -0.34202056, -0.44598557],
       [ -1.05456341, -1.24831331],
       [ -1.08306512,  0.16418467],
       [  1.08306512,  0.73076178],
       [ -0.34202056, -0.0448217 ],
       [ -0.91205484, -1.18145267],
       [ -0.96905827, -1.04773138],
       [  1.6530994,   0.82436668],
       [  1.36808226,  0.92465765],
       [ -0.99755998, -1.0811617 ],
       [  1.02606169,  0.95808797],
       [  0.91205484,  0.92465765],
```

```
[  0.79804798,   1.76041571],
[ -0.94055655,  -1.14802235],
[ -0.96905827,  -1.11459202],
[  0.76954627,   1.02494861]])
```
#设置分类平滑度
```
h = 0.01
```

⑤ 创建 LDA 模型并拟合数据

将标准化后的特征 X 和目标 Y 代入 LDA 模型中。下面是具体的代码和计算结果。

#创建 LDA 模型
```
clf = LDA()
res = clf.fit(X_Standard,Y)
print clf
print res
```

得到如下结果：

```
LinearDiscriminantAnalysis(n_components = None, priors = None, shrinkage = None,
            solver = 'svd', store_covariance = False, tol = 0.0001)
LinearDiscriminantAnalysis(n_components = None, priors = None, shrinkage = None,
            solver = 'svd', store_covariance = False, tol = 0.0001)
```

16.4.3　分类支持向量机(SVM)

(1) 线性支持向量机

SVM 尝试构建一个两个类别的最大间隔超平面。它选择输入的子集,调用支持向量即离分离的超平面最近的样本点。

```
from sklearn import svm
svc = svm.SVC(kernel = 'linear')
svc.fit(iris.data, iris.target)
```

得到如下结果：

```
SVC(C = 1.0, cache_size = 200, class_weight = None, coef0 = 0.0,
    decision_function_shape = None, degree = 3, gamma = 'auto', kernel = 'linear',
    max_iter = -1, probability = False, random_state = None, shrinking = True,
    tol = 0.001, verbose = False)
```

scikit-learn 中有好几种支持向量机实现。最普遍使用的是 svm. SVC,svm. NuSVC 和 svm. LinearSVC;"SVC"代表支持向量分类器(Support Vector Classifier)(也存在回归 SVMs,在 scikit-learn 中叫作"SVR")。

练习：训练一个数字数据集的 svm. SVC。省略最后 10%并且检验观测值的预测表现。

(2) 使用核

类别不总是可以用超平面分离,所以人们指望有些可能是多项式或指数实例的非线性决策函数。

① 线性核

```
svc = svm.SVC(kernel = 'linear')
```

② 多项式核

```
svc = svm.SVC(kernel = 'poly',... degree = 3)
```

③ RBF 核（径向基函数）

```
svc = svm.SVC(kernel = 'rbf')
# gamma: inverse of size of
# radial kernel
```

思考：上面的哪些核对数字数据集有更好的预测性能？（前两个）

16.4.4　聚类

给定鸢尾花数据集，如果知道这有三种鸢尾花，但是无法得到它们的标签，可以尝试非监督学习：可以通过某些标准聚类观测值到几个组别里。

最简答的聚类算法是 K 均值算法。这将一个数据分成 K 个集群，以最小化观测值（n 维空间中）到聚类中心的均值来分配每个观测点到集群；然后均值重新被计算。这个操作递归运行直到聚类收敛，在 max_iter 回合内到最大值。

（一个替代的 K 均值算法实现在 SciPy 中的 cluster 包中。这个 scikit-learn 实现与之不同，通过提供对象 API 和几个额外的特性，包括智能初始化。）

```
from sklearn import cluster, datasets
iris = datasets.load_iris()
k_means = cluster.KMeans(3)
k_means.fit(iris.data)
KMeans(copy_x = True, init = 'k - means++', max_iter = 300, n_clusters = 3, n_init = 10,
    n_jobs = 1, precompute_distances = 'auto', random_state = None, tol = 0.0001,
    verbose = 0)
print k_means.labels_[::10]
[1 1 1 1 1 2 2 2 2 2 0 0 0 0 0]
```

16.4.5　用主成分分析 PCA 降维

以上根据观测值标记的点，在一个方向非常平坦，所以一个特性几乎可以用其他两个确切地计算。PCA 发现哪个方向的数据不是平的并且它可以通过在一个子空间投影来降维。注意：PCA 将在模块 decomposition 或 pca 中，这取决于你 scikit-learn 的版本。

```
from sklearn import decomposition
pca = decomposition.PCA(n_components = 2)
pca.fit(iris.data)
PCA(copy = True, n_components = 2, whiten = False)
X = pca.transform(iris.data)
```

现在我们可以可视化（降维过的）鸢尾花数据集：

```
import pylab as pl
pl.scatter(X[:, 0], X[:, 1], c = iris.target)
```

最后得到如图 16-10 所示的图形。

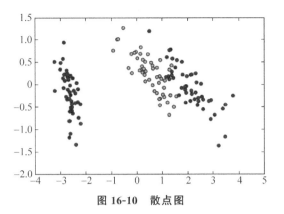

扫码看彩图

图 16-10　散点图

PCA 不仅在可视化高维数据集时非常有用。它可以用来作为帮助加速对高维数据不那么有效率的监督方法的预处理步骤。

16.4.6　线性模型：从回归到稀疏

（1）糖尿病数据集

糖尿病数据集包含 442 个病人的测量而得的 10 项生理指标（年龄、性别、体重、血压等），和一年后疾病进展的指示。

```
diabetes = datasets.load_diabetes()
diabetes_X_train = diabetes.data[:-20]
diabetes_X_test  = diabetes.data[-20:]
diabetes_y_train = diabetes.target[:-20]
diabetes_y_test  = diabetes.target[-20:]
```

我们的任务是用来从生理指标预测疾病。

（2）稀疏模型

为了改善问题的条件（无信息变量、减少维度的不利影响、特性选择的预处理等），我们只关注有信息的特性，将没有信息的特性设置为 0。这个罚则函数法，叫作套索（lasso）。这些方法叫作稀疏方法（sparse method），稀疏化可以被视作"奥卡姆剃刀"：相对于复杂模型更倾向于简单的。

```
from sklearn import linear_model
regr = linear_model.Lasso(alpha = .3)
regr.fit(diabetes_X_train, diabetes_y_train)
Out[54]:
Lasso(alpha = 0.3, copy_X = True, fit_intercept = True, max_iter = 1000,
    normalize = False, positive = False, precompute = False, random_state = None,
    selection = 'cyclic', tol = 0.0001, warm_start = False)
regr.coef_  # very sparse coefficients
array([  0.        ,  -0.        ,  497.34075682,  199.17441034,
        -0.        ,  -0.        ,  -118.89291545,    0.        ,
       430.9379595 ,    0.        ])
regr.score(diabetes_X_test, diabetes_y_test)
0.55108354530029768
```

这个分数和线性回归(最小二乘法)非常相似：

```
lin = linear_model.LinearRegression()
lin.fit(diabetes_X_train, diabetes_y_train)
```

得到如下结果：

```
LinearRegression(copy_X = True, fit_intercept = True, n_jobs = 1, normalize = False)
lin.score(diabetes_X_test, diabetes_y_test)
0.58507530226905735
```

(3) 同一问题的不同算法

同一数学问题可以用不同算法解决。例如，sklearn 中的 Lasso 对象使用坐标下降(coordinate descent)方法解决套索回归，这在大数据集时非常有效率。然而，sklearn 也提供了 LassoLARS 对象，使用 LARS 这种在解决权重向量估计非常稀疏，观测值很少的问题很有效率的方法。

16.4.7　交叉验证估计器

交叉验证在一个 algorithm by algorithm 基础上可以更有效地设定参数。这就是为什么对给定的估计器，scikit－learn 使用"CV"估计器，通过交叉验证自动设定参数。

```
from sklearn import linear_model, datasets
lasso = linear_model.LassoCV()
diabetes = datasets.load_diabetes()
X_diabetes = diabetes.data
y_diabetes = diabetes.target
lasso.fit(X_diabetes, y_diabetes)
LassoCV(alphas = None, copy_X = True, cv = None, eps = 0.001, fit_intercept = True,
    max_iter = 1000, n_alphas = 100, n_jobs = 1, normalize = False, positive = False,
    precompute = 'auto', random_state = None, selection = 'cyclic', tol = 0.0001,
    verbose = False)
# The estimator chose automatically its lambda:
lasso.alpha
0.0131801961987011137
```

这些估计器是相似的，以"CV"为它们名字的后缀。

16.5　K-最近邻法分类及其 Python 应用

16.5.1　人工生成数据的 K-最近邻法分类 Python 应用

scikit-learn 是 Python 中一个功能非常齐全的机器学习库，本节将介绍如何用 scikit-learn 来进行 KNN 分类计算。

准备工作如下：

```
from sklearn import neighbors
```

（1）初始化及其功能解释

我们讨论的是 scikit-learn 库中的 neighbors. KNeighborsClassifier，翻译为 K-最近邻分类功能，也就是我们常说的 KNN（K-nearest neighbors）。

首先进行这个类初始化：

```
neighbors.KNeighborsClassifier(n_neighbors = 5, weights = 'uniform', algorithm = 'auto', leaf_
size = 30, p = 2, metric = 'minkowski', metric_params = None, n－jobs = 1)。
```

其中：

① n_neighbors：是 KNN 里的 K，就是在做分类时，我们选取问题点最近的多少个最近邻。

② weights 是在进行分类判断时给最近邻赋的加权，默认的"uniform"是等权加权，还有"distance"选项是按照距离的倒数进行加权，也可以使用用户自己设置的其他加权方法。例如：假如距离询问点最近的 3 个数据点中，有 1 个 A 类和 2 个 B 类，并且假设 A 类离询问点非常近，而两个 B 类距离则稍远。在等权加权中，KNN 会判断问题点为 B 类；而如果使用距离加权，那么 A 类有更高的权重（因为更近），如果它的权重高于两个 B 类的权重的总和，那么算法会判断问题点为 A 类。权重功能的选项应该视应用的场景而定。

③ algorithm 是分类时采取的算法，有"brute""kd_tree"和"ball_tree"。kd_tree 的算法在 KD 树中有详细介绍，而 ball_tree 是另一种基于树状结构的 KNN 算法，brute 则是最直接的蛮力计算。根据样本量的大小和特征的维度数量，不同的算法有各自的优势。默认的"auto"选项会在学习时自动选择最合适的算法，所以一般来讲选择"auto"就可以。

④ leaf_size 是 kd_tree 或 ball_tree 生成的树的树叶（树叶就是二叉树中没有分枝的结点）的大小。在 KD 树中我们所有的二叉树的叶子中都只有一个数据点，但实际上树叶中可以有多于一个的数据点，算法在达到叶子时在其中执行蛮力计算即可。对于很多使用场景来说，叶子的大小并不是很重要，我们设 leaf_size＝1 就好。

⑤ metric 和 p，是 KNN 中的距离函数的选项，如果 metric＝'minkowski'并且 $p＝p$ 的话，计算两点之间的距离就是

$$d((x_1,\cdots x_n),(y_1,\cdots,y_n)) = \Big(\sum_{i=1}^{n}\mid x_i - y_i\mid^p\Big)^{1/p}$$

一般来讲，默认的 metric＝'minkowski'（默认）和 $p＝2$（默认）就可以满足大部分需求。其他的 metric 选项可参见相关说明文档。

⑥ metric_params 是一些特殊 metric 选项需要的特定参数，默认是 None。

⑦ n_jobs 是并行计算的线程数量，默认是 1，输入－1 则设为 CPU 的内核数。

（2）拟合及其功能解释

在创建了一个 KNN 类之后，我们需要通过数据来进行学习。这时需要使用 fit()拟合功能。

```
neighbors.KNeighborsClassifier.fit(X,y)
```

在这里：**X** 是一个 list 或 array 的数据，每一组数据可以是 tuple 也可以是 list 或者一维 array，但要注意所有数据的长度必须一样（等同于特征的数量）。当然，也可以把 **X** 理解为一个矩阵，其中每一横行是一个样本的特征数据。

y 是一个和 X 长度相同的 list 或 array，其中每个元素是 X 中相对应的数据的分类标签。

KNN 类在对训练数据执行 fit() 后会根据原先 algorithm 的选项，依据训练数据生成一个 kd_tree 或者 ball_tree。如果输入是 algorithm＝'brute'，则什么都不做。这些信息都会被保存在一个类中，我们可以用它进行预测和计算。几个常用的功能如下。

① K-最近邻

```
neighbors.KNeighborsClassifier.kneighbors(X = None, n_neighbors = None, return_distance =
True)
```

这里 X 是一 list 或 array 的坐标，如果不提供，则默认输入训练时的样本数据。

n_neighbors 是指定搜寻最近的样本数据的数量，如果不提供，则以初始化 KNN 时的 n_neighbors 为准。

这个功能输出的结果是（dist＝array[array[float]]，index＝array[array[int]]）。index 的长度和 X 相同，index$[i]$ 是长度为 n_neighbors 的一 array 的整数；假设训练数据是 fit(X_train, y_train)，那么 X_train(index$[i][j]$) 是在训练数据（X_train）中离 $X[i]$ 第 j 近的元素，并且 dist$[i][j]$ 是它们之间的距离。

输入的 return_distance 为是否输出距离，如果选择 False，那么功能的输出会只有 index 而没有 dist。

② 预测

```
neighbors.kNeighborsClassifier.predict(X)
```

这也许是最常用的预测功能。输入 X 是一 list 或 array 的坐标，输出 y 是一个长度相同的 array，$y[i]$ 是通过 KNN 分类对 $X[i]$ 所预测的分类标签。

③ 概率预测

```
neighbors.kNeighborsClassifier.predict_proba(X)
```

输入和上面的相同，输出 p 是 array[array[float]]，$p[i][j]$ 是通过概率 KNN 判断 $X[i]$ 属于第 j 类的概率。这里类别的排序是按照词典排序；举例来说，如果训练用的分类标签里有 (1, '1', 'a') 三种，那么 1 就是第 0 类，'1' 是第 1 类，'a' 是第 2 类，因为在 Python 中 1＜'1'＜'a'。

④ 正确率打分

```
neighbors.KNeighborsClassifier.score(X, y, sample_weight = None)
```

这是用来评估一次 KNN 学习的准确率的方法。很多可能会因为样本特征的选择不当或者 K 值得选择不当而出现过拟合或者偏差过大的问题。为了保证训练方法的准确性，一般我们会将已经带有分类标签的样本数据分成两组，一组进行学习，一组进行测试。这个 score() 就是在学习之后进行测试的功能。同 fit() 一样，这里的 X 是特征坐标，y 是样本的分类标签；sample_weight 是对样本的加权，长度等于 sample 的数量。返回的是正确率的百分比。

（3）人工生成数据 KNN 分类例子

除了 sklearn. neighbors，还需要导入 NumPy 和 Matplotlib 画图。

```
import random
from sklearn import neighbors
import numpy as np
import matplotlib.pyplot as plt
from matplotlib.colors import ListedColormap
```

我们随机生成 6 组 200 个的正态分布：

```
x1 = np.random.normal(50, 6, 200)
y1 = np.random.normal(5, 0.5, 200)
x2 = np.random.normal(30,6,200)
y2 = np.random.normal(4,0.5,200)
x3 = np.random.normal(45,6,200)
y3 = np.random.normal(2.5, 0.5, 200)
```

x1、x2、x3 作为 x 坐标，y1、y2、y3 作为 y 坐标，两两配对。（x1,y1）标为 1 类，（x2,y2）标为 2 类，（x3,y3）是 3 类。将它们画出得到图 16-11，1 类是蓝色，2 类是红色，3 类是绿色。

```
plt.scatter(x1,y1,c = 'b',marker = 's',s = 50,alpha = 0.8)
plt.scatter(x2,y2,c = 'r', marker = '^', s = 50, alpha = 0.8)
plt.scatter(x3,y3, c = 'g', s = 50, alpha = 0.8)
```

得到如图 16-11 所示的图形。

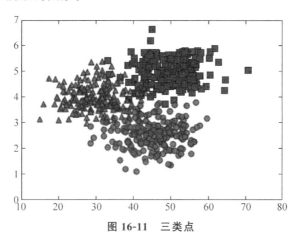

图 16-11　三类点

扫码看彩图

把所有的 x 坐标和 y 坐标放在一起。

```
x_val = np.concatenate((x1,x2,x3))
y_val = np.concatenate((y1,y2,y3))
```

求出 x 值的最大差还有 y 值的最大差。

```
x_diff = max(x_val) - min(x_val)
y_diff = max(y_val) - min(y_val)
```

将坐标除以这个差以归一化，再将 x 和 y 值两两配对。

```
x_normalized = [x/(x_diff) for x in x_val]
y_normalized = [y/(y_diff) for y in y_val]
xy_normalized = zip(x_normalized,y_normalized)
```

这样我们就准备好了训练使用的特征数据,还需要生成相应的分类标签。生成一个长度 600 的 list,前 200 个是 1,中间 200 个是 2,最后 200 个是 3,对应三种标签。

```
labels = [1] * 200 + [2] * 200 + [3] * 200
```

然后,就要生成 sklearn 的最近 K 邻分类功能了。参数中,n_neighbors 设为 30,其他的都使用默认值即可。

```
clf = neighbors.KNeighborsClassifier(30)
```

(注意:我们是从 sklearn 里导入了 neighbors。如果是直接导入了 sklearn,应该输入 sklearn. neighbors. KNeighborsClassifier()。)

下面进行拟合。归一化的数据是 xy_normalized,分类标签是 labels,

```
clf.fit(xy_normalized, labels)
```

就这么简单。下面我们来实现一些功能。

① K-最近邻

首先,我们想知道 (50,5) 和 (30,3) 两个点附近最近的 5 个样本分别都是什么。注意,坐标别忘了除以 x_diff 和 y_diff 来归一化。

```
nearests = clf.kneighbors([(50/x_diff, 5/y_diff),(30/x_diff, 3/y_diff)], 5, False)
nearests
```

得到

```
array([[ 33,  64, 122,  52,  53],[200, 460, 505, 294, 490]])
```

也就是说,训练数据中的第 33、64、122、52、53 个离 (50,5) 最近,第 200、460、505、294、490 个离 (30,3) 最近。

② 预测

还是上面那两个点,我们通过 30NN 来判断它们属于什么类别。

```
prediction = clf.predict([(50/x_diff, 5/y_diff),(30/x_diff, 3/y_diff)])
prediction
```

得到

```
array([1, 2])
```

也就是说 (50,5) 判断为 1 类,而 (30,3) 是 2 类。

③ 概率预测

那么这两个点的分类的概率都是多少呢?

```
prediction_proba = clf.predict_proba([(50/x_diff,5/y_diff),(30/x_diff,3/y_diff)])
prediction_proba
```

得到

```
array([[ 1.          , 0.          , 0.           ],
       [ 0.          , 0.66666667, 0.33333333]])
```

这个结果告诉我们,(50，5) 有 100% 的可能性是 1 类,而 (30,3) 有 67% 是 2 类,33% 是 3 类。

④ 准确率打分

我们再用同样的均值和标准差生成一些正态分布点,以此检测预测的准确性。

```
x1_test = np.random.normal(50, 6, 100)
y1_test = np.random.normal(5, 0.5, 100)
x2_test = np.random.normal(30,6,100)
y2_test = np.random.normal(4,0.5,100)
x3_test = np.random.normal(45,6,100)
y3_test = np.random.normal(2.5, 0.5, 100)
xy_test_normalized = zip(np.concatenate((x1_test,x2_test,x3_test))/x_diff,\
                        np.concatenate((y1_test,y2_test,y3_test))/y_diff)
labels_test = [1] * 100 + [2] * 100 + [3] * 100
```

测试数据生成完毕,下面进行测试。

```
score = clf.score(xy_test_normalized, labels_test)
Score
0.96666666666666667
```

可见我们得到预测的正确率是 97% 还是很不错的。

再看一下,如果使用 KNN 分类,会出现过拟合的现象,那么准确率的评价就变为:

```
clf1 = neighbors.KNeighborsClassifier(1)
clf1.fit(xy_normalized, labels)
clf1.score(xy_test_normalized, labels_test)
0.95333333333333337
```

我们得到 95% 的正确率,的确是降低了。我们还应该注意,这里的预测准确率很高是因为训练和测试的数据都是人为按照正态分布生成的,在实际使用的很多场景中(比如,涨跌预测)是很难达到这个精度的。

⑤ 生成些漂亮的图

KNN 分类图,一般只能展示两个维度的数据,超过 3 个特征就画不出来了。

首先我们需要生成一个区域里大量的坐标点。这要用到 np.meshgrid()函数。给定两个 array,比如 $x = [1,2,3]$ 和 $y = [4,5]$,np.meshgrid(x, y)会输出两个矩阵

$$\begin{bmatrix} 1 & 2 & 3 \\ 1 & 2 & 3 \end{bmatrix}$$

和

$$\begin{bmatrix} 4 & 4 & 4 \\ 5 & 5 & 5 \end{bmatrix}$$

这两个叠加到一起得到 6 个坐标:

$$\begin{bmatrix} (1,4) & (2,4) & (3,4) \\ (1,5) & (2,5) & (3,5) \end{bmatrix}$$

就是以[1,2,3]为横轴,[4,5]为竖轴所得到的长方形区间内的所有坐标点。我们现在要生成坐标点(x,y),x 在闭区间[1,80],y 在闭区间[1,7],横轴要每 0.1 一跳,竖轴每 0.01 一跳。于是

```
xx,yy = np.meshgrid(np.arange(1,70.1,0.1), np.arange(1,7.01,0.01))
```

于是 xx 和 yy 都是 601 乘 691 的矩阵。还有,不要忘了除以 x_diff 和 y_diff 来将坐标归一化。

```
xx_normalized = xx/x_diff
yy_normalized = yy/y_diff
```

下面,np.ndarray.ravel()功能可以把一个矩阵抻直成一个一维 array,把

$$\begin{bmatrix} 1 & 2 & 3 \\ 1 & 2 & 3 \end{bmatrix}$$

变成

$$\begin{bmatrix} 1 & 2 & 3 & 1 & 2 & 3 \end{bmatrix}$$

np.c_()又把两个 array 粘起来(类似于 zip),输入

$$\begin{bmatrix} 1 & 2 & 3 & 1 & 2 & 3 \end{bmatrix}$$

和

$$\begin{bmatrix} 4 & 4 & 4 & 5 & 5 & 5 \end{bmatrix}$$

输出

$$\begin{bmatrix} 1 & 2 & 3 & 1 & 2 & 3 \\ 4 & 4 & 4 & 5 & 5 & 5 \end{bmatrix}$$

或者理解为

$\{(1,4),(2,4),(3,4),(1,5),(2,5),(3,5)\}\{(1,4),(2,4),(3,4),(1,5),(2,5),(3,5)\}$

于是

```
coords = np.c_[xx_normalized.ravel(), yy_normalized.ravel()]
```

得到一个 array 的坐标。下面就可以进行预测

```
Z = clf.predict(coords)
```

当然,Z 是一个一维 array,为了和 xx 还有 yy 相对应,要把 Z 的形状再转换回矩阵

```
Z = Z.reshape(xx.shape)
```

下面用 pcolormesh 画出背景颜色。这里,ListedColormap 是自己生成 colormap 的功能,#rrggbb 颜色的 rgb 代码。pcolormesh 会根据 Z 的值(1、2、3)选择 colormap 里相对应的颜色。

```
light_rgb = ListedColormap([ '#AAAAFF', '#FFAAAA','#AAFFAA'])
plt.pcolormesh(xx, yy, Z, cmap = light_rgb)
plt.scatter(x1,y1,c = 'b',marker = 's',s = 50,alpha = 0.8)
plt.scatter(x2,y2,c = 'r', marker = '^', s = 50, alpha = 0.8)
```

```
plt.scatter(x3,y3, c = 'g', s = 50, alpha = 0.8)
plt.axis((10, 70,1,7))
```

得到如图 16-12 所示的图形。

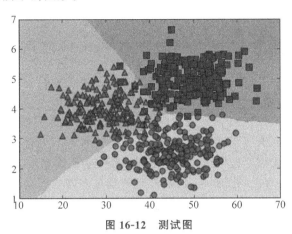

图 16-12　测试图　　　　　　　　　　　　　扫码看彩图

下面进行概率预测，使用

```
z_proba = clf.predict_proba(coords)
```

得到每个坐标点的分类概率值。假设我们想画出红色的概率，那么提取所有坐标的 2 类概率，转换成矩阵形状。

```
z_proba_reds = z_proba[:,1].reshape(xx.shape)
```

再选一个预设好的红色调 cmap 画出来。

```
plt.pcolormesh(xx, yy,Z_proba_reds, cmap = 'Reds')
plt.scatter(x1,y1,c = 'b',marker = 's',s = 50,alpha = 0.8)
plt.scatter(x2,y2,c = 'r', marker = '^', s = 50, alpha = 0.8)
plt.scatter(x3,y3, c = 'g', s = 50, alpha = 0.8)
plt.axis((10, 70,1,7))
```

得到如图 16-13 所示的图形。

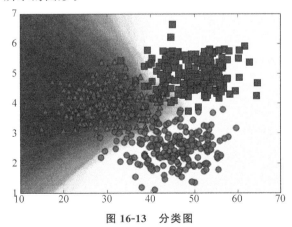

图 16-13　分类图　　　　　　　　　　　　　扫码看彩图

scikit-learn 程序包的功能非常齐全,使用 KNN 分类进行预测也简单易懂。使用的难点在于将数据整理成函数可以处理的格式的过程偏于烦琐,从输出中读取结论可能也有些麻烦。本节详细介绍了 scikit-learn 程序包中函数的输入、输出以及处理方法,希望读者可以轻松地将这些功能运用在实际应用中。

16.5.2　实际数据的 K-最近邻法分类 Python 应用

（1）KNN 分类算法

KNN 分类算法（K-nearest-neighbors classification），又叫 K-最近邻算法,是一个概念极其简单,而分类效果又很优秀的分类算法。其核心思想就是,要确定测试样本属于哪一类,就寻找所有训练样本中与该测试样本"距离"最近的前 K 个样本,然后看这 K 个样本大部分属于哪一类,那么就认为这个测试样本也属于哪一类。简单地说就是让最相似的 K 个样本来投票决定。这里所说的距离,一般最常用的就是多维空间的欧式距离。这里的维度指特征维度,即样本有几个特征就属于几维。

KNN 示意图如图 16-14 所示。

在图 16-14 中,我们要确定测试样本绿色（圆形）属于蓝色（正方形）还是红色（三角形）。显然,当 $K=3$ 时,将以 1∶2 的投票结果分类于红色（三角形）；而 $K=5$ 时,将以 3∶2 的投票结果分类于蓝色（正方形）。

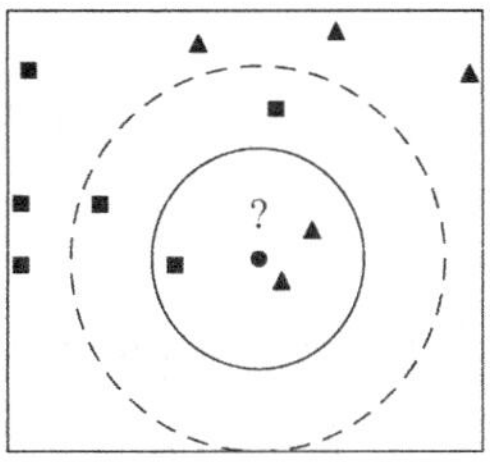

KNN 算法简单有效,但没有优化的暴力法效率容易达到瓶颈。如样本个数为 N,特征维度为 D 的时候,该算法时间复杂度呈 O(DN) 增长。

图 16-14　KNN 示意图

所以通常 KNN 的实现会把训练数据构建成 KD Tree（K-dimensional tree）,构建过程很快,甚至不用计算 D 维欧氏距离,而搜索速度高达 $O(D * \log(N))$。

不过当 D 维度过高,会产生所谓的"维度灾难",最终效率会降低到与暴力法一样。因此通常 $D > 20$ 以后,最好使用更高效率的 Ball-Tree,其时间复杂度为 $O(D * \log(N))$。人们经过长期的实践发现 KNN 算法虽然简单,但能处理大规模的数据分类,尤其适用于样本分类边界不规则的情况。最重要的是该算法是很多高级机器学习算法的基础。

当然,KNN 算法也存在一切问题。比如,如果训练数据大部分都属于某一类,投票算法就有很大问题,这时候就需要考虑设计每个投票者票的权重了。

（2）数据测试文件

先在 G:\\2glkx\\data\\目录下建立数据文件 16-1. txt,测试数据如下：

```
1.5 40.0 thin
1.5 50.0 fat
1.5 60.0 fat
1.6 40.0 thin
1.6 50.0 thin
1.6 60.0 fat
1.6 70.0 fat
1.7 50.0 thin
1.7 60.0 thin
1.7 70.0 fat
```

```
1.7 80.0 fat
1.8 60.0 thin
1.8 70.0 thin
1.8 80.0 fat
1.8 90.0 fat
1.9 80.0 thin
1.9 90.0 fat
```

（3）Python 代码

scikit-learn 提供了优秀的 KNN 算法支持。使用 Python 代码如下。

```python
import numpy as np
from sklearn import neighbors
from sklearn.metrics import precision_recall_curve
from sklearn.metrics import classification_report
from sklearn.cross_validation import train_test_split
import matplotlib.pyplot as plt
##数据读入
data   = []
labels = []
with open("G:\\2glkx\\data\\al16 - 1.txt") as ifile:
        for line in ifile:
                tokens = line.strip().split(' ')
                data.append([float(tk) for tk in tokens[: -1]])
                labels.append(tokens[-1])
x = np.array(data)
labels = np.array(labels)
y = np.zeros(labels.shape)
##标签转换为 0/1 '''
y[labels == 'fat'] = 1
##拆分训练数据与测试数据 '''
x_train, x_test, y_train, y_test = train_test_split(x, y, test_size = 0.2)
##'''''创建网格以方便绘制
h = .01
x_min, x_max = x[:, 0].min() - 0.1, x[:, 0].max() + 0.1
y_min, y_max = x[:, 1].min() - 1, x[:, 1].max() + 1
xx, yy = np.meshgrid(np.arange(x_min, x_max, h),
                     np.arange(y_min, y_max, h))
##训练 KNN 分类器 '''
clf = neighbors.KNeighborsClassifier(algorithm = 'kd_tree')
clf.fit(x_train, y_train)
##测试结果的打印'''
answer = clf.predict(x)
print(x)
print(answer)
print(y)
print(np.mean( answer == y))
```

得到如下结果：

```
[[  1.5  40. ]
```

```
 [ 1.5  50. ]
 [ 1.5  60. ]
 [ 1.6  40. ]
 [ 1.6  50. ]
 [ 1.6  60. ]
 [ 1.6  70. ]
 [ 1.7  50. ]
 [ 1.7  60. ]
 [ 1.7  70. ]
 [ 1.7  80. ]
 [ 1.8  60. ]
 [ 1.8  70. ]
 [ 1.8  80. ]
 [ 1.8  90. ]
 [ 1.9  80. ]
 [ 1.9  90. ]]
[ 1.  1.  1.  0.  0.  1.  1.  0.  0.  1.  1.  0.  0.  1.  1.  1.  1.]
[ 0.  1.  1.  0.  0.  1.  1.  0.  0.  1.  1.  0.  0.  1.  1.  0.  1.]
0.882352941176
```

　　KNN 分类器在众多分类算法中属于最简单的之一,需要注意的地方不多。这里有这几点要说明一下:

　　① KNN 可以设置 3 种算法:'brute','kd_tree','ball_tree'。如果不知道用哪个好,设置'auto'让 KNN 自己根据输入去决定。

　　② 注意统计准确率时,分类器的 score 返回的是计算正确的比例,而不是 R2。R2 一般应用于回归问题。

　　③ 本例先根据样本中身高体重的最大最小值,生成了一个密集网格(步长 $h=0.01$),然后将网格中的每一个点都当成测试样本去测试。

　　这个数据集达到准确率 0.882352941176 算是很优秀的结果了。

练　习　题

　　1. 对本章例题,使用 Python 重新操作一遍。

　　2. 对糖尿病数据集,找到最优的正则化参数 alpha。(0.016249161908773888)

教师服务

感谢您选用清华大学出版社的教材！为了更好地服务教学，我们为授课教师提供本书的教学辅助资源，以及本学科重点教材信息。请您扫码获取。

≫ 教辅获取

本书教辅资源，授课教师扫码获取

扫描二维码
获取实验数据

任课教师扫描二维码
获取教学课件

≫ 样书赠送

经济学类重点教材，教师扫码获取样书

 清华大学出版社

E-mail: tupfuwu@163.com
电话：010-83470332 / 83470142
地址：北京市海淀区双清路学研大厦 B 座 509

网址：http://www.tup.com.cn/
传真：8610-83470107
邮编：100084